高等教育"十三五"规划教材·经济管理系列

财 政 学

主　编　朱福兴　陈　艳

副主编　李　莉　姚双林

北京交通大学出版社

·北京·

内 容 简 介

本书为高等院校经济管理类"十三五"应用型规划教材系列之一。全书由五部分共 12 章组成。第一部分为财政理论（第 1～3 章），分别阐述财政学的基本概念和基本理论，包括导论、财政的产生与发展、财政职能、公共产品的有效供给与公共生产。第二部分为财政支出（第 4～5 章），阐述财政支出的基本理论，分析财政支出的规模和结构，并分别阐述了公共管理支出的特点和相关的行政管理支出、国防支出、教育与科技支出、社会保障支出的有关内容。第三部分为财政收入（第 6～8 章），首先分析了财政收入的基本原理，包括财政收入的结构、规模及增长规律、原则，其次简要介绍了国家非税收收入的主要内容，重点介绍了税收原理与我国现行税制中的主要税种。第四部分为财政管理（第 9～11 章），分别介绍了政府债务及其负担与风险的管理、政府预算与国库制度、政府间财政关系等专题。第五部分为财政政策（第 12 章），阐述了财政政策的目标与工具、财政平衡以及财政政策与其他宏观经济政策的配合等专题。

财政学是教育部规定的高等院校经济管理类专业核心课程之一。本书可作为应用型本科经济管理类和公共管理类专业的本科生教材，也可供高等职业院校经济管理类专业的专科生教学使用。

图书在版编目（CIP）数据

财政学 / 朱福兴，陈艳主编. —北京：北京交通大学出版社，2020.6
ISBN 978-7-5121-4159-9

Ⅰ. ① 财… Ⅱ. ① 朱… ② 陈… Ⅲ. ① 财政学–教材 Ⅳ. ① F810

中国版本图书馆 CIP 数据核字（2020）第 024934 号

财政学
CAIZHENGXUE

责任编辑：田秀青
出版发行：北京交通大学出版社 电话：010–51686414 http://www.bjtup.com.cn
地 址：北京市海淀区高粱桥斜街 44 号 邮编：100044
印 刷 者：三河市华骏印务包装有限公司
经 销：全国新华书店
开 本：185 mm×260 mm 印张：15 字数：384 千字
版 印 次：2020 年 6 月第 1 版 2020 年 6 月第 1 次印刷
印 数：1～2 000 册 定价：39.00 元

本书如有质量问题，请向北京交通大学出版社质监组反映。对您的意见和批评，我们表示欢迎和感谢。
投诉电话：010-51686043，51686008；传真：010-62225406；E-mail：press@bjtu.edu.cn。

前　言

　　财政学是研究政府财政活动的一门学科，是经济学的一个特殊分支。自亚当·斯密开始，财政学作为相对独立的学科已经历了 200 多年的历史。伴随着 20 世纪 30 年代的凯恩斯革命兴起、带来的政府在社会经济中的角色和地位的不断变化，以及经济学理论的创新与发展，特别是 20 世纪 50 年代后逐渐形成的公共选择理论、20 世纪 70 年代兴起于西方工业化国家的"新公共管理"理论等，已使现代财政学发展成为一门融经济学、政治学和管理学等多门学科于一体的综合性交叉学科，成为"政治的经济学"。

　　近年来，为了适应市场经济体制建立与发展需要，我国财政学理论研究和实践创新成果日渐丰盈。为满足我国高等教育经济管理类应用型人才培养目标的需要，我们在吸收与借鉴国内外财政学研究领域已有成果的基础上，结合应用型高等教育的特点与要求，以及近年来我们在教材改革与课程改革过程中的经验编写了本书。

　　本书在编写过程中注意突出以下精神：① 在框架体系上既兼顾国内一般财政学教材的"财政原理—财政支出—财政收入—财政管理—财政政策"基本结构与顺序，又试图有所创新与突破。例如，把从经济学的角度认识财政作为逻辑起点；将政府债务与政府间财政关系列入财政管理部分加以阐述；将国有资产管理并入非税性财政收入进行分析等。② 在编写内容上，力图贴近市场经济与中国现实，广泛吸收国内外财政理论发展与财政制度及政策创新的最新成果，以求能够较好地反映当代财政学的一般原理、制度与政策。在理论上有一定深度和前瞻性，在制度、政策上兼顾一般原理与中国的现实，兼顾宏观与微观，在资料素材上力求反映社会现实与最新发展。③ 在适用对象与编写重点上，力求兼顾通用性与专业性相结合、理论性与应用性相结合。除了考虑知识点的覆盖面与系统性以外，全书重点突出了政府公共管理支出的分析和税收相关知识的阐述，目的是使本书能更好地满足应用型人才培养目标的需要。

　　本书由朱福兴、陈艳担任主编，李莉、姚双林担任副主编。在朱福兴教授提出编写指导思想和总体框架后，编写组经过多轮研讨确定基本写作思路、写作风格后分工编写。具体分工为：第 1、2、5 章由朱福兴编写，第 3、4、6、7、8 章由陈艳编写，第 9、10章由李莉编写，第 11、12 章由姚双林编写，刘义超同学参与资料和数据整理，最后由朱福兴负责全书的统稿工作。

本书的编写过程中，我们参阅和引用了财政学和公共经济学方面大量学者的研究成果，尽可能在书中做了注解或在书后的参考文献中详列，在此致以真诚感谢。同时，感谢北京交通大学出版社的编辑及其同人，是他们的热情支持与协助，使本书得以顺利付梓出版。

财政学作为一门不断发展的学科，对许多理论问题和实践问题的探讨将是无止境的。因水平所限，书中不当之处和错漏在所难免。在此真诚盼望专家和使用本教材的同行、同学不吝赐教。

朱福兴

2020 年 2 月

目　　录

导　　论

1. 通过对经济学发展的认识，理解财政学是经济学的特殊分支。
2. 考察市场与政府的关系并把握市场失灵与政府干预的内在规律。
3. 理解公共选择的基本原理与核心内容。
4. 熟悉并掌握财政学的研究对象与研究方法。

现代社会中，国家、政府机构的活动在整个经济中占有很大的比重。财政活动是政府活动的主要方面，并且渗透到社会经济生活的方方面面。财政学的首要任务就是对这些现象进行解释。本章从介绍经济学的发展着手，阐述财政学的学科基础与理论内核，以及财政学的研究对象、研究内容与研究方法。

1.1　财政学与经济学的关系

1.1.1　经济学的发展与现代经济学

"经济学"（economics）一词发源于古希腊。最先使用"经济"一词的是古希腊思想家色诺芬，当时"经济"这一词汇的含义是指"家庭管理"。现在的经济学与古代和中世纪的"经济学"相比，已有本质的不同。古老的经济学主要是总结一些人们在以往经济活动中的经验，并以此来指导现实经济生活，但这种经验的总结和对实践的指导并未能够上升到把握规律性的高度。作为一门科学的"经济学"，随着资本主义的产生与发展，是在十七八世纪产生的。恩格斯曾经指出："虽然到 17 世纪末，狭义的政治经济学已在一些天才的头脑里产生了，可是由重农学派和亚当·斯密作了正面阐述的狭义的政治经济学，实质上是 18 世纪的产儿。"[①]这一政治经济学的特征是"研究了资产阶级生产关系的内部联系"[②]，开始揭示在经济表象掩盖下的经济活动的内在规律，并以此与以前的仅仅从事描述、归纳、概括经济表象的研究工作区别开来，从而使经济学发展成为一门科学的学科。萨缪尔逊和诺德豪斯

---

① 恩格斯. 反杜林论［M］// 马克思和恩格斯选集：3. 北京：人民出版社，1972：190。
② 马克思. 资本论：1［M］// 马克思和恩格斯选集：23. 北京：人民出版社，1980：98。

也指出："以学科的标准来看，经济学有两个世纪的历史。亚当·斯密的奠基之作《国民财富的性质和原因的研究》发表于 1776 年，也就是以美国《独立宣言》发表而著名的一年。两个事件出现在同一年绝不是偶然的巧合。从欧洲君主暴政下争取政治自由的运动和从政府强力控制下解放价格和工资的尝试，这二者之间是紧密相关的。"[①]由此可见，不论是马克思主义经济学家还是西方经济学家在关于经济学产生这一问题上的观点基本上是一致的，即经济学是与资本主义制度的确立相关联而于 18 世纪诞生的，亚当·斯密的划时代著作则是标志。

科学的经济学之所以产生于这一时代的必然性在于，随着生产力的快速发展，如何很好地组织急剧膨胀的要素资源使其得以有效率利用，越来越成为一个在经济领域迫切需要解决的问题，而这一问题又远较前代复杂得多；这时，市场经济作为一种经济制度的市场的一般形态，也正好与生产力的发展相适应得以迅速地成为占主导地位的资源配置方式。这样，探究复杂而非直观的市场制度背后的规律性就成为一种时代的要求。

到 20 世纪 30 年代后，由于全球经济大危机的现实，凯恩斯主义应运而生，经济学开始关注政府制度的作用。然而此前的经济学——古典经济学假设市场机制的调节能自动实现供求均衡。凯恩斯主义宣称，市场的自发作用不能保证资源的使用达到充分就业的水平；或者说，市场调节所实现的均衡是非充分就业的均衡。因此需要政府的干预来实现宏观均衡。以往的经济学把单个厂商、单个消费者、单个市场作为"分析单位"，因而称为"微观经济学"。凯恩斯则开创了新的分析方法，依靠收入、消费、储蓄和投资等总量概念作宏观分析，由此产生了"宏观经济学"。宏观经济学为国家干预经济提供了理论基础，并由此展开经济政策的广泛研究，市场失灵与政府干预成为经济学研究的核心领域之一。而这也正是现代财政学研究的逻辑起点。

20 世纪 80 年代以来，随着产业结构、产业组织、产业关联、产业选择、产业布局等在经济发展中的作用逐渐增大、日益突出，作为以经济结构为研究内容和对象的中观经济学——产业经济学的兴起与发展[②]，现代经济学已变得更加完整。经济学发展到当今，随着信息技术的发展，经济学的学科分支越来越丰富，内容体系得到空前充实。

1.1.2 财政学是经济学的特殊分支

1. 财政学的经济学渊源

从现代经济学的角度看，经济学研究的中心可归纳为资源有效配置、收入合理分配及经济的稳定增长三大问题，而现代财政学的研究领域也是围绕这些问题展开的。在对资源有效配置、收入合理分配、经济稳定增长的评价标准既定的前提下，财政学要研究财政学在这些方面可以起多大的作用，应当起什么样的作用。财政的收支活动要怎样进行才能起到积极的作用。从制度的角度，什么样的财政制度有利于资源的有效配置、收入的合理分配以及经济的稳定增长。如果现行财政制度在这些方面不能起到积极作用，应该对现行的财政制度进行什么样的变革、怎样变革，才能符合有效配置资源、合理收入分配、稳定经济和促进经济增长的要求。

---

① PAUL S, WILLIAMD N. Economics，13 版. Mcgraw-hill book company，1989：14.

② 简新华，李雪. 新编产业经济学 [M]. 北京：高等教育出版社，2009：6-11.

在制度既定的前提下，经济学从数量分析的角度，可分为以总量分析为基本内容的宏观经济学、以个量分析为基本内容的微观经济学及以数量结构为基本内容的中观经济学。相应地，财政学也可分为宏观财政学、微观财政学和中观财政学[①]。宏观财政学要研究的是在既定的前提下，财政收支总量与经济总量之间的关系，既包括经济总量的变动对财政收支的影响，也包括财政收支总量的变动对经济总量的影响。通常人们更侧重的是后者，即把研究的重点更多地放在财政与经济稳定增长的关系上，研究如何运用财政收支总量的变动来影响经济的稳定和增长，如财政赤字的经济效应、赤字的弥补途径、赤字与货币供求的关系、财政乘数效应等。微观财政学则把研究的重点较多地放在财政与资源配置和收入分配的关系上，主要研究如何通过财政收支来实现资源的有效配置和收入的合理分配，以及在收、支的决策中应当遵循的原则和可以采取的核算方法。而中观财政学则是以财政收支数量结构作为自己的研究重点，主要研究的是构成总量的各个部分的量之间的相互关系，以及在总量中所占的比例及比例的变动趋势，既包括了财政收入和支出的结构研究，也包括了财政的地区结构研究；重点是支出的结构，如支出的用途结构、支出在地区之间的结构以及这些结构变动对经济稳定增长、资源有效配置和收入合理分配的影响。当然，宏观、微观和中观是一种相对的划分，三者之间实际上并不存在不可逾越的鸿沟。在实践中，财政收支的活动及其变动通常要综合考虑它在宏观、微观和中观三方面的影响，但就财政在社会资源配置中的地位和作用来说，财政学最基础的应是微观经济学的分析。

2. 现代财政学是经济学、政治学以及管理学融于一体的综合性"交叉学科"

1）财政学的政治学基础

政治学是以国家或政府活动为主要研究对象的一门学科。财政作为政府的经济行为，其活动是由政府直接而具体进行的，因此财政学与政治学有密切的联系。西方关于财政问题的论述最早见于政治学著作。道尔顿的《公共财政学原理》一书就开宗明义地指出："财政学是介于经济学与政治学之间的一门学科。"历史学派的代表人物阿道夫·瓦格纳则认为："财政学是独立于私人经济的活动，就国家职能是一个强制性的集体经济来说，与其说是属于一般的经济理论，不如说是属于政治理论和公共管理理论。"1960年布坎南《公共财政学：教科书导论》的出版和公共选择理论的兴起，为政治学建立了与经济学相同的分析基础，使得经济学分析范式成功地拓展到政治领域，以经济学为纽带将财政学研究与政治学研究打通。现代市场经济中，政府财政活动已成为由政治程序直接安排和操作的一种活动，成为一个极其复杂的政治博弈过程。公共选择理论已成为现代财政学的重要理论基础和组成部分。

2）财政学的管理学基础

财政从来都是同国家或政府的职能连在一起的，财政活动的目标就是要有效地实现国家或政府的社会经济管理职能，从这种意义上说，财政可以界定为政府的一种经济管理活动。从经济学角度考察财政，主要侧重于财政运行的分析和揭示；从管理学角度考察财政，则侧重于财政管理机制的构造和操作，两者具有内在统一性。当今世界，传统意义上的公共管理或称公共行政已经或正在为"新公共管理"所取代。按照"新公共管理"理论所谓"产业型政府"的解释，政府部门实质上是一个特殊产业部门。因此，财政问题不仅是经济学和政治学问题，同样是管理学问题。基于"新公共管理"理论，吸收管理学的合理内核是构建合理

① 李友元，姜竹，马乃云. 财政学 [M]. 2版. 北京：机械工业出版社，2009：6-7.

的财政机制、提高财政管理水平的必然要求。财政管理归结为一系列的制度安排，通过这种制度安排构筑利害相关主体的约束与制衡机制、规范财政经济运行过程中的各种权利配置关系和利益分配关系，通过吸收企业治理理论来谋求财政的控制。从管理学角度出发，按照管理学的范式，将管理学中的制度、行为、组织和决策理论引入财政学来研究财政，已使财政学的学术基础得到进一步夯实。

1.2　财政学研究的理论基础

1.2.1　市场失灵与政府干预

1. 市场失灵

1）市场失灵的基本含义

市场经济是以市场机制作为调节经济运行主导力量的经济制度，是能够将人们的个体利益和社会（公众）利益最有机地结合起来，将社会发展的各种动力最大限度凝合的制度安排。然而市场不是万能的，"看不见的手"并非在任何场合、任何领域都能充分发挥作用，自由放任基础之上的价格机制并不能解决市场经济的所有问题，现实的市场经济还存在一些其自身难以克服的缺陷或不足，这就是"市场失灵"（market failure）——完全依靠市场机制的作用无法达到资源配置的最优状态并会引起收入分配不公平和宏观经济不稳定的态势。市场失灵主要包括资源配置领域的失灵、收入分配领域与优值品的失灵和宏观经济稳定层面的失灵。

2）市场失灵的原因

（1）竞争的缺点。现实经济中，市场竞争是不完全、有限的，或者说是有缺陷的。主要表现在：① 竞争失效。在现实的市场经济中，一方面由于产品质量差别因此存在不同程度的不可替代性；另一方面交易成本也会阻碍资源的自由流动。这样就会增强个别厂商影响市场的能力，从而使竞争失效。② 自然垄断。完全竞争市场只有在边际成本递增的条件下才能存在。而在现实经济中，有些商品的生产却具有边际成本递减的特征，生产平均成本随着生产规模的扩大越来越低。当生产投入增加时，会带来产出水平以更大比例增加，导致生产的规模报酬递增。一方面，成本递减体现了生产效率的客观要求，它意味着在一定范围内由一个大企业集中经营会比众多小企业分散经营更有效率。另一方面，当企业的规模越大，在竞争中的优势就越明显，造成小企业逐渐被淘汰，迫使小企业退出该领域，或阻止了其他小资本进入该领域。这种生产的越来越集中，最终形成垄断，如自来水、煤气、电力、邮电通信、城市公交等行业。这类行业通常需要大量资本投资，一旦设备形成，在既定的需求水平上，增加单位产品或服务所需的追加成本并不大。这种由于行业边际成本递增和规模报酬递增的特性，通过竞争形成的垄断状态，称为自然垄断。在规模报酬递增的状态下，充分竞争的市场最终必将走向自然垄断。当某个商品的生产出现了垄断性生产者，则竞争的优越性无法充分发挥，从而丧失市场效率，致使市场的资源配置功能和市场机制的作用不能得以有效发挥，这也就导致了市场失灵。因此，需要政府生产或对私人生产进行管理来实现更有效率的产出。

（2）公共产品。公共产品是指这样一种物品，当一个人对该物品消费时，并不会减少其他人对该物品的消费。公共产品是相对于私人产品而言的。私人产品通过市场价格的竞争机制来提供，具有经济利益的可分性、所有权的确定性及效用的排他性和竞争性。而公共产品具有非竞争性和非排他性。增加一个人消费某种公共产品时，并不会减少其他人对该产品的消费数量和质量，而要排除某个人对该产品的消费几乎是不可能的。由于公共产品的这两大特性，决定了公共产品是正外部效应的一个极端例子。它会引起所谓"搭便车"或"免费搭车"现象，即消费者试图在不支付费用的情况下，享有生产者提供的产品和服务，因此，对私人生产者来说，公共产品的生产是无法获得利润的。这将导致市场价格无法引导资源进入公共产品的生产领域，造成公共产品供给的市场失灵。在公共产品的问题上，市场失灵表现为市场不能有效地提供社会所需要的公共产品或劳务，一般只能由政府或国家财政来解决。本书在第 3 章中有专门讨论，在此从略。

（3）外部效应。外部效应是指生产者或消费者的行为的影响超出了其自身，波及他人或外界环境，而这种影响又未得到相应的补偿或给予支付的情况。在完全竞争市场中，生产或消费的成本与收益要求内在化，产品生产者要负担全部成本，同时全部收益归生产者所有。也就是说，生产者或消费者在承担所耗费的全部成本的同时，应享有生产或消费商品和服务所带来的全部收益。而在现实经济中，经常出现成本与收益不对称的情况，导致外部效应的出现。由于外部效应的存在，使得个人成本与社会成本之间、个人收益和社会收益之间出现不对称。人们会过多地从事成本外溢的活动而过少地从事收益外溢的活动，从而损害资源配置的效率。市场机制难以达到私人利益与社会利益的统一。追求个人利益的最大化，必然与社会利益发生矛盾和冲突。当个人成本和收益相偏离时，市场难以有效地发挥作用，这就必然会产生市场失灵的问题。

（4）不完善市场。市场机制能够有效运作的前提之一是存在完善的市场体系，从而使经济主体能够获得与自己经济行为相关的信息。另外，在完全竞争市场中，所有的商品和服务都应由市场进行充分交换。但在现实经济中，许多相关信息无法充分获取，仍有许多商品是无法由市场提供或无法充分提供的。除此之外，市场还存在许多不完全或不完善之处，需要政府的介入和干预来加以解决或弥补。

（5）不完全信息。市场机制要求公平、公开、公正、自由、平等的竞争环境。完全竞争市场的基本假设之一就是完全信息，即生产者和消费者对商品和服务的生产和消费都有完全的信息。生产者了解全部生产过程、消费者的需要、消费者的偏好及生产相关的其他各类信息；消费者了解商品的质量、数量、价格等所有信息。市场经济中的信息是至关重要的，而在现实经济中，生产者和消费者的生产、销售、购买都属个人行为，每个生产者和消费者所掌握的信息是有限的，都不可能掌握相关的完全信息。一旦生产者和消费者不具备充分的市场信息，或依靠市场获取的信息来源不足时，都不能对产品作出正确的评价，将产生由于信息失灵或信息不足而导致的竞争失效、市场失灵。因而，政府需要向社会提供有关商品供求状况、价格趋势及宏观经济运行和前景预测资料等，以弥补市场的缺陷。

（6）宏观经济效率失衡。宏观经济的效率是由就业率、通货膨胀率、经济增长率等来衡量的。所谓宏观经济效率失衡，就是指市场经济在自发运行过程中必然产生的失业、通货膨胀、经济危机等现象。市场经济在其自发运行中，总是呈现出周期循环起伏状态。这种不稳定状态主要以物价的涨跌、失业率的升降、经济增长率的高低等现象表现出来。宏观经济效率缺乏是被广泛认可的市场失灵的预兆。市场的自发性调节不可能解决对经济总量的宏观调控、对社会总需求与总供给的动态平衡及对经济结构的合理调整。在抑制通货膨胀、减轻和消除经济周期性波动或经济失衡方面，市场机制的作用也无法有效发挥。

（7）收入分配不公平。收入分配不公平是指收入分配的结果不符合社会认同的公平标准。在市场中，收入分配状况取决于市场中投入的生产要素的数量、质量及形成的价格。市场奉行优胜劣汰、适者生存原则，往往效率越高，越是伴随着不公平的分配结果。由于各人拥有的体力、智力、天赋和资本在质和量上会有很大差别，按市场规则进行分配会造成贫富差距，而且这种差距又会成为收入分配差距进一步扩大的原因。收入分配的悬殊差距不仅与公平目标相抵触，还会引起许多社会问题，直接威胁到市场机制本身的存在。因此，即使市场实现了帕累托最优，达到了资源的最优配置，结果并不一定符合社会的愿望，符合公平的标准。所以，社会收入分配不公平是市场经济自发运行必然出现的结果，是市场有效配置资源的结果，这一结果是市场无法单纯依靠自身的能力解决的，需要政府介入和干预，以实现社会公平。

（8）偏好不合理。消费者没有根据自己的最佳利益选择，一般就可以认为偏好不合理。偏好是否合理，对市场运行结果是否合理有着直接的影响。个人偏好的合理性是市场竞争结果合理性的前提条件，因为市场就是按所有个人的偏好来配置资源的。但在现实经济中，并不是每个人的要求、愿望都是合理的。可能某种产品能给个人带来较大的利益，但消费者本身并没有意识到，而只给予它以较低的评价，也就只有在很低的价格下才愿意购买；反之，某种产品能给个人带来的好处不大，或者根本有害，但消费者却给予较高的评价，表现为消费者愿意以较高的价格购买。这些不合理偏好的选择没有起到优化资源配置的作用。

竞争性市场能够带来资源的优化配置和经济运行的高效率，肯定了市场机制的基础作用。但是，由于自身存在上述各种缺陷和弊端，因此市场经济并不具备解决整个社会经济活动的能力。市场失灵成为公共财政存在的经济根源和理论基础，也为政府介入或干预提供了必要性和合理性，决定了政府必须对市场失灵进行干预，以克服和矫正市场的不足与缺陷。

2. 政府干预

1）政府干预的形式

市场失灵为政府干预得以存在提供了必要前提。政府干预的主要形式是政策性干预，在市场机制充分发挥作用的基础上，运用经济杠杆手段、行政管理手段、制度手段和法律手段等一整套宏观经济管理手段对市场进行干预。

（1）经济手段。政府的经济手段主要包括财政政策、货币政策、国际收支政策、产业政策，其中财政政策和货币政策最为重要。财政政策包括公共支出和公共收入政策两方面，政府通过改变公共支出和公共收入的总量与结构，用预算赤字或结余作为社会总需求的调节器，缓解经济周期波动，调节社会收入分配；在货币政策方面，中央银行通过公开市场业务、调整贴现率和改变法定准备率三大手段，改变商业银行的准备金数量，从而改变货币与信用的供给的影响利率，而利率的变动调节投资和消费的数量，最后影响收入、价格和就业水平；在国际收支平衡方面包括汇率、汇率制度的选择、关税政策、进出口政策和利率政策等；在产业政策方面，政府根据经济发展的内在要求调整产业结构和产业组织形式，使供给结构能够有效地适应需求结构要求。

（2）行政管理和制度手段。通过建议、劝告和进行说服等方式，使私人部门愿意接受政府的某些意见并付诸实施。由于政府信息量大、经济情报传递快、分析能力强，因此大多数企业都愿意按照政府建议行事。

（3）法律手段。通过经济立法为市场经济的正常运行提供法律保障。利用经济立法来调整社会经济关系、干预和管理社会经济生活，维护市场秩序。

这里要注意两点：第一，政府能不干预则尽量不干预，尽可能让企业自身发挥主动性和创造性，让市场自己进行调节；第二，政府干预的手段无非是税收、货币等经济手段或必要的立法、行政手段，重要的是如何合理搭配使用这些手段。

2）政府失灵

所谓"政府失灵"，是指由于存在政府内在的缺陷而导致政府干预的低效或无效，无法实现社会福利最大化和资本的最优配置。换句话说就是政府不能实现帕累托效率，且不能以公平的方式再分配收入。市场失灵的存在为政府干预提供了理由。政府通过在一定范围发挥作用，与市场共同配置资源。但正如现实中的市场不是理想中的完全竞争市场一样，现实中的政府也不完全具备理想化政府的条件，同市场失灵现象普遍存在一样，政府失灵现象也存在，导致市场失灵的基本原因同样也摆在政府面前。

由于存在市场失灵，市场经济的存续和正常运转需要政府的参与和财政的介入。但是，政府干预是有成本的，政府也存在失灵，政府及其财政的干预行为必须限定在市场失灵的界限和范围之内，以避免对市场机制的有效运转造成损害。

（1）不完全信息。政府与市场一样，都会存在信息失灵的问题。首先，在现实经济中，要全面、准确地掌握整个社会经济的信息十分困难。由于信息具有很强的时效性，因此信息必须是及时的，一旦信息滞后，本来准确的信息会转变为不准确的信息。政府机构层次重叠，容易阻碍信息的传递速度，实际上政府不可能在任何时间都能得到决策所需的所有信息。即使能做到这一点，信息的搜集成本也将会非常高。其次，政府面对的偏好显示和偏好加总困难。在众多的消费者中，每个人的偏好各不相同，且消费者的偏好处于不断变化之中，使得获得全面准确的信息成为不可能。最后，许多行为产生的后果是不可预料的，即使政府可以获得决策所需要的所有信息，也不一定能够对所有政府行为的结果进行准确的预测。不完全信息是市场失灵的表现之一，也是政府面对的问题。现实中，在掌握信息方面，政府不一定比市场更具有优势。在不完全信息下所作出的决策，也很难达到资源最优配置。

（2）公共决策中的"经济人"行为与公共利益的差异。政府干预实际上是以公共决策来代替市场决策。政府能有效干预市场、促进资源配置的必然条件之一是参与公共决策和执行过程的所有政府官员都是公共利益的代表，都是一心为公的，他们的行为目标是社会全体成员的福利最大化。但事实上，这只是理论上的规范。政府官员都是具有自身利益和偏好的个人，也是"经济人"，也在自己能力所及的范围内最大限度地追求自身利益。并且，政府官员追求自身利益最大化有比其他人更为便利的条件。政府官员的个人利益内化在政府利益之中，政府就成为政府官员个人利益最大化的工具。因此，政府行为目标不是实现社会福利最大化，而是实现预算最大化，导致政府失灵。

（3）政府决策机制的缺陷。首先，政府对资源进行配置是通过公共选择方式来决策的。整个社会是一个偏好汇总体系，这一偏好体系要求反映这一社会所有人的愿望和要求。由于不同的个人有着不同的偏好、偏好显示和偏好加总的困难，以及政府能力、决策和行为工具等方面的限制使得用公共选择方式来确定公共利益是什么及能否在决策中体现公共利益都成为困难。其次，在政府决策中，决策者总会自觉或不自觉地倾向自己所代表的阶层或集团的利益，而一旦既得利益集团形成，这种格局就很难打破，因而总有一部分人利益未被反映，无法满足，甚至受损失。公共决策在符合一部分人的偏好的同时，必然要违背另一部分人的要求和愿望。政府行为总是某个阶层、某些集团的利益要求体现，并不能真实地表达所有选民的偏好，甚至完全不代表大多数选民的偏好。换言之，政府决策不具有逻辑一贯的偏好体系，没有一个稳定的判断是非的标准。最后，决策的时滞。政府作出一项决策要比私人部门决策慢得多，认识滞后、决策滞后、执行与生效滞后、决策链长，使得政府决策往往滞后于市场活动，对市场的影响力降低。这些是公共决策本身所固有的缺陷，无论采取怎样的决策程序都无法消除。

（4）政府运行效率问题。政府要有效地发挥作用，达到预期目标，不仅取决于决策是否正确，还取决于政府机制能否有效地运行来实现决策目标。在经济生活中，一方面，政府部门提供的公共产品和劳务具有垄断性，也都是特定类型的，不具有同质性和可比性。由于政府处于唯一的垄断地位，不存在竞争的压力，也就不会在提高服务和效率方面给予足够重视，因此对其产出和效果很难进行评价。另一方面，政府活动目标的非市场性无法以市场价格来引导，造成了政府活动缺乏预算约束，容易造成浪费。加之政府部门活动追求的直接目标不是利润，其行为目标是预算最大化，政府机构不断扩张，运行成本不断增加，导致政府部门缺乏降低成本的激励机制，由此产生长期低效率运行。

（5）寻租。政府活动与经济活动是互相联结的，政治过程中的权力因素总是有可能直接介入到经济活动中去，从而干预经济当事人之间的交易。在此前提下，很多人便会力求借助于权力因素谋取个人最大利益，这就产生了寻租行为。寻租活动是把那些本应当可以用于价值生产活动的资源用于决定分配结果的竞争，是一种非生产性活动。它是政府干预经济过程中派生的一种现象，具有外部效应的特征。寻租一般是通过行政法律手段，来达到维护既得利益或对既得利益进行再分配的目的。寻租者为了获得寻租机会，可能会利用各种合法或非法的手段，如贿赂等。寻租间接造成了经济资源配置的扭曲，阻止了更有效生产方式的实施，并直接造成社会资源的浪费，社会公平和效率的损失，导致政府失灵。

通过以上分析可以得出，如同市场失灵一样，政府也会失灵。一些市场解决不了的问题，政府未必就能解决，政府的作用也是有限的。单纯的市场机制或单纯的政府机制都是不可取的，两者有各自的优越性，也都有其自身不可克服的缺陷。可以采取某些措施来改善政府的作用，将两种机制相互配合，促进资源的优化配置和社会福利水平的提高。

3）政府失灵的矫正

（1）立宪改革。立宪改革是为了强化立宪规则的完善，对政府权力施加宪法约束。通过修改宪法某些规定，指导和规范政治家、经济管理者的行为。规范政府行为，减少或避免政府失灵的发生以及政府活动的无效率扩张。

（2）恢复竞争。通过改革宪政，从根本上达到约束政府权力的目的。只有改革宪法制度，才能有效约束政府权力和对待市场失灵需要引入政府干预；同样，弥补政府失灵也可以用市场的力量，即在政府这一非市场运作中引入市场竞争因素，由此起到改善政府功能、纠正政府失灵的目标。例如，政府在行政机构之间引入竞争，分散权力，有利于减少垄断，增加竞争因素；重构公共部门的激励机制，引入利润机制，对预算支出的结余给予部门更大的处置权，有利于部门节约开支；通过在一些部门或领域放弃垄断，一些公共产品的生产可以改由市场来提供，能够有效地提高政府效率。

（3）政府改造。社会经济的发展和市场的变化，都需要政府不断地自我改造，从而发挥其积极作用。如调整政府职能、精简政府机构、严格政府的自我约束、加强政府官员的再教育、提高执行政策能力等。

（4）社会监督。除了政府自身的改造，还需借助社会力量、市场力量来监督政府行为。对政府的监督不仅要有来自法律上的约束和政府自我约束，还应有媒体和公众舆论的监督与约束。

市场失灵决定了政府干预，但并不意味着政府干预就一定有效，由于政府干预同样也存在失灵，因此政府对经济的干预范围是有限的。由于政府的活动对整个社会活动是必要的，但不能完全取代市场。因此，政府的干预只能是对市场失灵的必要补充和完善。

3. 市场与政府的关系

市场与政府这两种配置资源机制的作用都是有限的，各有其优缺点。在一个混合经济体制中，两者各有能够充分实现效率的领域，如纯私人品和纯公共产品之间。在经济生活中，市场与政府还存在更为紧密的联系，两者相互渗透，相互影响。首先，政府和政府官员也是理性的"经济人"，都以个人利益最大化为行为准则，只是表现形式与市场主体有差异；其次，政府改革的基本思路之一就是把市场竞争机制引入政府机构，以抑制机构膨胀、提高政府运行效率；最后，从规范的角度来看，政府配置资源的作用应该是一种辅助性的作用，而市场的作用才是基础性配置资源的作用，政府应该努力让市场在一些领域恢复作用，政府再进行第二次调节。

市场与政府作为社会基本的资源调节机制，既是相互对立的，又是共生共存的。市场与政府并非在所有领域都是简单的替代关系，现实经济中的许多问题需要市场与政府两者相互配合。市场与政府的关系要根据社会经济的发展和基本制度环境的变化不断调整，实现两者有效的组合。

1.2.2　公共选择理论

1. 公共选择与公共选择理论

公共选择即对非市场决策的经济学研究，或者说是对政府决策过程的经济分析。

公共选择的特点是将经济交易和政治决策这两种人类行为的基本方面纳入单一私人利益分析模式，并在此基础上运用经济学的方法解释个人偏好与政府的公共选择之间的关系，研究作为投票者的消费者如何对公共产品或劳务的决定表达意愿。

公共选择理论始于第二次世界大战后的西方。随着凯恩斯主义的推行，政府对经济干预程度逐步深化，也使得政府决策过程越来越复杂，决策成本也不断提高。这就使得一些学者认识到，财政不是纯粹的经济问题，而是具有强烈的政治色彩的，为此有必要从政治的角度重新研究财政。于是，公共选择理论应运而生。布坎南因其在公共选择理论方面作出了卓越的贡献，获得1986年诺贝尔经济学奖。布坎南的公共选择理论集中于他与托尼逊合著的文集——1972年由美国密执安大学出版社出版的《公共选择论——经济学的政治应用》。

公共选择理论认为，人们在交换中追求自身利益的规则也同样适用于政治领域。政治家和政党并非像通常假定的那样是公共利益的代表，而是有私利的个人和团体。他们本能地追求权力地位、选票和预算拨款，其结果必然导致财政亦字的永久化。要消除这些弊端，仅向政治家提出忠告是无用的，而必须从根本上改变政治活动的规则，通过立法来限制政府创造财政赤字、滥发货币的权力，更多地发挥市场调节的作用。

布坎南的独到之处在于他打破了经济与政治、法律之间的界限，将它们融为一体，恢复了古典政治经济学的传统。他促使人们考虑从政治角度解决经济问题，填补政治经济学的缺口。他对政府行为的分析也很有价值，破除了人们对政府及政治家的迷信。

在西方社会，政治制度就像市场制度，政治家就像企业家，公民（选民）就像消费者，选举制度就像交易制度，选票就像货币。为此，在政治市场里，人们建立起契约交换关系，一切活动都以个人的成本——收益计算为基础。布坎南认为，政府的政策制定者（政治家、政府官员等）同经济人一样是有理性的、自私的人。他们就像在经济市场上一样在政治市场中追求着他们自己的最大利益——政治利益，而不管这些利益是否符合公共利益，尽管他们可能有反映"公共利益"的愿望，但这种愿望只不过是许多愿望之一罢了。同样，公民作为选民也是有理性的、自私的人，其选举行为也是以个人的成本——收益为基础。由于普通选民无力支付了解政治的成本，他们作为有理性的人往往不参加投票，这不应该说是不合理的行为，由此决定普通选民对特殊利益集团的制约是有限的。在这种情况下，政府往往被代表特殊利益集团的政策制定者（政治家、官员等）所操纵，由此滋长了种种经济和政治弊端。因此，布坎南认为，现代西方社会面临的重重困难，与其说是市场制度的破产，不如说是政治制度的失败。

2. 多数规则下的政治均衡

按照西方学者的解释，公共选择是根据既定的规则并通过许多人的政治交互作用而作出的。这就是说，通过公共选择过程而进行的公共产品或劳务的供给，要求人们在公共产品或劳务的供给数量和融资方式方面达成协议。不过，在以民主方式进行的公共选择过程中，最常见的是多数投票法，或称简单多数规则，即要有 $n/2$ 的拥护者。

西方学者用政治均衡来解释公共选择过程。他们认为，如果一个社会的人们根据既定的规则，就一种或多种公共产品和劳务的供给量以及相应的税收份额的分配达成了协议，就取得了所谓政治均衡。公共产品或劳务的生产成本与效益的大小以及投票者获得有关信息的难易程度，是决定政治均衡状况的主要因素。投票者最偏好的政治结果是政府所提供的公共产品和劳务的数量达到这样的水平：他所承租的税收份额与该种公共产品或劳务的边际效益恰好相等。而在投票最偏好的、政治结果中处于中间状态的、反映所谓中间投票者意欲的公共产品和劳务的产量，往往是多数规则下的政治均衡。

3. 投票悖论

（1）投票结果的唯一性和循环性。由于人们的偏好结构有单峰形和多峰形之别，多数规则下所取得的政治均衡，有时并不是唯一的。单峰形偏好意味着人们最理想的结果只有一个，在所有投票者的偏好都呈单峰形的条件下，多数规则可以保证投票结果的唯一性。多峰形偏好则意味着人们最理想的结果不止一个，而在所有投票者中，只要有一人的偏好是多峰形，多数规则下的投票结果便可能出现循环现象。

投票者对每年焰火燃放方案选择的排列如表 1-1 所示。

表1–1　投票者对每年焰火燃放方案选择的排列

投票者	第一种选择	第二种选择	第三种选择
A	3	2	1
B	1	3	2
C	2	1	3

当有三个或更多的方案可供选择时,对其中的任意两个方案进行投票,即所谓配对投票,如图1–1所示。

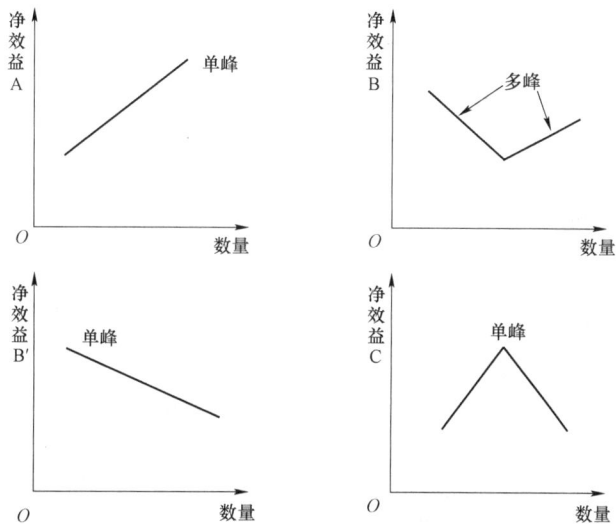

图1–1　配对投票

配对投票的得票记录及其结果如表1–2所示。

表1–2　配对投票的得票记录及其结果(以表1–1为依据)

第一轮配对	每年燃放1个	每年燃放2个
投票(投票者)		
A		√
B	√	
C		√

按得票多少计,每年燃放2个提案获胜。

第二轮、第三轮配对投票分别以每年燃放1个、3个获胜。

(2)互投赞成票。互投赞成票是在投票者之间就那些与其关系重大的问题或提案所进行的投票交易。当两个或两个以上问题或提案同时交付投票者表决时,互投赞成票的投票交易就可能发生。在这种情况下,两项本来在分别投票下肯定不会获得通过的提案,便可能双方获得通过。投票交易一方面会造成资源配置效率的损失，另一方面也可能在资源配置效率目标的实现方面发挥作用。

4. 政治行为的分析

参与公共选择过程的投票者、政治家（政党）、官僚以及特殊利益集团的行为各有其特点。投票者只有在参加投票获得效益，或确信其投票可对投票结果发生影响的情况下才会乐于参加投票；政治家（政党）的追求目标是选票最大化，故其提出的竞选方案或提案总是设法向符合中间投票者意欲的结果倾斜；政府机构的官僚们并不以营利为目的，而以权力极大化为目标，这就导致了政府预算规模和公共物品或劳务的供给量总是高于最佳状态的水平；特殊利益集团往往通过对政府官员、投票者施加压力或影响，来谋求对其成员有利的提案的支持，其活动常常左右公共选择的结果。

1.3 财政学的研究对象、研究内容和研究方法

1.3.1 财政学的研究对象

如前所述，财政学的首要任务就是对财政现象进行解释。但是，财政学的视野不仅仅局限于实践层次，而是要透过现象发现本质，揭示支配这些现象的规律。

财政学是经济学的一个分支，确切地说是应用经济学的一个分支。因此，隐藏在财政现象下的种种规律也是经济学原理在某些特定条件下的具体表现。从某种意义上说，财政学的研究对象就是经济学的研究对象，即稀缺资源的配置问题，也就是生产什么、如何生产和为谁生产的问题。但是财政学有其独特的视角，经济学在研究稀缺资源配置问题时的一个基本假设是将市场制度视为配置的基本手段，而财政学将整个国民经济划分为"公"和"私"两大部分，并从公与私的相互关系来研究经济，它所研究的是：在一个社会中，哪些事情应该"公办"；哪些事情应该"私办"；为什么有些事情需要公办；如果某些事情需要公办，应该采取怎样的方式来办；"公"和"私"两大部分的分工及公办的方式会对整个国民经济产生怎样的影响；什么样的公、私结构及公办方式才有利于整个社会的经济发展与社会稳定。因此，"稀缺资源的配置"远远不能准确表述出财政学的研究对象；准确地说，财政学的研究对象是政府的经济行为[①]。

理论界对于财政学的研究对象，存在一定的分歧，这也是经常所讲的"大财政"与"小财政"之分。前者以整个政府的收支作为研究问题的基础，而后者仅仅以政府中财政部门收支作为研究问题的基础。相应地，财政学的研究对象也有狭义与广义之分：狭义的是比较传统的理解，即财政学的研究对象是为满足国家与政府履行职责的需要而以国家政治权力参与国民收入分配所形成的分配关系和政府收支活动的规律；广义的是现代拓展性的理解，即财政学的研究对象是政府与公共部门为满足社会公共需要所从事的资源配置、经济调控与各种公共经济活动的规律，这种理解也就是现代公共经济学的含义[②]。

---

① 储敏伟，杨君昌. 财政学 [M]. 北京: 高等教育出版社，2006：10.

② 郭庆旺. 财政学. 北京：中国人民大学出版社，2002：35.

1.3.2　财政学的研究内容

当代财政学的研究内容与西方古典财政学和我国传统财政学相比，发生了很大的变化。在亚当·斯密建立古典财政学的时期，自由放任的观点在经济思想中占据了主要地位。人们普遍认为政府和市场是两种对立的资源配置方式，而市场机制是完美的，政府干预只能干扰市场机制的正常运转，因此政府只应该充当"守夜者"。与之相对应，古典财政学的研究主要集中在规模相对小的财政收支管理方面。而我国传统的财政学是在计划经济的背景下建立起来的，当时的资源配置全部通过计划进行，市场机制没有发挥作用，社会总供给和总需求也都受到严格控制。在这种情况下，财政学的研究也集中在财政收支管理上。

凯恩斯革命以后，西方学者开始认识到市场机制并不是十全十美的，为了实现经济的良好运行和持续稳定发展，国家必须对经济进行干预，财政学的研究内容也就从政府收支管理扩展到政府的经济行为。在我国，随着社会主义市场经济的建立，同样的变化也发生在传统财政学中。

当代财政学的研究是围绕着政府的经济行为进行的，其研究的逻辑可以概括性地描述为：在现实生活中不存在完美的市场，市场机制的失灵使得政府的干预成为必需。但是政府本身也不是完美的，因此政府对市场的干预应当保持在一个合理的界限内。政府承担着补救市场失灵的任务，由此对政府行为的评价，不仅要从效率的角度进行（这种评价有时表现为对政府行为本身成本—收益的评估，有时则表现为考察政府行为对总体经济效率的影响），更多的时候应该从公平角度进行（这一方面要求政府的干预能够为参与市场活动的各主体创造公平竞争的机会；另一方面，政府应该尽力消除自由竞争导致的贫富差距，实现社会分配的结果公平）。

在回答了政府活动的必要性、活动界限、衡量标准等一系列问题后，财政学的研究转向了对政府经济活动的具体分析，包括财政支出、财政收入、财政预算、财政分权、财政政策等。财政支出的研究，广义上包括三方面的问题：首先是财政支出对宏观经济的影响，指财政支出的规模是否与宏观经济状况匹配，它能否促进宏观经济的持续、健康增长，实现资源在长期内的有效配置；其次是财政支出的分配效率，指财政支出是否实现了最优配置，与通过政府管制或依靠私人部门的其他选择相比，特定的财政支出能否是实现政府目标的最优方式，能否提供合意的公共产品；最后是财政支出的技术效率，这主要涉及财政支出能否以有效的方式规划和执行，以及公共部门的管理问题，财政预算研究的就是这一类的问题。财政收入主要研究政府可以通过哪些活动获得收入，这些活动应该如何进行才能符合效率与公平标准，具体来说，包括两方面的问题：一是在满足公平标准和尽量减少资源扭曲程度的要求下，政府应该采用哪些方式筹集到合意的收入；二是在收入筹集过程中，政府应该如何做才能使募集的成本最小。例如，税收体系应该如何设置才能实现税收的效率与公平；政府收费和公共定价应如何进行。财政分权主要研究收入与支出如何在多级政府间划分，使得政府能够良好地提供公共服务、履行其职能。财政政策则主要研究政策的目标、手段和传导机制等。

1.3.3　财政学的研究方法

作为应用经济学的一个分支，财政学主要是使用规范分析和实证分析方法。

1. 规范分析

经济学中关于研究评价社会经济状态"好"与"坏"标准的理论，被称为规范经济学或规范分析，亦被称为福利经济学。它回答的问题是应该怎样（What it ought to be, what it should be）。这一理论对财政学的研究是十分重要的，它具有双重意义。第一，规范分析确认了财政政策的目标。规范经济学论证了什么是经济的最佳状态，这种最佳状态就是我们要努力实现的目标。财政具有资源配置的职能，不同的财政政策会产生不同的资源配置状态，当阐明了怎样的资源配置状态是最佳的，财政政策就有了目标，就可以有选择地采用那些能够使资源配置达到或者接近最佳状态的政策。财政具有收入分配的职能，不同的财政政策会产生不同的收入分配结果，当我们认定某一种收入分配结果是最理想的，这种理想状态就成了财政政策的目标，就可选择那些有助于实现这一目标的政策。第二，规范经济学所论证的最佳状态本身就是评价财政政策好坏的标准。当财政政策所产生的资源配置和收入分配的结果离最佳状态较远时，我们就可以说这种政策不好；反之，若采取某种财政政策所产生的结果比起政府采用其他行动来说比较接近于这个最佳状态，我们就可以说，这种财政政策是较好的。

在规范分析中，福利经济学为其提供了公平与效率标准作为判断的依据。需要指出的是，规范分析所得到的许多结论在现实生活中都是很难实现的，但这并没有降低规范分析的重要性，因为它为现实中的情况提供了改进的方向和衡量的标尺。

现代财政学中，规范分析主要应用于四个问题：① 政府活动的界限，即政府应该在哪些领域适当地从事经济活动；② 政府活动所应遵循的决策规则；③ 政府应当如何为支出融资；④ 政府间关系问题，即各级政府间的职责、收入划分的优化问题。[①]

2. 实证分析

实证分析又称实证经济学，它描述经济运行的过程，解释各经济因素或政策手段与各经济变量之间的联系，它描述客观现实与客观规律，回答是什么、会怎样的问题。

实证分析旨在弄清事实，过去怎样、现在怎样、将来会怎样，采取某一种政策会产生怎样的结果，采取另一种政策又会产生怎样的结果，但它并不进行好坏的评价，它不论证是这种结果好还是那种结果好，是这种政策好还是那种政策好。例如，向劳动者的征收课税，会使劳动者工作更积极还是会使劳动者更消极；如果会更积极地工作，那么工作时间会增加多少；如果会使劳动者工作积极性受到抑制，那么工作时间又会减少多少。又如对某一种产品予以补贴，这个产品的产量会增加还是减少，增减量是多少，价格会发生怎样的变化，变化幅度有多大，哪些人从这一补贴中受益，受益程度如何。这些问题都属于实证分析范畴，它只考虑某种政策会产生怎样的结果，而不考虑这些结果是好还是不好，该不该采取这样的政策。显然，政府该怎样做，即政府该采取怎样的政策既涉及实证分析，又涉及规范分析。只有通过实证分析，我们才能了解政府采用不同的政策会产生的结果，否则即便我们确认了好坏的标准，也无法评价各种政策的优劣。当然，如果单有实证分析，弄清了各种政策会产生的结果，但没有规范分析所确认的是非标准，我们仍无法评价各种可能结果的好坏，无法对政策加以选择，或者只能盲目地对政策进行选择。

实证分析可根据其分析方法分为理论实证分析和经验实证分析。

---

① 匡小平. 财政学. 北京：北京交通大学出版社，2008：4-5.

1）理论实证分析

理论实证分析是根据若干基本前提，通过逻辑推理的方法对可能产生的结果作定性的分析。理论实证分析依赖于一些基本前提，这些前提反映了人们对客观基本事实的认定，其真实性和可靠性是整个理论体系的基础。理论实证分析所依据的基本前提包括：第一，关于生产技术方面的基本假定；第二，关于人们偏好方面的基本假定；第三，关于人们行为目标方面的基本假定。经济学认定，根据以上三个方面的基本假定前提，可以用逻辑推理的方法来分析在各种不同情况下，各经济行为主体会作出怎样的反应，会产生怎样的结果。所有理论实证分析的结论都是上述所确认的基本前提的推论。

由于理论实证分析所依据的只是抽象的生产函数，无差异曲线和供求曲线，它舍去了在各种情况下这些函数的具体形式，所以它只能作出定性的分析。运用抽象的需求和供给曲线，我们可以得出政府对某种产品征税或补贴会使产出量、价格上升还是下降，可以说明这种变动受到哪些因素的影响，但却不能用准确的数量概念说出会上升或者下降多少。要回答这些问题就不能单纯地依靠供给和需求曲线的一般性质，还必须根据具体的情况，具体地确认某种产品的需求曲线和供给曲线。可见，依据一些基本前提作逻辑推理的理论实证分析有其局限性。要确切地说明在各种情况下会产生的结果，就必须对具体事物进行具体的分析。这就需要进行经验实证分析。

2）经验实证分析

经验实证分析是根据调查取得实际资料进行的实证分析。经验实证分析的基本前提就是从大量的经验中概括出来。例如，向下倾斜的需求曲线就是对人们所观察到的事实的一种概括，商品的价格越高，购买的数量就会越少。由此人们得出了价格与购买量的一般关系，得出了边际效用递减的规律。但是，在分析具体事物时，仅依赖于这样的一般关系是不够的，它只能对问题进行定性回答，但却不能给出具体的数量关系。要进行定量回答就必须对具体的研究对象作实际的调查，以实际资料为分析的依据。

如前所述，理论实证分析在许多场合不能得出明确的结论。例如在一个社会中，公共部门与私人部门的分工可有不同的安排，究竟哪一种安排能使生产更快地发展？理论实证分析只能指出公、私部门的各自的长处和短处，但对哪一种安排更能迅速发展生产这一结果则不能做出肯定的回答。这时只能依靠经验实证分析来解决问题，通过搜集各国公私分工以及经济发展的具体数据，我们可以进行比较并从中得出某些结论。

小 结

（1）古典经济学把单个厂商、单个消费者、单个市场作为"分析单位"，因而称为"微观经济学"。凯恩斯则开创了新的分析方法，依靠收入、消费、储蓄和投资等总量概念作宏观分析，由此产生了"宏观经济学"。宏观经济学为国家干预经济提供了理论基础，并由此展开经济政策的广泛研究，市场失灵与政府干预成为经济学研究的核心领域之一。

（2）财政学作为经济学的特殊分支，是经济学、管理学和政治学融于一体的综合性"交叉学科"。归根到底，无论是从历史的角度还是现实的角度，财政学始终是经济学的一部分。而作为政府的经济行为，财政活动是由政府直接而具体进行的，因此财政学与政治学有密切的联系。另外，财政问题不仅是经济学和政治学问题，同样是管理学问题。

（3）市场失灵与政府干预是现代财政学研究的逻辑起点，也是现代财政学的理论基础。市场失灵为政府介入或干预提供了必要性和合理性，决定了政府必须对市场失灵进行干预，以克服和矫正市场的不足与缺陷。但并不意味着政府干预就一定有效，政府干预同样也存在失灵。以研究政府失效为核心内容的公共选择理论，既是公共财政理论发展的产物，也是现代财政学理论的重要内核。

（4）从某种意义上说，财政学的研究对象就是经济学的研究对象，即稀缺资源的配置问题。但是"稀缺资源的配置"远远不能准确表述出财政学的研究对象。准确地说，财政学的研究对象是政府的经济行为。

（5）当代财政学的研究是围绕着政府的经济行为进行的，具体内容则主要是对政府经济活动的具体分析，主要包括财政支出、财政收入、财政预算、财政分权、财政政策等。

（6）作为应用经济学的一个分支，财政学主要是使用规范分析和实证分析方法。

学习建议

1. 本章重点
财政学的学科基础；市场失灵与政府干预；公共选择理论的内涵；财政学的研究对象与方法

2. 本章难点
政府失灵；公共选择理论；财政学的研究方法

核心概念

市场失灵　政府干预　外部效应　公共选择　规范分析　实证分析　经验实证分析理论实证分析

思考与练习

1. 如何理解经济学是财政学的渊源，财政学是经济学的组成之一？
2. 如何理解财政学是经济学、政治学与管理学融于一体的"交叉学科"？
3. 市场失灵的基本内容是什么？
4. 如何看待政府在经济中的作用？
5. 如何理解政府的失效？
6. 公共选择理论是怎样一个理论？对财政学研究有什么意义？
7. 规范分析的模式是什么？现代财政学中，规范分析主要应用哪些方面？
8. 实证分析的基本含义是什么？对财政学研究有何意义？

第 2 章

财政的产生与财政职能

学习目标

1. 了解财政的起源及其产生条件。
2. 了解财政的发展历程。
3. 掌握财政的基本含义及其本质与属性。
4. 熟悉财政学理论的形成与演变、掌握现代财政理论的基本内容。
5. 掌握财政的基本职能。

财政是一种社会经济现象，也是一个具有悠久历史的经济范畴。本章从财政的起源与发展入手，阐述财政产生的历史必然性及其沿革，财政学理论的形成与发展，并由此分析财政的职能和作用。

2.1 财政的产生与发展

2.1.1 财政的词源与财政起源

1. 财政的词源

"财政"（finance），据学者考证，它起源于 13—15 世纪的拉丁语 finis，意思是货币支付，表示当时一切货币关系的总和，后来演变为 finare，意为"支付款项""裁定款项"或"罚款支付"等。到 16 世纪末，法国政治家让·博丹（Jean Bodin，1530—1596）将法语 finances 作为财政一词使用，认为财政是"国家的神经"，随后逐步泛指国家及其他公共团体的理财。日本于 1868 年明治维新开始后，从西欧引入 finance 一词，并借用汉语的"财"与"政"二字，创造了"财政"词汇，并在 1882 年官方文件《财政议》中，第一次使用了"财政"这一术语。

在我国，"财政"一词的使用是近代的事。中国古代典籍中有理财、度支、国用等，意思就是现代所说的财政。据考证，官方最早使用"财政"一词，见之于清朝光绪二十四年（1898年）戊戌变法"明定国是"诏书中"改革财政，实行国家预算"的条文。可见，财政一词在我国乃是外来词汇。

其实，现代 finance 的含义较多，既可译为财政，也可译为金融，还可译为财务或筹资。

2. 财政起源

财政作为公共分配，是一种社会经济现象，也是一个具有悠久历史的经济范畴。财政是生产力与生产关系发展到一定阶段的产物。

在原始社会时期，生产力水平十分低下，社会产品基本是仅能维持最低限度生活的需要，甚至还不足。在原始氏族公社内部，氏族成员共同劳动共同占有并平均分配劳动成果（生活消费品）。虽然在原始社会后期已经存在从有限的剩余产品中分出一部分，用来满足公共需要的现象，但这仅是对集体劳动成果进行的再分配而已，且相当不稳定，因此还不是真正意义上的财政。

随着社会生产力的进一步发展，一夫一妻制父系家庭的形成，出现了生产资料家庭私有。同时，随着人类第一次、第二次社会大分工，剩余产品的出现，商品交换成为可能和必要，社会成员之间贫富差别变得明显起来，氏族内部的财产差别把利益的一致变为氏族成员之间的对抗。社会逐步分裂为两个根本利益对立的阶级——奴隶主阶级和奴隶阶级，客观上需要强制性公共权力以及强制性机构（军队、监狱、警察等）的存在。于是，国家产生了。国家产生之后，"为了维持这种公共权力，就需要公民缴纳费用——捐税……随着文明时代的向前进展，甚至捐税也不够了；国家就发行期票，借债，即发行公债。"[①]在这里，国家代表着这种公共权力。于是，便产生了这种以国家为主体的集中性分配，这就是财政。

可见，财政这种公共分配的产生，必须同时具备两个基本条件：一是社会剩余产品的出现；二是公共权力的产生。社会剩余产品是财政产生的基本前提，因为，如果社会没有剩余产品，就没有可供公共分配的对象。公共权力的产生是财政产生的必要前提。道理很简单，如果没有公共权力，就没有公共分配的主体，甚至也就没有公共分配的目的。如果没有国家，也就没有以国家为主体的、以实现国家职能或满足社会公共需要为目的的集中性公共分配。所以说，国家的存在是财政存在的必要条件，这是财政与国家关系的一个方面。另一个方面，财政是国家机器的经济基础。或者说，有了财政便有了国家，便有了国家存在的经济体现。在这里，财政又是国家存在的必要条件，这是财政与国家关系的又一个方面。

2.1.2 财政的发展

随着社会生产力的不断发展，人类社会经历了几个不同生产资料所有制为基础的社会形态以及与之相适应的国家形态，从而也产生了几种不同类型的财政。

1. 奴隶制财政

奴隶制生产关系的基本特征是奴隶主占有生产资料并直接占有劳动者——奴隶。此时，奴隶制国家的国王不仅是掌握政治权力的统治者，而且本身也是最大的奴隶主，占有大量的土地和奴隶。奴隶制财政收入主要来源于以下几个方面：国王强制奴隶为他从事各种生产劳动而取得的王室土地收入；向被征服的弱小部族或国家进行掠夺、收受强派的贡物收入；向农民和手工业者等自由民征收的捐税等。其财政支出主要用于军事开支、维护政权机构的支出、王室的享用、宗教和祭祀等。由此可见，奴隶制是奴隶制国家为了实现其职能，压迫和剥削奴隶及其他劳动者的一种手段，它反映着奴隶制国家的统治阶级与奴隶和其他劳动者之

---

① 马克思恩格斯选集：第 4 卷［M］. 北京：人民出版社，1972：167.

间的对抗性的分配关系。

由于奴隶社会的生产力水平仍然很低，自然经济占据统治地位，整个社会产品的分配基本上采用实物分配的形式，这就决定了奴隶制财政的分配也主要采用实物分配的形式。

2. 封建制财政

封建制生产关系的基本特征是封建主占有生产资料和不完全占有劳动者即农奴，同时也存在农民和手工业者等小私有经济。封建制国家的财政收入主要来源于官产收入、诸侯贡赋、捐税田赋、专卖收入、特权收入等。其财政支出主要用于以下几个方面：维护其统治的战争支出、行政支出、皇家的享乐支出（建造宫殿、坟墓、游乐、赏赐等）、封建文化、宗教支出等。由此可见，封建制财政是封建主阶级维持其统治、压迫和剥削农奴及其他劳动人民的一种手段，反映着封建国家的统治阶级与农奴及其他劳动人民之间的对抗性的分配关系。

在封建社会里，自然经济仍占统治地位，但随着社会生产力的发展，商品经济日渐发达，尤其到了封建社会后期，商品经济已占有很大比重。因此，封建国家的财政分配在采取实物分配形式的同时，越来越多地采取了价值的形式，如当时的土地税、矿产税、渔业税等都采用了货币的形式。

与此同时，在封建社会时期还产生了一些在现代社会仍然具有重要地位和意义的财政范畴，如公债与国家预算。在封建社会后期，封建国家由于对内统治事务的发展与对外战争频繁等原因，各项支出迅速增长，已有的财政收入形式日渐不能满足财政支出的需要。因此，封建国家除了继续加重捐税以外，还被迫向当时在政治上无权、但却拥有强大的经济力量的新兴资产阶级大量借债，于是公债这一财政范畴产生了。在新兴资产阶级凭借自己的经济实力，以向封建国家提供财政资助为手段，与封建主积极作斗争，力求获得与自己的经济实力相对应的政治权利和政治地位的同时，新兴资产阶级通过是否同意纳税、借债，进而获得审查和监督财政的新的权力，即对国家预算的审查批准权，从而使国家预算这一新的财政范畴也出现了。

3. 资本主义财政

资本主义生产关系的基本特征是资产阶级占有生产资料，劳动者靠出卖自己的劳动力为生。资本主义国家的财政收入形式主要是税收，此外还依靠公债和通货膨胀等方式获得一定的财政收入。其财政支出主要用于提供公共产品和服务，满足国防、行政、社会保障、基础设施等方面的公共需要。

由于不同时期经济发展的任务不同，资本主义财政在不同时期作用的侧重点也有所不同。在自由资本主义时期，国家为了给资本主义经济发展扫清障碍，采取了不直接操纵经济的自由放任的财政政策。通过创造资本主义经济自由发展所必需的外部条件，积极地促进了这一时期资本主义经济的发展。

随着资本主义社会从自由资本主义向垄断资本主义转化，直到发展为现代资本主义，客观上要求资产阶级利用国家的行政权力和财政手段干预调控宏观经济，以缓解经济危机的破坏性影响和努力推迟及至克服经济危机的周期性出现。

由于资本主义财政不仅从财力上保证着资本主义国家维持行政管理和军事机构的公共需要，而且作为国家干预社会经济的主要经济杠杆，为资产阶级的经济利益服务，所以从本质上说，资本主义财政就是资产阶级维持其统治，剥削无产阶级和其他劳动人民的一种手段，反映着资本主义国家与无产阶级及其他劳动人民之间的对抗性分配关系。在资本主义社会，由于具有高度发达的市场经济，因而财政分配采用的是价值形式。

4. 社会主义财政

社会主义生产关系的基本特征是以生产资料公有制为主体、多种经济形式并存的经济。这种经济制度决定了社会主义财政发挥着与资本主义财政在形式上类似，但实质上却不同的国家职能。在社会主义社会初级阶段，财政是实现国家职能，巩固人民政权，发展与调控经济，满足社会公共需要的有效手段之一。

在不同的历史时期，社会主义财政为了适应政治经济形势与发展的需要，承担着不同的任务，呈现出不同的特点，尤其是在社会主义市场经济时期，财政将经历一系列重大的变化和发展。

2.2 财政的定义与本质

2.2.1 财政的定义及其要素

基于上述对财政的词源分析和关于财政活动起源的探讨，不难得出对财政一词的基本定义。一般认为（这里引用国家分配论的观点），财政是国家或政府的收支活动，它是国家（政府）为了实现其职能，凭借其政治权力（公共权力），采取某种形式（实物、力役或价值形式）直接参与社会总产品分配的一种活动。这一概念提示了财政的四个基本要素，即财政分配的主体、财政分配的客体、财政分配的形式和财政分配的目的。

1. 财政分配的主体

国家分配论强调，国家或政府是财政分配的主体。任何社会产品的分配都有其主体，都不可能自发产生。就财政而言，任何财政的分配主体都是国家（政府），财政与国家共存共荣、相辅相成、缺一不可。国家作为财政分配的主体，其分配的对象或客体、分配的数量和范围、分配方式都直接由国家来决定，而财政的另一端，如现代经济运行中的家庭和企业则都与国家直接发生分配关系。

2. 财政分配的客体

分配活动是人作用于物的活动，因此财政分配不仅有主体，而且还有客体，否则财政就成为无源之水、无本之木，也就不称其为分配。财政分配的对象或财政分配的客体是一部分社会产品或国民收入，即一个国家在一定时期内（通常是一年）所生产的最终产品和服务的市场价值的总和，它是国家取得财政收入的基本源泉。

3. 财政分配的形式

财政分配是整个社会总产品分配的一个组成部分，它的分配形式要以当时占支配地位的社会产品分配形式为转移。在自然经济条件下，如奴隶社会与封建社会时期，财政分配主要采取实物和力役的形式；但在商品经济或市场经济条件下，如资本主义社会与社会主义社会时期，财政分配则以价值形式为主，表现为货币的收入与支出。

4. 财政分配的目的

财政分配的直接目的是满足国家实现其职能的需要。任何一个国家政府的基本职能无外乎社会管理和经济管理两大职能。所谓社会管理职能是指维护国家政权、保障国家安全和维持社会正常秩序。而经济管理职能虽因社会制度、经济体制的不同，在不同的国家和不同的时期，在具体的作用范围、实施程度与社会意义上产生较大的不同，但共同之处都是指政府所具有维护经济的正常而有效运行、促进国民经济发展的职能。由于国家并不直接从事物质资料的生产，因此要实现上述职能，必须要有一定的财力作保证。主要凭借政治权力参与社会产品分配的财政，就成为维持国家财力的源泉。而财政分配，不仅是国家实现职能的需要，同时也是政府提供公共产品、满足社会公共需要的财力保障。

2.2.2　财政的本质与财政的公共性

1. 财政的本质

从生产关系的角度看，财政是以国家或政府为主体的分配关系，这就是财政的本质。这种分配关系主要体现在两个方面：一是个人与国家之间、企业与国家之间的分配关系；二是中央政府与地方政府之间、地方各级政府之间的分配关系。

在现代经济中，个人、企业和政府都是经济活动的主体，对不同的经济参与者来说，他们有着各自不同的利益：个人在消费上追求效用最大化，企业在生产上追求利润最大化，而政府在经济决策上，则可能更注重增进社会福利的最大化。尽管个人和企业可能也关心社会利益、全局利益和长远利益的提高，但相对而言，他们对自身利益、局部利益和眼前利益的关心往往会更大一些。因此，由于政府具有社会管理和经济管理的双重职能，政府活动就不可避免起到协调现实生活中各种利益之间矛盾的作用。政府必须注重于通过资源配置、调节收入分配和保持宏观经济稳定等方面的活动，弥补市场机制的缺陷，以促进集体利益、全局利益和长远利益的提高。然而，政府的开支最终是来源于私人部门，税收会是一个沉重的负担。这就导致了在财政中经常存在难以协调的矛盾。例如，尽管个人和企业都能享受到政府所提供的各种公共产品和服务的好处，但向国家纳税则意味着自身所能掌握的财富的减少，从而意味着当前福利的损失，这显然不是一件令人愉悦的事情。尤其是现实的财税制度所限，个人和企业从公共产品和服务中获得好处很难与他们的纳税数量相对称，从而难免会出现几家欢乐几家愁的情形。但是，由国家统一提供公共产品和服务更符合社会公共需要。于是，国家运用政治权力(公共权力)，强制性地取走一部分国民收入，用于满足其实现职能的需要，以增进社会利益、全局利益和长远利益，这就构成了财政存在的直接原因。

此外，在国家这一财政主体内部，也存在复杂的分配关系。其原因主要在于，政府系统内部同样交织着各种复杂的利益矛盾。在一个分权式的国家机构中，中央政府主要承担着全国性和部分区域性的事务，而地方政府则主要承担着地方性和部分区域性的事务。不同的事权自然要求有相应的财权与之相匹配。但在一定的时期内，由于受到现实的经济水平、财税制度等因素的影响，一个国家所能集聚的全部财力是有限的。因此，很难说会有一个令所有部门、所有地区都满意的结果。各级政府承担着各自具体的事务，而由于行政区域、人口数量、自然资源数量、经济发展水平等诸多因素的制约，对财力的要求存在现实的区别。然而，中央政府到底应该支配多少财力，地方各级政府应该支配多少财力，就是一个非常重要的问题，其间必然隐含着各种复杂的利益关系。类似的情况也存在于承担不同事务的各职能部门之间。因此，政府间的财政分配关系构成财政关系的另一个重要方面。

2. 财政的公共性

社会经济部门可划分为私人部门和公共部门两大部门。私人部门包括个人、家庭和厂商；公共部门主要是指广义的政府。研究私人部门行为的是私人经济，或称私人财政。研究公共部门行为的是公共经济。在我国，习惯上将私人财政称为财务，而将公共财政称为财政。因此在我国，财政仅指公共财政或政府财政，不包括公司和家庭等私人财务。

私人财务源于私人产品，财政源于公共产品。根据商品的特征不同，可将商品分为私人产品和公共产品，私人产品具有排他性和竞争性，而公共产品具有非排他性和非竞争性。私人产品由私人部门提供更有效率，而公共产品由公共部门提供更有效率。私人财务是私人部门为提供私人商品、满足私人需求、凭借私人权利进行私人支出和私人收入的经济活动。与之相对应，财政是公共部门为提供公共商品，满足公共需求，凭借公共权力，进行公共支出和公共收入的经济活动。

财政具有公共属性，不具有私人属性。也正因为财政的这一属性，所以通常人们也以"公共财政"加以命名。当然，财政以私人财务为基础，与私人财务形成对立统一的关系。

2.3　财政学理论的形成与演变

财政学产生于欧洲，具有十分广泛的思想渊源。回顾财政的整个发展历程，众多西方学者、思想家们对财政问题的孜孜探索，极大地丰富了财政学的思想内涵，促进财政理论日臻完善，最终形成今天较为成熟的理论体系。一般认为，亚当·斯密 1776 年的《国富论》是财政学建立的标志。

2.3.1　前资本主义时期的西方财政思想和财政理论

前资本主义时期的西方财政思想和财政理论是当今财政理论的渊源。当然，古希腊、古罗马的财政制度是简单的、粗糙的。中世纪西欧出现的财政思想和理论也是零散的和偶然的。可以说，一直到 12 世纪，西方也没有有价值的财政理论产生。直到 13 世纪著名的神学家和经院哲学家托马斯·阿奎纳（Thomas Aquinas）才将税收与国家的主权联系起来考虑。

到 15 世纪，在意大利，由于文艺复兴和商业金融的迅速发展，导致了财政的重大发展。在那不勒斯王国，卡拉法（Diomede Carafa）作为军人和政治家，在他关于国家管理问题的论文中对财政问题给予了前人未曾有过的认真分析。他主张王室领地的收入应是国家财政的基础，而税收仅是一种临时性的收入形式。他把公共支出分为三类：① 用于国家防务的支出；② 用于王室的支出；③ 用于偶然事故的支出。他认为，公共支出应是适度的和有节制的，以保持财政平衡。

到 16 世纪，法国的政治哲学家让·博丹于 1576 年发表了他的政治哲学名著《国家六论》，其中对作为"国家神经"的国家财政问题进行了重要的探讨。他认为，对于国家财政有三种必要的事情：① 正当的收入手段，包括王室领地收入、关税和紧急需要时对臣民的直接征税；② 以国家的利益和名义使用这些收入，包括王室费用、军队和官员工资、济贫支出，有结余时用于公共设施的建筑和各类学校的开办等；③ 结余部分收入以应不时之需，反对公债特别是有息公债。

威廉·配第 1662 年出版的《赋税论》，可能是涉及财政问题最早的专著。该书分别论述了公共支出和收入问题，并从"公共"的角度讨论财政支出和公共经费即财政收入取得的方式，主张采用王国土地税等。

17—18 世纪，德国不少大学教授与政府官员注重研究财政问题，并形成了官房学派。其代表人物 J. 尤斯蒂于 1766 年出版著名的《财政学》一书，意味着 18 世纪德意志的财政学已达到了成熟的程度。该书的卷四以"捐税的一般原则"为名，对财政的基本理论问题进行了探讨，并对财政问题分别从支出、收入和满足临时性紧急需求手段等三方面进行了研究。

18 世纪，法国重农学派的奠基人和领袖人物弗朗斯瓦·魁奈，在凡尔赛非正式刊印了他的《经济表》一书，第一次提出了关于财富的生产与交换和分配相统一的理论。

2.3.2　自由放任时期的财政理论

1. 亚当·斯密的财政论

亚当·斯密《国富论》的出版，开创了财政学的新纪元。其主要论点包括：

（1）自由市场经济的观点。亚当·斯密认为，一切特惠或限制的制度，一经完全废除，最明白最单纯的自然自由制度就会树立起来。每一个人，在他不违反正义的法律时，都应听其完全自由，让他采用自己的方法，追求自己的利益，以其劳动和资本与任何其他人或其他阶级相竞争。

（2）在市场优先的原则下确立国家的职责。亚当·斯密认为，国家（君主）只有三个应尽的义务：一是保护社会；二是尽可能保护社会上各个人；三是建议并维持某些公共事业及某些公共设施。

（3）财政活动的目标就是"给国家或社会提供充分的收入，使公务得以进行"。

（4）根据国家职责，确定了财政支出的项目和内容：① 国防费；② 司法费；③ 公共工程和公共机关的费用。同时强调：① 财政支出的"一般利益"基点即财政的公共性基点；② 利益与费用之间的对称性，即必须遵循市场所要求的成本效益对称准则。

（5）财政应采用税收形式取得来自"人民的收入"，同时还论述了税收的四原则，即平等、确实、便利、节省。

2. 萨伊的财政论

萨伊（Say）的公共财政观体现在其《政治经济学概论》一书里，是从"公共消费"开始分析财政问题的。其主要论点包括：

（1）满足"公共消费"是政府及财政的最基本职责。这些公共消费是为了满足对外防御、对内保护私人权益的司法活动的需要。这种从消费角度把握财政问题的思维方式，正是公共产品论的分析方式，也是其后西方公共财政论转向公共经济论的起点。

（2）财政活动的利益交换观。萨伊是一位效用价值论者，即认为人们所给予物品的价值，是由物品的用途而产生的。他从自己的效用价值论的基点出发，将公共消费视为与个人消费具有同样性质的"财富的消费"。这样，他就从正负效用相交换的角度考察了财政问题，主张政府消费所提供的利益，必须超过其牺牲的利益；提出了财政活动所引起的正效用必须超过负效用的观点。

（3）提出了中央政府与地方政府的费用分担问题，并认为在极少数场合下，有部分公共消费品应由私人供应。

（4）财政活动的非生产性观。他认为公共消费不同于私人消费之处，在于其消费的是无形产品，因而是非生产性活动。

（5）鲜明的"小政府"和"小财政"观。他在分析赋税问题时提出"最好的财政计划是尽量少花费，最好的租税是最轻的租税"的口号。

3. 李嘉图的财政论

大卫·李嘉图继承和发展了亚当·斯密的自由市场经济观，是古典经济学集大成者。他的财政观主要反映在他的《政治经济学及赋税原理》一书和其他论著中。其主要论点为：

（1）"税收邪恶论"。他指出："赋税是一个国家的土地和劳动的产品中由政府支配的部分；它最后总是由该国的资本中或由该国的收入中支付的。"[①]由于政府是非生产性的，其支出是非生产性开支，所以税收从总体上看是"邪恶"的，是一种"巨大危害"。

（2）鲜明地反对"大政府""大财政"。

（3）税负转嫁论。李嘉图对各个具体税种都着重从它们对于资本、劳动、利润和工资等影响角度进行了分析。可见，他的赋税理论就是转嫁论，而且是绝对的转嫁论。

（4）彻底地反对公债。他认为公债将使得资本非生产化；公债与税收对于生产资本的影响是一样的，并有被后人称为"李嘉图等价定理"的分析；公债会使得政府不知节俭，而耗费整个社会的资本；公债的累积会恶化国家处境；偿债基金并非什么灵丹妙药；即使战时也不能发债。

4. 19 世纪德国财政理论

（1）李斯特的财政思想。李斯特在他 1841 年出版的《政治经济学的国民体系》一书中批判了亚当·斯密和萨伊的劳动生产性、非生产性理论，认为一个国家并不直接生产价值，某些法律、某些公共设施，在生产或消费生产力上，都要起或强或弱的作用，从而得出国家经费支出的生产性理论。

（2）罗雪尔的财政理论。在 1843 年出版的《历史方法的国民经济学讲义大纲》一书中，罗雪尔以"共同权利"作为国家以及财政问题的分析基点，实际上从"公共性"来分析财政问题。由于他论述了从私权的国家向社会的国家转变的历史发展过程，表明他的财政观从根本上讲属于公共财政观。

（3）施泰因的财政论。施泰因完全围绕着国家来论述财政和税收问题，并且极为强调国家在税收中的地位；从公共性而不是从个人性或经济性的角度看待税收，他认为税收制度也消除了所有经济性质的捐款和勒索；赋予国家在财政和税收活动中的至高无上的地位，他认为"保持自我的权利从属于国家从我取走所需财物的权力"；他还借助于税收对财政学进行了分析，认为税收是公共财政学科和公共行政学科的联结之点。施泰因还认为赋税是具有再生产能力的；在他那里，国家经济是具有再生产能力的有机循环活动，这样国家财政活动就是一种严格意义上的"经济"活动。他是最早以"国家经济"为基本思路来形成财政理论的。

（4）瓦格纳的财政论。瓦格纳在 1872 年出版的《财政学》在财政学说史上占有重要地位并具有很大影响。他认为，财政的主体是代表国家的政府；他从经济的角度看待财政问题，

[①] 大卫·李嘉图. 政治经济学及赋税原理 [M]. 郭大力，王亚南，译. 北京：商务印书馆，1962：127.

这种财政的经济观是后来公共经济学的理论来源；他提出了财政的社会政策性；关于财政的特性问题，他认为来源于服务性公共实体尤其是国家本身的职能；关于财政学的分析，他主张财政学属于政治学；关于税收理论，他认为税收不单纯是个扣除问题，还包括有纠正分配不公平的积极目的。

2.3.3 现代西方财政论[①]

现代西方财政论是以公共产品理论为理论基础的。而公共产品理论的最根本的理论基础之一是近代资产阶级的国家理论，尤其是其中的政府和民众关系的思想。这一思想对于现代西方财政学的影响主要是：① 国家和政府本身就是作为一种最重要的"公共产品"而存在的；② 国家和政府的活动是一种"公共"行为；③ 这是一种以私人为基本立足点的国家（而不是阶级的国家）。这就为之后公共产品论逐步地将财政活动从国家需要转到私人需要上来奠定了最根本的理论基础。

1. 公共产品论的形成

19 世纪 80 年代所形成的公共产品论，它建立于边际效用价值论的基础之上，是经济学上的"边际革命"在西方财政学领域所产生的最重要的成果之一。

奥地利学者萨克斯，作为边际效用价值论创始人之一门格尔的追随者，在 1883 年出版的《国家经济导论》一书中首先将门格尔的边际效用价值论运用到财政理论领域。他首次将最基本的经济概念运用于财政问题，这就使得财政学真正成为一门经济学科。

意大利学者潘塔莱奥尼等人将公共支出与社会成员个人以消费者身份所作出的主观效用评价相联系，从而为公共产品论的创立奠定了基础。

在奥意财政学派成就的基础上，瑞典学派的创始人威克塞尔及其学生林达尔又将财政学向边际主义方向推进了一大步。前者认为，国家的公共服务所给予个人的边际效用，应与个人纳税所损失的财富的边际负效用相等；他还明确地将公共部门的决策看成是一个政治性的与集中性的抉择过程，从而为其后社会抉择论的创立提供了最初的理论分析。后者的进一步贡献主要是建立了林达尔模型，用以分析两个政治上平等的消费者共同分担公共产品成本的问题。

1920 年，庇古的《福利经济学》一书出版，书中提出了崭新的外溢性理论，即以外溢性概念为中心去区分社会净产品和个人净产品的思想。庇古虽然没有将外溢性扩大到公共产品上来，但对西方财政理论却作出了许多有价值的贡献，包括：① 其外溢性问题的分析实际上已为偏离政府职能说的轨道提供了可能性，而且从资源配置的合理性这一经济学的基本原理着手，证明了政府在外溢性领域对私人经济适当干预的必要性与合法性；② 他对政府支出作出了转移性支出和消耗性支出的区分，对于西方财政学的支出理论和政策分析等，都是一个重要的贡献，而且他还运用边际效用价值论的基本原理去考察公共支出的最佳安排问题，可见他涉及了公共产品论关于资源最佳配置的基本内容，这无疑可以看作是对财政学的贡献；他认为作为公民集体机构的政府应对个人具有强制性，等等。

2. 公共产品论的发展

奥、意、瑞学者将边际效用价值论引入西方财政学，为公共财政学的根本创新奠定了基

---

① 阮宜胜. 财政学〔M〕. 合肥：安徽大学出版社，2001：8。

础。此后，西方财政学的发展主流便是沿着他们的基本思路发展的。

（1）萨缪尔森的贡献。公共产品论进入美英社会后的一个较大突破发生在 1954 年萨缪尔森的《公共支出纯论》和次年的《公共支出论图解》两篇论文中，萨缪尔森以崭新的思路分析了公共产品的最佳供应模型问题。这是公共产品论的一次大发展。此前，帕累托在边际效用价值论基础上提出或深化的序数效用论、无差异曲线概念、经济一般均衡分析方法以及帕累托效率概念等，已为西方经济学界广为接受和运用，成为微观经济学和福利经济学的基本概念与分析手段，从而导致了西方经济学的重大变化。但是，这些经济学上的基本变化并没有反映到财政学上来，显示出财政学发展的滞后性。萨缪尔森在 20 世纪 50 年代中期所做的这些工作，就是顺应这一历史客观趋势的必然结果。萨缪尔森在他上述两篇论文中，对林达尔模型作了更新、发展和完善，表明了公共产品论新的发展阶段的到来。他分析得出了公共产品的定义，并提出公共产品消费时的非排他性和非对抗性问题，在此基础上运用一般均衡分析方法分析了公共产品的最佳供应问题，并相应建立了萨缪尔森模型。

（2）公共选择学派。1951 年阿罗的《社会选择与个人价值》一书面世，证明了模糊的社会福利函数是不可能被真正决定的，提出了著名的"阿罗不可能定律"，使公共（社会）选择问题的研究有了较大发展。1962 年，布坎南和塔洛克出版了《赞同的计算：宪法民主的逻辑基础》一书，将集体抉择、决策原则和投票程序等问题融于一体，构成了公共选择理论，开始形成公共选择学派。

（3）非纯公共产品与成本效益分析。直到萨缪尔森模型提出时为止，人们所分析的公共产品，仅是一种纯粹的公共产品。但在现实生活中，纯公共产品毕竟很少，绝大部分公共产品都掺杂了私人产品的因素和内容。所以，随着研究的深入，人们的注意力不可避免地转移到非典型公共产品上来。到 20 世纪 70 年代中期为止，这方面的进展主要有：① 布坎南、奥克兰分析了拥挤性公共产品问题，德姆塞茨探讨了与公共产品非纯性有关的、在任何条件下都可由私人提供的问题；② 庇古的外溢性问题作为公共产品的一种特例，尤其是其中关于外溢成本的分析已成为环境经济学的内容；③ 对庇古外溢性问题的进一步研究导致 20 世纪 50 年代以后产权学派的兴起；④ 私人经济的成本——效益分析方法被用到公共支出的安排上来，是公共产品供应问题确定的又一重大进展。

3. 边际效用价值论对西方财政学的影响

边际效用价值论引入西方财政学，给西方财政学带来了根本性的变化：

（1）边际效用价值论被运用于分析政府所提供的公共服务时，使政府公共服务成为具有价值的"公共产品"；

（2）边际效用价值论的引入，还使得市场等价交换原则也适用于对政府公共服务的成本和费用的补偿分析；

（3）边际效用价值论使得财政活动和公共产品提供的目的，从政府需要转到私人需要这一基点上；

（4）边际效用价值论被运用于财政分析上，就使得有效配置资源的私人经济原则也适用于公共经济活动；

（5）上述四大变化的直接结果是，公共经济和政府活动已不再表现为市场经济的异己分子了。

2.4 财政职能

2.4.1 资源配置职能

1. 资源配置职能的含义

资源配置，用通俗一点的语言来表达，广义地理解可以是指社会总产品的配置，狭义地理解可以是指生产要素的配置。不论何种理解，资源配置就是运用有限的资源形成一定的资产结构、产业结构以及技术结构和地区结构，达到优化资源配置的目的。世界上所有国家都将高效地配置资源作为头等重要的经济问题，而资源配置的核心是效率问题，效率问题又是资源的使用方式和使用结构问题。如前所述，在市场经济体制下，市场在资源配置中起基础性作用，在具备充分竞争条件下的市场，会通过价格与产量的均衡自发地形成一种资源配置最佳状态。

西方经济学中的"帕累托标准"就是论证资源配置的最佳状态。但由于存在市场失灵，市场自发形成的配置不可能实现最优的效率状态，因而需要政府介入或干预。财政的配置职能是由政府介入或干预所产生的，它的特点和作用是通过本身的收支活动为政府提供公共物品、经费和资金，引导资源的流向，弥补市场的失灵和缺陷，最终实现全社会资源配置的最优效率状态。因此，财政的资源配置职能要研究的主要问题是：资源配置效率用什么指标来表示、如何通过政府与市场的有效结合来提高资源配置的总效率以及财政在资源配置中的特殊机制和手段。

在实际生活中，各国政府通常采用某些指标（如失业率和经济增长率）或由若干指标组成的"景气指数"来表示资源配置效率，我国当前主要采用 GDP 增长率指标。GDP 增长率指标无疑存在某些缺陷，如 GDP 增长有可能不会带来居民福利和社会福利的提高等。但是，GDP 是按市场价格表示的一个国家的所有常驻单位在一定时期生产活动的最终成果，可以反映一个国家的经济总体规模和经济结构，反映一个国家的贫富状况和居民的平均生活水平，反映当前经济的繁荣或衰退以及通货膨胀或通货紧缩的态势等，因而对于以经济增长为主要目标的发展中国家来说，GDP 仍是可取的。

2. 财政配置的机制和手段

（1）在明确社会主义市场经济中政府经济职能的前提下，确定社会公共需要的基本范围，确定财政收支占 GDP 的合理比重，从而实现资源配置总体效率。我国过去一段时间内，预算内的财政收支占 GDP 的比重、中央财政收入占全部财政收入的比重明显偏低，不能有效地保证理应由财政承担的重要投入，对引导社会资金的合理流动也缺乏力度，教育、公共卫生、环境保护、社会保障、科技进步、农业发展等方面投入不足，财政在支持经济建设特别是结构性调整方面处于软弱无力的地位。这些都是财政资源配置职能弱化的表现。当前，我国财政收入占 GDP 的比重已由逐年下降转为逐年上升，但也要防止财政收入增长速度过快、财政收入占 GDP 的比重过高，以致影响市场在资源配置中的基础性作用。

（2）优化财政支出结构，保证重点支出，压缩一般支出，提高资源配置的结构效率。我国国民经济和社会发展战略规划，明确规定了当前对资源配置的要求：向农业、教育、社会保障、公共卫生和就业等经济社会发展的薄弱环节倾斜；向困难地区和群体倾斜；向科技创新和转变经济增长方式倾斜。着力支持就业再就业，完善社会保障，促进构建和谐社会；着力推动自主创新，促进经济增长方式的转变；着力加大转移支付力度，促进区域协调发展；着力支持改革，完善社会主义市场经济体制；着力财政保障力度，加强政权建设。

（3）合理安排政府投资的规模和结构，保证国家的重点建设。政府投资规模主要是指预算内投资在社会总投资中所占的比重，表明政府集中的投资对社会总投资的调节力度。而预算内投资结构和重点建设的保证，在产业结构调整中起着重要作用，这种作用对发展中国家有着至关重要的意义。过去一段时间内，我国预算内投资占全社会投资比重过低，公共设施和基础设施发展滞后对经济增长形成了"瓶颈"制约，直到实施积极财政政策以后才大有改观，今后仍然必须从财力上保证具有战略性的国家重大建设工程。

（4）通过政府投资、税收政策和财政补贴等手段，带动和促进民间投资，吸引外资和对外贸易，提高经济增长率。

（5）提高财政资源配置本身的效率。对每项生产性投资的确定和考核都要进行成本—效益分析，对于公用建筑和国防工程之类属于不能回收的投资项目，财政拨款应视为这种工程的成本，力求以最少的耗费实现工程的高质量，甚至作为财政收入主要形式的税收，也存在税收收入与税收成本的对比问题。我国近年来编制部门预算、实行政府采购制度、实行集中收付制度、实行"收支两条线"管理制度以及加强税收征管等，都是提高财政资源配置效率的重大举措。

2.4.2 收入分配职能

1. 收入分配职能的含义

如前所述，在市场经济体制下，GDP 分配的起始阶段是由市场价格形成的要素分配，即各种收入首先是以要素投入为依据，由市场价格决定，要素收入与要素投入相对称。我国实行按劳分配与按要素分配相结合的分配制度，各阶层居民的收入分为劳动收入和非劳动收入，劳动收入包括工资、薪金、奖金、津贴等，非劳动收入包括财产收入、租金、利息、红利和企业留利等。我国依法保护法人和居民的一切合法收入和财产，鼓励城乡居民储蓄和投资，允许个人资本等生产要素参与收入分配。收入分配的目标是实现公平分配，而公平分配包括经济公平和社会公平两个层次。经济公平是市场经济的内在要求，强调的是要素投入和要素收入相对称，它是在平等竞争的环境下由等价交换来实现的。在个人消费品的分配上，实行按劳分配，个人通过诚实劳动和合法经营取得收入，个人的劳动投入与劳动报酬相对称，这既是效率原则，又是公平原则。但在市场经济条件下，由于各经济主体或个人所提供的生产要素不同、资源的稀缺程度不同以及受各种非竞争因素的干扰，各经济主体或个人获得的收入会出现较大的差距，甚至同要素及劳动投入不相对称，而过分的悬殊将涉及社会公平问题。社会公平是指将收入差距维持在现阶段社会各阶层居民所能接受的合理范围内，平均不等于公平，甚至是对社会公平的背离。

收入分配的核心问题是实现公平分配，因而财政的收入分配职能所要研究的问题，主要是确定公平分配的标准和财政调节收入分配的特殊机制和手段。实际上，由于各国的经济发展水平和历史传统的不同，不可能有一个统一的衡量公平分配的标准，当前各国几乎公认采用由洛伦茨曲线计算基尼系数来衡量公平分配的程度，将洛伦茨曲线与 45° 线之间的部分（A）叫作"不平等面积"，当收入分配达到完全不平等时，洛伦茨曲线与 45° 线之间的面积（$A+B$）叫作"完全不平等面积"。不平等面积与完全不平等面积之比，就是基尼系数，是衡量一国贫富差距的标准。因此，基尼系数也可以通过洛伦茨曲线进行作图和积分求解，公式为 $G=A/(A+B)$，根据公式可知，基尼系数不会大于 1，也不会小于 0（如图 2-1 所示）。

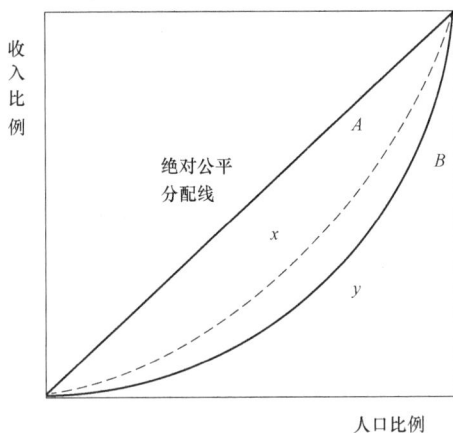

图 2-1　洛伦茨曲线

2. 收入分配职能的实现

财政实现收入分配职能的机制和手段主要有：

（1）划清市场分配与财政分配的界限和范围。原则上属于市场分配范围的，财政不能越俎代庖；凡属于财政分配范围的，财政应尽职尽责。比如，应由市场分配的企业职工工资、企业利润、租金收入、财产收入、股息收入等，财政的职能是通过再分配进行调节。而医疗保健、社会福利、社会保障等，则应改变目前"企业办社会"的状况，由财政集中分配，实行社会化。

（2）规范工资制度。这是指规范由国家预算拨款的政府机关公务员的工资制度和视同政府机关的事业单位职工的工资制度。凡应纳入工资范围的收入都应纳入工资总额，取消各种明补和暗补，提高工资的透明度；实现个人收入分配的货币化和商品化；适当提高工资水平，建立以工资收入为主、工资外收入为辅的收入分配制度。

（3）加强税收调节。税收是调节收入分配的主要手段：通过间接税调节各类商品的相对价格，从而调节各经济主体的要素分配；通过企业所得税调节企业的利润水平；通过个人所得税调节个人的劳动收入和非劳动收入，使其维持在一个合理的差距范围内；通过资源税调节由于资源条件和地理条件而形成的级差收入；通过遗产税、赠与税调节个人财产分布等。

（4）通过转移性支出，如社会保障支出、救济金、补贴等，使每个社会成员得以维持起码的生活水平和福利水平。

2.4.3　经济稳定与发展职能

1. 经济稳定与发展的含义

经济稳定包含充分就业、物价稳定和国际收支平衡等多重含义。充分就业并非指可就业人口的百分之百的就业。由于经济结构不断调整，就业结构也在不断变化，在任一时点上，总会有一部分人暂时脱离工作岗位而处于待业状态，经过一段时间培训后重新走上工作岗位，因而充分就业是指一国可就业人口的就业率达到了该国当时社会经济状况所能承受的最大比率。物价稳定也并不意味着物价冻结，上涨率为零。应当承认，即使在经济运行正常时期，物价的轻度上涨也是一个必须接受的事实，而且有利于经济增长。相反，物价长时间低迷并不利于经济的正常运行。所以，物价稳定是指物价上涨幅度维持在不至于影响社会经济正常运行的范围内。国际收支平衡指的是一国在国际经济往来中维持经常性项目收支（进出口收支、劳务收支和无偿转移收支）的大体平衡，因为国际收支与国内收支是密切联系的，国际收支不平衡同时意味着国内收支不平衡。

发展和增长是两个不同的概念。增长是指一个国家产品和劳务的数量的增加，通常用国民生产总值（GNP）或国内生产总值（GDP）及其人均水平来衡量。发展比增长的含义要广，不仅意味着产出的经济增长，还包括随着产出增长而带来的产出与收入结构的变化以及经济条件、政治条件和文化条件的变化，表现为在国民生产总值中农业比重相应下降，而制造业、公用事业、金融贸易、建筑业等的比重相应上升，随之劳动就业结构发生变化，教育程度和人才培训水平逐步提高。简而言之，发展是一个通过物质生产的不断增长来全面满足人们不断增长的基本需要的概念，对发展中国家来说，包括消除贫困、失业、文盲、疾病和收入分配不公等现象，发展的总目标就是构建和谐社会。

2. 财政实现稳定和发展职能的机制和手段

（1）经济稳定的目标集中体现为社会总供给和社会总需求的大体平衡。如果社会总供求保持平衡，物价水平就是基本稳定的，经济增长率也是适度的，而充分就业和国际收支平衡也是不难实现的。财政政策是维系总供求大体平衡的重要手段。当总需求超过总供给时，财政可以实行紧缩政策，减少支出或增加税收或两者并举。一旦出现总需求小于总供给的情况，财政可以实行适度放松政策，增加支出或减少税收或两者并举，由此扩大总需求。在这个过程中，财政收支发生不平衡是可能的而且是被允许的。针对不断变化的经济形势而灵活地变动支出和税收，被称为"相机抉择"的财政政策。

（2）在财政实践中，还可以通过一种制度性安排，发挥某种"自动稳定"作用。例如，累进税制度、失业救济金制度都明显具有这种作用。原则上说，凡是业已规定了的、当经济现象达到某一标准就必须安排的收入和支出，均具有一定的"自动稳定"作用。当然，这种"自动稳定"的机制究竟有多大的作用尚可存疑，更何况，在类似我国这样的发展中国家，这种机制本身就是欠缺的。

（3）通过投资、补贴和税收等多方面安排，加快农业、能源、交通运输、邮政、通信等公共设施的发展，消除经济增长中的"瓶颈"，并支持第三产业的兴起，加快产业结构的转换，保证国民经济稳定与高速发展的最优结合。

（4）财政应切实保证非生产性的、社会的公共需要。例如，为社会经济发展提供和平与安定的环境，治理污染，保护生态环境，提高医疗卫生水平，加快文教的发展，完善社会福利和社会保障制度，使增长与发展相互促进、相互协调，避免出现某些发展中国家曾经出现的"有增长而无发展"或"没有发展的增长"的现象。[1]

---

① 陈共. 财政学 [M]. 6 版. 北京：中国人民大学出版社，2009：39。

1. 财政作为公共分配，是一种社会经济现象，也是一个具有悠久历史的经济范畴。财政这种公共分配的产生，必须同时具备两个基本条件：一是社会剩余产品的出现；二是公共权力的产生。

2. 随着社会生产力的不断发展，人类社会经历了几个不同生产资料所有制为基础的社会形态以及与之相适应的国家形态，从而也产生了几种不同类型的财政，分别是奴隶制财政、封建制财政、资本主义财政和社会主义财政。

3. 一般认为（这里引用国家分配论的观点），财政是国家或政府的收支活动，它是国家（政府）为了实现其职能，凭借其政治权力（公共权力），采取某种形式（实物、力役或价值形式）直接参与社会总产品分配的一种活动。这一概念提示了财政的四个基本要素，即财政分配的主体、财政分配的客体、财政分配的形式和财政分配的目的。从生产关系的角度看，财政是以国家或政府为主体的分配关系，这就是财政的本质。财政具有公共性的基本属性。

4. 财政学产生于欧洲，具有十分广泛的思想渊源。回顾财政的整个发展历程，众多西方学者、思想家们对财政问题的孜孜探索，极大地丰富了财政学的思想内涵，促进财政理论日臻完善，最终形成今天较为成熟的理论体系。一般认为，亚当·斯密 1776 年出版的《国富论》是财政学建立的标志。

5. 财政的职能包括资源配置职能、收入分配职能、经济稳定与发展职能三个方面。

1. 本章重点
财政的定义；财政的公共性；财政的三大职能；洛伦茨曲线
2. 本章难点
财政的公共性；财政的职能；财政政策

财政　财政本质　公共性　财政职能　资源配置　收入分配　经济稳定与发展　洛伦茨曲线　财政政策

1. 如何理解财政既是一个经济范畴，又是一个历史的范畴？
2. 如何理解财政的定义？

3. 什么是存在的公共性?

4. 财政学理论经历了怎样的发展历程?

5. 如何理解财政的资源配置职能?

6. 财政如何行使其收入分配的职能?

7. 财政在经济稳定与发展中的作用是如何体现与发挥的?

第3章

公共产品的有效供给与公共生产

社会产品最终要被人们所使用，即进行消费。人们取得产品消费权的方式不外乎两种，一种是公共提供，另一种是市场提供。公共提供就是政府通过税收筹集资金以支付产品的生产成本，并向公众免费提供。就可能性而言，任何产品或服务都可以公共提供。如果这样，那就形成了一种纯供给制经济，人们所需要的一切都由政府免费供给，与之相应的是个人没有货币收入，所有收入都归政府。

实践证明，社会产品中有一部分需要通过公共提供的方式来消费。但是，并非所有产品都能通过公共提供来实现消费。本章就是要讨论这样的问题：在众多的产品和服务中，究竟哪些产品和服务该公共提供，哪些产品不该公共提供，其主要影响因素是什么。

3.1 公共产品的有效供给

3.1.1 公共产品的概念与特征

社会产品之所以被生产出来，是因为它们具有有用性，即在使用的过程中给人们带来利益。但是不同性质的产品在消费过程中的受益对象范围不同，根据这种差别，可以把社会产品分为公共产品和私人产品两类。

公共产品是相对于私人产品而言的，公共产品是指在消费过程中同时具有非排他性与非竞争性的产品。私人产品是指在消费过程中具有排他性与竞争性的产品。

竞争性就是当某人从某一产品的消费中得到利益时，必定会使其他人从这一产品得到的利益减少，或者不能从这一产品得到利益，消费者之间存在利益冲突。例如，十个人吃十个苹果，一人一个，如果再增加一个人吃，每个人所享受的苹果就会减少，消费者之间就产生了竞争。要让某些人不能消费这一产品也是可以做到的，因此它还具有排他性。人们生活消费的大部分产品，如衣服、食品、住房和家用电器等都具有这两个特征，都属于私人产品。

非竞争性指的是，一旦公共产品提供出来，没有必要排斥任何人对它的消费，因为该产品消费者的增加并不引起边际成本的任何增加。边际成本不变的原因有二：一是生产方面，生产资源不需要追加投入；二是消费方面，根本不会减少其他人的满足程度，或者说根本不会带来"拥挤成本"。在此情形下，想要排除那些能从消费中获得正效用的人是没有道理的，也是没有必要的。

例如国防，一经提供，多保护一个人并不需额外追加资源投入，也不会减少其他人的满足程度。又例如电视台播放节目，增加一个用户并不会给其他有关方面带来任何成本的增加。再如公路桥，修好之后，在其流量允许的情况下，多通过一辆汽车并不增加建桥的成本，同时也不妨碍其他车辆顺畅地通过该桥。

而私人产品却大不同，对于私人产品而言，增加消费者就意味着要消费更多的私人产品，这必然会引起投入成本的追加；同时，也有可能因为消费者数量的急剧增加而供不应求，从而使后来者无法得到满足。

非排他性指的是，一旦公共产品提供出来，不可能排除任何人对它的消费。具体是指：① 任何人都不可能不让别人消费它，即使有些人有心独占对它的消费，但或者在技术上是不可行的，或者虽然技术上可行但成本却过高，因而是不值得的。② 任何人自己都不得不消费它，即使有些人可能会不情愿，但却无法对它加以拒绝。③ 任何人都可以恰好消费相同的数量。

例如国防，一旦提供出来，即使是那些最狭隘自私的人也不可能令国防体系只为他一人服务；即使是那些不想得到保护的人也无一例外地会得到这种服务；同时无论是谁，都将同等得到作为该国居民的尊严和安全的保障。

而私人产品正好相反，第一，如果想吃苹果，那么可以利用付款购买这种办法轻易地排斥别人对此苹果的消费；第二，如果不想吃苹果，也可以很方便地对它置之不理；第三，一旦吃了某个苹果，别人就再也别想见到它和消费它，也就是说，可供别人消费的数量减少了。

公共产品和私人产品是全部社会产品的两极。但是，在现实生活中，产品的性质并不像理论描述那样泾渭分明，一些产品可能处在两极之间。它们或者只有非竞争性，不具有非排他性，或者只具有不充分的非竞争性和非排他性。这些产品在一定程度上兼有公共产品和私人产品的性质，我们通常称之为混合产品或不纯公共产品，如表 3-1 所示。

表 3-1　产品分类

纯私人产品	混合品 1
1. 排他成本较低 2. 由私人企业生产 3. 通过市场分配 4. 资金来源是销售收入 如：食品、衣服等	1. 集体消费，但存在拥挤 2. 由私人部门生产或直接由公共部门提供 3. 通过市场或国家预算分配 4. 资金来源是销售收入或税收收入 如：公园、公共游泳池、共同产权资源（如城市绿地）等
混合品 2	纯公共产品
1. 具有外部性的私用品 2. 由私人企业生产 3. 通过市场分配，辅之以补贴或校正性税收 4. 资金来源是销售收入 如：学校、交通系统、社会保障、接种疫苗、有线电视、非拥挤性桥梁等	1. 排他成本极高 2. 直接由政府提供或在与政府签约情况下由私人企业生产 3. 通过国家预算分配 4. 资金来源是强制性税收收入 如：国防、治安、法律制度、环境保护等

人们把混合产品分为两种。一种混合产品是具有非竞争性同时又具有排他性的产品。例如桥梁，多通行一辆车并不会影响其他车辆的通行（在不拥挤情况下），因为多一个消费者并不会增加边际成本，所以具有非竞争性。但是要让某一辆车不能通过该桥则是完全可行的，只要设一个关卡，阻止该车通过。这就意味着可以不让某些人从中受益，即该产品具有排他性。

另一种混合产品是具有不充分的非竞争性和非排他性的产品，这种产品往往是由于过分拥挤和外部效应的存在两种不同情况而引起的。例如某桥梁的车流量已经接近它的设计量，再增加通行者，就要增加执勤人员或减缓车辆通行速度。这时增加通行者的边际成本就不是零。同样，电影院已经坐满了，再增加观看者就要增加座位，成本就要增加。这两个例子都是由于拥挤引起非竞争性变得不充分。它与具有完全非竞争性的产品的区别在于增加消费者人数会产生边际成本；它与具有完全竞争性的产品的区别在于虽然增加消费者会给其他消费者带来边际成本，但它并不会完全排斥其他消费者，而对于具有完全竞争性的产品，增加一些消费者必定会完全排斥其他一些消费者。

3.1.2 公共产品的提供

1. 纯公共产品的提供方式

提供公共产品来满足公共需求主要有两个系统：一个是市场，另一个是政府。市场提供私人产品满足私人需要，政府提供公共产品满足公共需要。因而公共产品的提供方式是确定政府提供公共产品规模和财政支出规模的基本依据。一般而言，纯公共产品只能由政府来提供而不能由市场来提供，这是由市场运行机制和政府运行机制的不同决定的。市场是通过买卖提供产品和服务的，在市场上，谁有钱谁就可以购买商品或享用服务，钱多多买，钱少少买，没钱就不能买。总之，市场买卖要求利益边界的精确性。

公共产品的非竞争性和非排他性，决定了竞争性的市场机制不适于提供纯公共产品。这是因为：一方面，从公共产品提供的角度来看，非竞争性是指新增一个消费者的边际成本等于零，这就意味着：如果公共产品按边际成本定价，那么私人部门提供就得不到其所期望的最大利润，所以私人投资者不会自愿提供纯公共产品；另一方面，政府是一个公共权力机构，拥有向社会成员征税的权力，税收是保证纯公共产品供给成本得到补偿的最好途径。从这个意义上说，表面上纯公共产品是免费享用的，实际上是以纳税为代价。

政府主要是通过无偿征税来提供公共产品，但是征税是可以精确计量的，如按利率征收或定额征收，而公共产品的享用一般是不可以分割的，无法个量化。也就是说，每个人的纳税额与其对公共产品享用的量是不对称的，不能说多纳税就多享用，少纳税就少享用，不纳税就不享用。尽管财政学界对税收合理负担问题有能力说和利益说，但不可否认的事实是：相对于市场买卖中利益边界的精确性而言，纳税人负担与公共产品享用之间的关系缺乏精确的经济依据。

通过上述分析可知，市场适于提供私人产品，对提供纯公共产品是失效的，而提供纯公共产品恰恰是政府配置资源的领域，是政府的首要职责。财政学关心的问题是政府提供公共产品与市场提供私人产品之间的恰当组合，以及政府提供公共产品所花费的成本与代价，合理地确定政府提供公共产品的范围和财政支出的规模。为此，需要规范政府和市场的关系以及提供公共产品的政治决策程序，加强财政管理，提高财政支出效率，尽可能减少可能带来的效率损失。

2. 混合品的提供方式

混合品的特征是兼备公共产品和私人产品的性质，又与其不同，显而易见，可以采取公共提供方式或采取市场提供方式，也可以采取混合提供方式。如前所述，混合品有两种不同的类型：一种是具有非竞争性又具有排他性；另一种是具有不充分的非竞争性和非排他性的产品。

先看第一类混合品。仍以一座桥梁为例，桥梁成本可以通过两种方式来弥补：一是通过征税弥补，免费使用，这是公共提供方式；二是由过桥车辆收费弥补，如同一般商品买卖一样，谁过桥谁交费购买使用权，这是市场提供方式。政府要考虑的问题是从社会角度出发比较这两种提供方式何者为优。比较的依据是什么？主要是比较利益和成本。不论采取哪种提供方式，该桥梁提供的社会利益和建筑成本都是相同的，可比的是无论征税还是收费，其自身都会产生成本及可能带来的一定的效率损失。征税成本是指征管成本和缴纳成本，税收的效率损失是指因征税而带来的社会福利损失，也称税收超额负担。收费要设置管理设施和管理人员，要花费成本。另外，由于收费会在一定程度上限制过桥的车流量，在不过分拥挤的情况下，对社会而言会产生一部分消费损失，即收费的效率损失。最终选取哪种提供方式，取决于税收成本和税收效率损失同收费成本和收费效率损失的比较。

再看第二类混合品。选取这类公共产品的提供方式，首先在于判断外部效应的大小。当外部效应很大时，可视为纯公共产品，采取公共提供方式。如基础科研成果是一种典型的外部效应产品，而且政府的政策是鼓励付诸使用，一般是采取公共提供方式。其实，多数公共产品都具有较大的外部效应，不过为了提高公共产品的使用效率，并为了适当减轻政府负担，对多数混合品采取混合提供方式是一种较好的选择。如，医疗保健，一部分由政府提高，一部分向医疗者收费，采取混合提供方式，既可以保障职工和居民的医疗需要，又可以避免病床过分拥挤和药品的浪费。当采取收费方式时，政府所要关心的问题是合理制定收费标准，同时严加管理，避免利用垄断地位滥收费，或提高收费标准，加重居民负担，甚至造成严重的社会问题。

从各国的实践来看，混合品的有效提供主要有以下三种方式：① 政府授权经营。对于具有规模经济效益的自然垄断行业，政府部门通过公开招标这一形式选择私人企业，通过签订合同的方式委托中标的私人企业经营，但政府部门对这一领域实行政府规制，一方面禁止其他企业自由进入，另一方面又禁止中标企业制定垄断价格。② 政府参股。对于那些初始投资量较大的基础设施项目，如道路、桥梁、高速公路、铁路、港口和机场等，由政府通过控股参与建设。③ 政府补助。对于那些提供教育服务、卫生服务的私人机构及从事高新技术产品开发的私人企业，政府给予一定数量的资金补助。这是因为教育服务、卫生服务和高新技术的开发都具有较强的正外部效应。补助的方式通常包括补贴、贷款贴息和减免税等。

公共产品提供方式比较如表 3-2 所示。

表 3-2　公共产品提供方式比较

提供方式	政府提供	市场提供
决策	集体决策	自主决策
使用	安排财政支出，用于纯公共产品和混合品	具有消费的排他性，并以高于费用的水平收费的混合品

提供方式	政府提供	市场提供
筹资（费用补偿）	强制规范的税收为主，使用者收费为辅	使用者收费
激励约束	政府内部监督，立法机关监督，公民监督；公民对政府提供公共产品的良好反馈，同级政府尤其是相邻区域政府间提供公共产品的差异，上级对下降政府的肯定	内部监督，消费者立法与执法机关监督；低水平壁垒，优惠的税收政策，宽松的社会环境，公平的评价体系等

3.2　公共产品的生产

现实中的市场制度不可能像完全竞争市场制度一样，达到理想化的效率目标，与完全竞争市场制度相比，有着这样或那样的差距，这种差距被称为市场失灵，也就是说，现实中的市场不如我们想象中的市场模型那样有效。市场失灵通常包括外部负效应、规模收益递增、信息不完全等。

3.2.1　自然垄断与规模经济

市场失灵中有一种竞争失灵状况，而我们采取反垄断措施则可以克服这一市场缺陷。然而，在某些情况下，反垄断受到一定的制约，当竞争失灵是由成本递减或规模经济引起时，反垄断就会与效率相冲突。

成本递减意味着生产规模越大，生产越是集中，产品的成本就越低。从生产效率的要求来看，这就要求这一产业应采用集中的生产组织形式，由一个企业来生产社会所需要的产品。由于产出量越大，成本就会越低，大企业就会以较低的成本淘汰和兼并小企业，最后形成垄断。在成本递减的情况下，垄断是竞争的必然结果，同时也是生产效率的客观要求。这种因成本递减而形成的垄断被称为自然垄断。

自然垄断行业一般具有以下特征：第一，产品成本中固定成本所占比重非常大，而可变成本的比重很小。这就是说，这类行业一般需要较大规模的固定资产投资，如铁路运输需要铺设铁轨，购置机车和车辆，这些构成了运输成本的主要部分。一旦有了铁路设置，增加运输量并不会形成多大的追加成本。再如，生产和提供自来水和煤气的主要投资是铺设地下管道。一旦有了供水供气系统，增加自来水和煤气的提供量所需的追加成本并不多，产出量越大，平均成本就会下降。第二，自然垄断通常具有较强的地域性。也就是说，异地的同类企业难以同本地的企业展开竞争。如，异地的汽车厂或服装厂一般来说可以与本地的汽车厂或服装厂展开竞争，因为产品可以在不同地区间流动，但异地的自来水厂、煤气厂则通常不能与本地的自来水厂、煤气厂竞争，因为一地区的供水和供气毕竟要依赖于本地区的管道系统，产品在异地间流动的高成本足以抑制竞争。

自然垄断的特点决定了这种垄断不易受到竞争的压力。由于这类行业通常需要大量资本，其中较大部分将成为滞留成本，因此潜在竞争者进入的风险很大。同时，这类行业具有较强的地域性，异地企业无法与之相竞争。这就使得自然垄断企业可以利用其对市场的控制力，以社会利益为代价来谋求自身利益。

治理自然垄断的特殊问题在于，如果不对这种垄断加以限制，该产品的数量就会低于满足社会利益的产出水平，因而不能实现产品组合效率，但如果用反垄断措施以分割企业，或限制企业规模，造成多个企业竞争的局面就会使生产成本大幅度上升，从而偏离生产效率。从生产效率来看，实践证明，此类行业独家生产成本最低，企业数量越多，生产成本就越高。在现实生活中，每家每户通常只有来自一个自来水公司的水管，对于自来水的消费者来说，自来水公司是个垄断者，消费者只能购买这家公司的产品。由于不存在竞争，生产者就有可能操纵价格以侵犯消费者的利益。但是，要用竞争的方法来取消垄断，社会将付出极高的代价，这意味着在同一个地区要有若干个足以能够形成相互竞争的自来水公司，每个公司都要有自己的供水管道，每个用户家中要有不同公司的供水管，以便让消费者进行选择。而这么多供水管道所完成的任务是一套供水管道就能完成的事。

因而，反垄断不是治理自然垄断问题的良策。采用价格管制或公共生产来纠正垄断所造成的弊端被认为是较为可取的。

采用价格管制方法的主要好处是不需要政府进行投资，政府不必承担监护资产的责任，除了规定企业产品的价格之外，政府无须承担经营管理上的责任，所有这些责任都由私人投资者自己去承担，政府干预所花费的成本较小。价格管制方法的主要缺点是，自然垄断企业的所有权和经营权仍在私人手里，政府不易掌握生产方面的信息，而这种信息对于合理地制定价格是至关重要的。企业会利用它的信息优势夸大成本，以使政府制定的价格有利于企业得到更多的利润，企业也可能人为地限制产量，造成供不应求，迫使政府提高价格以限制需求。这就是说，价格管制可能因信息的不对称而失效，而这种信息不对称则是因为政府是生产的局外人。

采用公共生产的方式就是让政府成为自然垄断企业的所有者。这样，政府就可以直接掌握生产的信息，并以社会利益为目标来作出生产决策。公共生产本身并不足以保证自然垄断企业会实现自然配置的效率，要达到这一目标政府仍必须规定企业的产品价格，而不能让企业以利润最大化为目标自行决策。政府还必须有能力对企业进行管理，以保证生产效率。然而，集中化的管理往往使得企业缺乏降低成本的内在动力，以致使生产成本较高，而给企业以自主权往往会激发企业追求利润的动机，使得资源配置背离效率原则。

不论采用价格管制还是公共生产的方式来解决自然垄断问题都可能产生一些困难，然而自然垄断在整个社会生产中并不是一种十分普遍的现象，它只是个别局部上的问题，一般来说，它不会过多地超越政府的管理能力，政府干预所弥补的市场缺陷通常超过它所带来的政府缺陷。这一点可由各国的实践得以证明。几乎在所有国家中，类似于供水、煤气、供电、邮政、通信等自然垄断部门都在不同程度上采用了公共生产或价格管制的方式，尽管较多地采用公共生产还是较多地采用价格管制仍然因各国的具体情况有很大的不同。总之，理论和实践上都可以得出这样的结论：自然垄断是政府对生产进行干预的核心领域，是政府有理由参与生产的首先目标。

规模经济是导致竞争失灵的另一个因素。有时，企业规模的扩大能促进企业内部的专业化分工和技术进步，能更充分地利用设备和加强企业的管理，这就会使得产品成本随企业规模的扩大而降低，从而使得收益随规模增加而增加，这种情况被称为规模经济或规模收益递增。从某些方面来看规模经济与自然垄断有相似之处，但二者有一定差别：第一，自然垄断的成本递减是指在既定的企业投资规模基础上增加产出量而导致的成本下降。而规模经济则是指企业投资规模扩大所引起的成本下降。在自然垄断情况下，成本下降是因为产品成本中的固定成本远大于可变成本，增加产出只增加可变成本，因此平均成本会随产量的增加而下降。在规模经济情况下，成本的下降产生于专业化、新技术和管理等因素。第二，在固定投入给定的情况下，对自然垄断产品的需求处在成本递减的阶段上，而对于具有规模经济的企业产品的需求则有可能处在短期边际成本递增阶段。第三，自然垄断的市场通常受到地域的分割，异地同类企业的竞争从生产技术上来说是不经济的，而规模经济并不排除在异地企业之间的竞争，而且竞争通常可以促进生产效率的提高。

当然，规模经济也不是一成不变的，不能认为扩大企业规模总是可以使成本下降。当企业规模超过一定限度时，规模经济会转化为规模不经济，也就是说规模的进一步扩大会使成本上升，从而出现规模收益递减的情形。因为当生产规模超过某个合理的限度之后，靠扩大企业规模而节约的生产费用大多会被企业内部的非效率所抵消，企业内部各部门或个人的积极性会受到抑制，管理层次增多，官僚主义、繁文缛节滋生，对生产缺乏有力的监督，管理者陷于烦琐事务之中而无力对全局性问题进行决策，致使生产效率下降。实践中人们常常可以看到这样的情形，大规模的统一管理往往造成统一体内部的各部分或个人的积极性下降，经营缺乏活力，而划小核算单位，让各部门或个人拥有较大的自主权形成相互竞争的局面会创造出较高的生产效率。

现实中绝大部分产品或服务的生产，单个企业的最佳规模所能提供的产量往往小于整个社会的需要量。就大多数情况而言，规模经济不足以造成这样的情况，全社会所需要的某一种产品由一家大企业来生产可以使产品成本较低。只要单个企业的最佳规模所能提供的产量远低于社会对这一产品的需求量，那么多个企业生产同一产品的状况不仅可以使这一领域保持竞争，而且生产效率上来说也是合理的。这说明规模经济在众多领域中并不排斥竞争。另外，在某些生产领域单个企业的最佳规模比较接近社会需求总量的情况也可能存在，在这种情况下，由单一企业或少数几家大企业来生产这一产品在技术上是合理的，这时竞争失灵也可能出现，需要政府进行干预，以防止企业操纵市场而带来效率下降。

对于因规模经济所造成的竞争失灵，政府可采取以下三个措施：第一，对于那些因规模经济使得在某一地区内形成单一或少数几家大企业控制区域市场的情况，政府可以通过消除地区间竞争的行政障碍，促进地区间竞争，扩大统一市场容量来达到抑制垄断的目的。第二，倘若某些行业的规模经营达到这样一种程度，一个或少数几个大企业就可以满足全国的需求，从而具有操纵全国同类产品市场价格的能力。在这种情况下，国际贸易的自由化有助于抑制垄断力量，外国竞争者的存在将迫使国内企业按边际成本定价，并努力去降低成本，这样就可以使国内市场保持竞争。在现实中，规模经济几乎不可能达到排斥国际市场竞争的程度。换言之，只要能够消除国际竞争的障碍，规模经济这一因素所能造成的市场失灵就会十分有限。第三，可能在某些场合，为了保护民族工业而不能放弃贸易保护，对于那些因规模经济在全国范围内取得垄断地位或具有控制市场能力但又一时不能参与国际竞争的企业可采取多种限制性干预措施。若在这些领域中只存在少数大企业，可实施禁止相互勾结操纵价格的反垄断措施；对于独家垄断可对之进行价格管制；对这一行业实行公共生产也是可选择的一种方案，但需要将这一方案与其他可选择方案的利弊进行仔细的权衡，以确认在这种场合公共生产确实优于其他方案。

3.2.2 外部效应

外部效应又称外部性，是指一个经济单位在从事经济活动时，除了自己外，还对其他经济单位所带来的收益或损害。外部效应通常包括正的外部效应和负的外部效应。正的外部效应是指经济单位从事经济活动时，不能够得到由此活动产生的一切收益，而是将总收益的一部分外溢给了其他的经济活动单位。这时，尽管该经济主体获得的收益仍然可能大于其成本，但私人收益会小于它的全部收益，这种成本和收益的比例关系显然背离了完全竞争市场制度所要求的成本与收益对等的原则，因而经济效率必然受到不利影响。同理，当产生负的外部效应，也就是经济活动单位不承担由于其经济活动所发生的全部成本，私人成本会小于它的全部成本，而将这些成本的一部分转嫁给其他人时，最优效率的配置也是不可能实现的。

市场制度本身在相当多的情况下难以通过自动的机制消除这些负外部效应，如当某一企业在生产中产生污染气体却不承担因此而造成的社会成本（如对环境的污染、对人们健康的损害等），现实中的市场制度往往难以纠正这种错误。因为尽管一般的国家都有着关于污染的法律规定，但受污染者往往对其个人而言，诉诸法律所要耗费的成本要大大高于其被损害的程度，因而倾向于采取一种等待他人出面而自己坐享其成的"搭便车"态度。这就使得负外部效应问题与公共产品问题面临同样的困境，即某些可能会给很多经济单位带来利益的事情，却由于大家都抱有不出力占便宜的思想，最终在现实中办不成。也有些学者指出，受污染者有着很强的内部动因，促使他们联合起来与污染者进行谈判，以解决问题，但是受污染者要联合起来同样是需要花费大量的交易成本的，因为他们需要花大量的时间、精力乃至金钱来进行谈判，以达到联合的契约及随后监督契约的执行等。

因此，当存在负外部效应时，是市场竞争就不能实现效率，理想状态的实现将求助于政府的干预。政府可选择的干预方式之一是公共管制，即对生产者的行为作出某些限制。限制的方式可以根据具体情况来制定。为了控制生产者所造成的环境污染，政府可规定这类企业的生产数量，或污染物的排放量，以便将其排出的污染物限制在一个可接受的水平。通过管制的方式实现效率必须具备以下条件：第一，要了解生产者的供给曲线，即这一产品的内部边际成本；第二，要了解消费者的需求曲线；第三，要对外部边际成本进行衡量，并推算出社会的边际成本。这样，政府就可以根据需求曲线与社会边际成本的交点来决定一个有效率的产出水平，并规定这类产品生产者的产出量不得超过这一水平。显然，公共管制是否能实现效率首先取决于政府信息的完善程度，任何信息上的差错都会使效率受到损失，这是公共管制的第一个难题。公共管制的第二个难题在于它不能适应变化的环境。政府所规定的产出水平只是在一定的供给与需求曲线的条件下才是有效率的，一旦条件发生了变化，这一规定自然就不会再有效率。而在实践中，产品的供给曲线可能因为生产要素的变化而变化，消费者的偏好也会发生变化而使需求曲线发生移动，政府的限制水平必须根据这些变化而调整；第三个难题是，政府不仅仅要规定污染产品的社会总量，而且还要为每一企业规定个别的限量，这样才能在总量超过规定水平时找到具体的责任者。但是，如何将规定的总量分配到各企业去呢？原则上可以根据各企业的内部边际成本加上外部边际成本与市场价格的等量关系来确认，但这将要求政府要更具体地了解每一个企业的生产状况，而且要根据各企业之间相对变化情况来调整各企业的限额。第四个难题是，限量本身并没有要求产生污染的企业来承担这种外部成本，相反它将使这些企业因限量而获得超额利润，因此公共管制只有在税收配合下才能较好的解决收入分配的公平问题。

解决负外部效应问题的另一种方式是税收。在发生外部成本的时候，政府可按生产者所造成的外部成本大小向企业征税，使之成为企业的内部成本。税收作为治理负外部效应的一种方法，其关键在于适当地评价企业的外部成本。若外部成本估计过高，则会使产出水平低于效率所要求的水平，反之则会高于这一水平。尽管如此，通过税收的方法来实现资源配置的效率，从所需要的信息方面来说较之适当的限量措施要少些，政府需要知道的只是边际外部效应的大小，政府无须去了解企业的内部边际成本曲线和产品的需求曲线，只要税收与外部效应相一致，生产成本或需要的变动总能自动地产生出有效率的产出水平。此外，从公平的标准来看，税收的方法使得那些给社会造成损失（外部成本）的生产者自己来承担这一损失。而采用限量的方法，生产者给社会造成的损失将依赖于公众来承担消除这一损失的成本。

对于负外部效应问题还可通过一体化的方法来解决。例如，如果一个湖里有众多的捕鱼者，那么每个捕鱼者不会考虑到他给其他人带来的外部成本，这就会使捕鱼的生产成本上升，甚至出现竭泽而渔的情况。但若把这些捕鱼人组成一个企业，这个湖里的鱼属于这一个企业所拥有，那么这个企业就会有计划地捕捞，使捕鱼成本较低并将捕捞量控制在一个有利于长远利益的水平上。

从整个社会来看，一体化的思想意味着全面地实行集中计划的公共生产。在现代的社会大生产中，每一个企业、行业、部门、地区都与其他企业、行业、部门、地区有着密切的联系，就每一个来看，都可能产生外部效应。将所有生产者结合成为一个统一体，可以使所有的外部效应内部化。政府将以社会利益和社会成本为决策依据，通过计划来统一的安排市场。显然，公共生产要摆脱外部效应的影响只能是集中计划的公共生产，因为保留企业自主权的分散决策实际上依然承认个别生产者的切身利益，并允许他们按照自身利益去进行生产决策，这样外部效应就会像私人生产一样继续发挥作用。

3.2.3　竞争中的公共生产

前面我们以生产方面的市场失灵为线索分析了政府对生产进行干预的方式。显然，公共生产只有在政府直接管理的条件下才也可能克服私人生产条件下市场失灵所带来的问题。但是，由于政府计划管理能力有限，因此采用这一方式来改进效率的范围是十分有限的，在大部分领域中这一方式所产生的效率损失将大于它所能克服的效率损失。

在计划有效的范围之外的广大生产领域，应让企业以自身利益为目标去参与市场竞争，同时辅之以公共管制或税收、补贴等措施。那么在这一领域中，是否能以公共企业为市场竞争的主体，让它们具有充分的自主经营权，通过追求利润最大化达到有效配置资源的目的。

如果公共企业被赋予自主经营权，并以利润最大化为行为目标，那么从理想化的角度来说它在效率上与私人企业是同等的。实行公共生产的目的不在于克服前面所指的各种市场失灵，因为私人生产条件下会出现的所有阻碍效率的因素在公共企业中都同样存在。所以，从收入分配方面来说，二者的结果是不同的。在私人生产条件下，利润归私人所有，而在公共生产条件下，利润将为所有社会成员共同享有。市场竞争条件下的公共生产，如果说在效率方面与私人生产并驾齐驱的话，那么在收入分配方面它明显优于私人生产，它消除了一个造成贫富不均的根本原因。

3.3 公共定价

3.3.1 公共定价的含义

在市场经济中，所有经济主体都存在自我利益最大化的倾向，企业追逐利润，消费者追求效用，价格是经济主体行为的信号，也是实现最优资源配置的主要机制。公共产品可以由市场提供，也可由政府提供。市场提供自然不可能是无偿的，即使政府提供公共产品也不是全部无偿的，所以提供公共产品如同私人物品的交易一样，也存在一个提供价格和收费的问题。政府相关管理部门通过一定的程序和规则制定提供公共产品的价格收费标准，即公共产品的价格和收费标准的确定，就是公共定价。

应当指出，公共定价是政府保证公共产品提供和实施公共产品管理的一项重要职责，公共定价的对象自然不仅包括国家机关和公共部门提供的公共产品，而且包括私人部门提供的公共产品。从定价政策来看，公共定价实际上包括两个方面：一是纯公共定价，即政府直接制定自然垄断行业（如能源、通信和交通等公用事业和煤、石油、核能等基础产品行业）的价格；二是管制定价或价格管制，即政府规定涉及国计民生而又带有竞争性行业（如金融、农业、高等教育和医药等行业）的价格。政府实施公共定价的目的和原则，不仅在于提高整个社会资源的配置效率，使公共产品得到最有效的使用，提高政府支出的效益，而且是保证居民的生活水平和生活安定的重要措施。各级政府往往规定较为广泛的公共定价的对象和范围，比如北京市2003 年政府公共定价的品目列举了 16 项，包括重要的储备物资，国家专营的烟叶、食盐，部分重要药品，燃气，水、电力，军品，交通运输和车辆管理，邮政基本业务，电信业务，重要专业和特殊行业服务（金融、卫生等），重要公益性服务（医疗服务、园林景点）等。

3.3.2 公共定价的方法

无论是纯公共定价还是管制定价，都涉及两个方面，即定价水平和定价体系。定价水平是指提供每一单位的物品和服务的定价是多少。在管制行业，定价水平是依据正常成本加合理报酬得到的总成本计算。因此，研究定价水平实质上是研究如何确定成本。定价体系是指把费用结构（固定费用和可变费用的比率）和需求结构（家庭享用或企业使用、少量需求或大量需求等不同种类的需求、高峰负荷和非高峰负荷等不同负荷的需求）考虑进来的各种定价组合。

1. 平均成本定价法

平均成本定价法是指在保持提供公共产品的企业和事业对外收支平衡的情况下，采取尽可能使经济福利最大化的定价方式。从理论上看，按公共产品的边际成本定价是最理想的定价方式，但这种定价方式会使企业长期处于亏损状态，必须依靠财政补贴维持运行，长此以往很难保证企业按质按量地提供公共产品。因此，在成本递减行业，为了使企业基本保持收支平衡，公共定价或价格管制一般采用按高于边际成本的平均成本定价。

2. 二部定价法

二部定价法是由两种要素构成的定价体系：一是与使用量无关的按月或按年支付的"基

本费"；二是按使用量支付的"从量费"。因此，二部定价是定额定价和从量定价二者合一的定价体系，也是反映成本结构的定价体系。由于二部定价法中的"基本费"是不管使用量的多少而收取的固定费，所以有助于企业财务的稳定；由于二部定价法具有"以收支平衡为条件实现经济福利最大化"的性质，所以现在几乎所有受价格管制的行业（尤其是电力、煤气、自来水和电话等自然垄断行业）都普遍采取这种定价方法。

3. 负荷定价法

负荷定价法是指按不同时间段或时期的需求制定不同的价格。在电力、煤气、自来水、电话等行业，按需求的季节、月份、时区的高峰和非高峰的不同，有系统地制定不同的价格，以平衡需求状况。在需求处于最高峰时，收费最高；而处于最低谷时，收费最低。

小　结

1. 公共产品是相对于私人产品而言的，公共产品是指在消费过程中同时具有非排他性与非竞争性的产品。非竞争性指的是，一旦公共产品提供出来，没有必要排斥任何人对它的消费，因为该产品消费者的增加并不引起边际成本的任何增加。非排他性指的是，一旦公共产品提供出来，不可能排除任何人对它的消费。

2. 公共产品和私人产品是全部社会产品的两极。但是，在现实生活中，产品的性质并不像理论描述那样泾渭分明，一些产品可能处在两极之间，通常称之为混合产品或不纯公共产品。

3. 提供公共产品来满足公共需求主要有两个系统：一个是市场，另一个是政府。市场提供私人产品满足私人需要，政府提供公共产品满足公共需要。市场适于提供私人产品，对提供纯公共产品是失效的，而提供纯公共产品恰恰是政府配置资源的领域，是政府的首要职责。

4. 公共产品可以由市场提供，也可由政府提供。市场提供自然不可能是无偿的，即使政府提供公共产品也不是全部无偿的，所以提供公共产品如同私人物品的交易一样，也存在一个提供价格和收费的问题。政府相关管理部门通过一定的程序和规则制定提供公共产品的价格收费标准，即公共产品的价格和收费标准的确定，就是公共定价。

5. 公共定价的方法一般包括平均成本定价法、二部定价法和负荷定价法。

学习建议

1. 本章重点

公共产品的概念与特征；公共产品的提供方式

2. 本章难点

纯公共产品的提供方式；公共产品的特征

核心概念

公共产品　非排他性　非竞争性　公共生产　规模经济　外部效应

思考与练习

1. 简述公共产品的概念与特征。
2. 为什么说市场机制不适于提供纯公共产品？
3. 简述市场失灵的表现。
4. 简述公共定价的方法。

财政支出概述

财政支出（fiscal outlay），也称政府支出或公共支出。财政支出是指政府为履行其职能而消耗的一切费用的总和。作为政府经济活动的主要方面之一，财政支出既是一种满足社会共同需要的资源配置活动，也是政府重要的宏观经济调控手段。一方面，财政支出直接构成和影响社会总需求，调节财政支出规模就可以达到调控社会总供需关系的目标；另一方面，财政支出结构的确立与调整，对社会经济结构、产业结构的形成和变动，对国家职能的履行、社会公平的维护、经济社会的稳定有着至关重要的作用和影响。为了提高国家资源配置效率、充分发挥财政支出在国民经济中的作用，以促使经济社会又好又快地调发展，必须认真研究财政支出的有关问题。

本章首先介绍财政支出的概念、范围和原则，然后在此基础上研究财政支出对社会经济的影响、财政支出的分类、财政支出规模、财政支出的效益评价以及政府采购等问题。

4.1 财政支出及其对社会经济的影响

4.1.1 财政支出的含义及其原则

1. 财政支出的概念

财政支出是指国家为了实现其职能，将通过财政收入集中起来的财政资金进行有计划的分配使用，以满足经济建设和各项事业需要的过程，其本质是政府行为的成本。

2. 财政支出的范围

财政支出的数额和范围反映政府介入经济生活和社会生活的规模和深度，也反映财政在经济和社会生活中的地位和作用。由于财政文出的目的是满足政府执行其职能的需要，因此政府在安排财政支出时必然要根据其职能范围的大小来确定财政支出的范围。

财政支出范围主要是指哪些事务应该由财政来承担，哪些事务应该由私人资本来承担。亚当·斯密曾就政府活动的范围列出三点：① 防务；② 司法裁判；③ 一些公共工程。[①]现代公共财政学认为政府财政支出的范围如下。

（1）弥补市场缺陷或者市场失灵领域的支出，包括：① 提供国家执行其职能所必需的经费；② 满足社会公益事业方面的需要所必需的经费；③ 满足社会对公共设施的需要所必需的经费；④ 为社会保障提供的经费。

（2）矫正市场偏差的支出，包括：① 调节总量平衡和结构优化的支出；② 调节地区之间、产业之间和个人之间利益关系的支出；③ 实现效率和公平兼顾的支出。

3. 财政支出的原则

（1）效率原则。财政支出的效率原则，是指财政支出应能够有助于资源的配置，促进经济效率的提高。即通过财政支出活动改变资源配置，促进经济效率的提高。在现代经济中，效率是以投入和产出、所费与所得之比来计量的，投入少、产出多或所费低、所得高为高效率，相反则为低效率。但由于市场失灵领域的存在，使市场的资源配置功能不全，若单纯依靠市场配置资源不可能实现最优的效率结构，不能有效地提供全社会所需的公共产品，因而需要政府以其权威来对资源配置加以调节和宏观管理。

（2）公平原则。财政支出的公平原则，就是通过再分配纠正市场机制导致的财富分配不公平状况，实现社会分配公平，缩小贫富差距，提高社会大多数人的福利水平。在市场经济条件下，财富的分配取决于财产所有权和财富积累的分布状况；而收入的分配则取决于能力、职业训练和这些技能的市场价格。如果单纯依赖市场，则不可避免地会出现贫者越贫、富者越富的"马太效应"，从社会稳定角度出发，就要求进行社会的再分配，实现社会的相对公平。

（3）稳定原则。财政支出的稳定原则，是指财政支出应促进社会经济的稳定发展。在市场经济条件下，市场机制不能自动地调节其自身的所有活动使之达到平衡，往往会出现社会总供求的不平衡、经济周期的兴衰更迭、失业和通货膨胀等现象。政府可以利用财政手段进行调节，通过控制财政支出规模、优化财政支出结构来调节经济，引导经济运行，以实现经济的持续和平稳发展。

4.1.2　财政支出的社会经济影响

1. 财政支出对就业的影响

实现社会的充分就业是每个政府追求的一个重要目标。所谓充分就业是指具有劳动能力并且自愿参加工作的人都能在较合理的条件下找到适当的工作。但历史表明，任何一个社会都不可避免地会出现劳动力的供需总量不平衡、供需结构不匹配的情况，加之经济周期性规律的存在，所以不可能保证每一个需要工作的人都能实现自己的愿望，总有一部分人处于失业状态。由于失业往往会导致许多经济、社会方面的问题，所以各国政府都非常重视这一问题。财政政策在扩大就业的过程中发挥着积极作用，财政支出的规模和结构对于就业岗位的总量及优化有着重要影响。

（1）政府。可通过投资性的支出，如通过财政拨款兴修水利、建设基础设施、进行项目

---

① 阿图·埃克斯坦. 公共财政学. 张愚山，译. 北京：中国财经经济出版社，1983：8。

投资等工程，可以创造就业岗位（机会），缓解失业压力。

（2）政府通过采购各种商品和劳务的购买性支出，增加对社会商品和劳务需求，从而刺激企业的生产，扩大投资，增加就业岗位，缓解失业压力。

（3）政府通过各种转移性支出，增加社会成员的收入，这些收入再按一定的比例转化为消费、投资或储蓄，从而直接或间接地刺激生产，扩大投资，增加就业岗位，缓解失业压力。

（4）政府通过发展培训体系和职业介绍服务方面的财政支出，可以提升劳动者的就业能力，缩短工人寻找工作的时间，减少在流动过程中产生的摩擦性失业以及产业结构转换中造成的结构性失业，缓解失业压力。

2. 财政支出对物价的影响

财政支出是构成社会总需求的重要组成部分，财政支出的增加，使得总需求曲线外移，此时是否会对物价产生影响，要视社会总供给曲线的情况而定。当总供给曲线处于水平状态时，意味着经济处于严重萧条时期，由于存在大量失业工人、闲置设备和资源，因此当增加财政支出从而导致需求扩大、产出增加时，不存在价格上涨的压力，物价水平不会发生波动；当总供给曲线处于正斜率状态时，随着需求扩大、产出增加，劳动力与其他生产资料的供给逐步趋于紧张，从而导致物价的上涨；当总供给曲线呈垂直状态时，意味着经济已处于充分就业水平，此时，增加财政支出而导致需求扩大，不会导致产出增加，只会导致物价水平的上涨。社会总需求与总供给曲线图如图 4-1 所示。

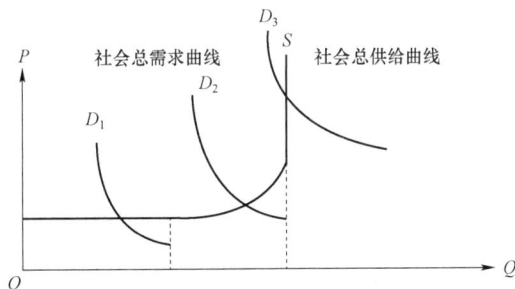

图 4-1　社会总需求与总供给曲线图

财政支出中的不同组成部分对物价的影响程度不同。购买性支出可以全部转化为社会总需求，因而对物价的影响程度更大，而转移性支出中只有一部分转化为需求，另一部分转化为积蓄，因而对物价的影响程度较小。

3. 财政支出对国民收入的影响

在整个社会经济未处于充分就业水平时，扩大财政支出从而导致社会总需求的变化，使产出水平即国民收入水平发生变化。财政支出不仅自身直接影响国民收入水平，而且还通过影响消费和投资的方式间接影响国民收入水平。

财政支出对国民收入的影响具有乘数效应，即财政支出增加（或减少）会引起国民收入成倍地增加（或减少）。财政支出的乘数是由边际消费倾向所决定的，购买性支出乘数=1/（1-边际消费倾向），转移性支出乘数=边际消费倾向/（1-边际消费倾向）。购买性支出和转移性支出的乘数效应是不同的，由于边际消费倾向通常小于 1，所以购买性支出乘数通常大于转移性支出乘数。假定政府增加支出 100 亿元，若边际消费倾向为 0.8，则购买性支出乘数=1/（1-0.8）=5，转移支付乘数=0.8/（1-0.8）=4。在其他条件不变的情况下，如果政府将 100 亿元用于购买商品或劳务，则国民收入将增加 500 亿元；如果政府将 100 亿元用于社会保障、政府补贴等转移性支出，则国民收入将增加 400 亿元。

4. 财政支出对经济稳定的影响

市场经济不可能自发实现经济的稳定发展，因此需要政府采取财政政策对宏观经济进行调节和干预。政府可以采取相机抉择的财政政策来调节社会总需求，以达到稳定经济的目的，还可以通过财政的某些制度安排来发挥对经济的自动稳定作用，比如累进所得税制度，失业救济金制度等。

4.2　财政支出的分类

所谓财政支出分类，就是按照一定标准，将财政支出进行划分和归类。由于管理的要求和理论研究的角度不同，财政支出可以进行多种分类。

对财政支出从不同的角度进行分类，可以得到不同的财政支出结构，通过对其进行分析，有利于财政支出结构的调整和优化，更好地适应经济发展的要求。此外，对财政支出进行分类，还有利于合理有效地使用财政资金，加强对财政资金的监督和管理。

4.2.1　财政支出的一般分类

1. 按政府职能分类

按政府职能分类，也称为按费用类别分类。一般来说，财政支出结构与政府职能存在紧密的对应关系。如果把政府职能划分为两类，即经济管理职能和社会管理职能，那么国家财政支出就形成了经济管理支出和社会管理支出，前者主要是经济建设费，后者包括社会文教费、国防费、行政管理费和其他支出。这样，财政支出按政府职能划分，就可分为经济建设费支出、社会文教费支出、国防费支出、行政管理费支出和其他支出五类。

（1）经济建设费支出，主要包括基本建设拨款，国有企业挖潜改造资金，科技三项费用，简易建筑费，地质勘探费，增拨国有企业流动资金，支援农村生产资金；工业、交通、商业等部门的事业费，城市维护费，国家物质储备费，城镇青年就业经费，抚恤和社会福利救济费支出等。

（2）社会文教费支出，是指财政用于文化、教育、科学、卫生、出版、文物、体育、档案、海洋、通信、广播电视、计划生育、自然科学、社会科学等的事业费和高新技术研究专项费用支出。

（3）国防费支出，是指财政用于国防建设和进行战争的费用支出，主要包括：各种武器和军事设备支出，军事人员给养支出，有关军事的科研支出，对外军事援助支出，民兵建设费支出，用于实行兵役制的公安、边防、武装警察部队和消防队伍的各种经费支出，防空费用支出等。

（4）行政管理费支出，是指财政用于国家机关、事业单位、党派团体、公安机关、司法机关、检察机关以及驻外机构的业务费、干部培训费等方面的支出。

（5）其他支出，指除上述支出以外的支出。

　　将财政支出按国家职能进行分类，有助于了解国家职能的范围以及职能的履行状况。如把若干个国家在同一时期的支出结构进行横向分析，可以反映各国国家职能的差别。

　　按政府职能对财政支出进行分类，可以将财政支出与国家职能直接联系起来，能够清楚地揭示政府执行了哪些职能以及侧重哪些职能。对一个国家不同时期的财政支出结构进行纵向分析，能够揭示该国的国家职能发生了怎样的演变；对若干个国家在同一时期的支出结构进行横向分析，可以揭示各国家职能的差异。

2. 按财政支出的经济性质分类

　　财政支出按其能否在经济上直接获得等价补偿作为分类标准，可分为购买性支出和转移性支出两大类。

　　（1）购买性支出（purchase expenditure），也称为消耗支出、真实支出、有偿支出，是指政府以购买者的身份在市场上购进商品和劳务时所发生的支出，包括购买进行日常行政活动所需要的商品和劳务支出，以及购买用于国家投资所需要的商品与劳务支出。虽然这些支出的目的和用途有所不同，但却具有一个共同的特点：遵循等价交换原则。即国家财政一手付出了资金，另一手相应获得了商品和劳务，并运用这些商品和劳务实现国家的职能。

　　（2）转移性支出（transfer expenditure），也称为补助支出、无偿支出，是指政府通过一定的渠道或形式，把一部分财政资金无偿地转移给居民和非居民，是政府单方面的、无偿的资金支付。这类支出主要有补助支出、捐赠支出、债务利息支出。这些支出的目的和用途不同，但也有一个共同特点：财政支出未获得等价补偿。即国家财政付出了资金，却无任何直接所得。

　　这种分类具有较强的经济分析意义。购买性支出是政府用其所掌握的财政资金直接与微观主体提供的商品和劳务进行交换，它将会对社会的生产和就业产生直接的影响，因而对微观主体的效益约束是硬的；转移性支出是资金使用权的转移（从政府转移到领受者手中），微观主体在同政府转移性支出发生联系时，并无交换发生，其收益的高低并不完全取决于自己的能力，还要取决于同政府讨价还价的能力，因此转移性支出对微观主体的效益约束是软的。转移性支出对财力分配产生直接影响，对生产和就业产生间接影响。在财政支出总额中，如果购买性支出所占的比重大，则财政活动对生产和就业的影响就大，通过财政所配置的资源规模也就大；反之，如果转移性支出所占的比重大，财政活动对收入分配的直接影响就大。从财政的职能角度来看，购买性支出占较大比重的财政活动，主要执行的是资源配置职能；转移性支出占较大比重的财政活动，主要执行的是收入分配职能。

3. 按财政支出的用途分类

　　财政支出按用途划分，主要包括以下分类。

　　（1）基本建设支出，是指国家财政按照国家有关规定用于基本建设投资的拨款和贷款支出。它主要用于满足各种生产性和非生产性固定资产的新建、扩建、改建等工程项目的资金需要，是固定资产投资的重要组成部分，是形成新的产业结构的支柱。在我国，此项支出在整个财政支出中占有较大的比重。

　　（2）企业挖潜改造资金，是指国家财政用于企业挖潜革新和改造方面的资金支出。此项支出也是固定资产投资的重要组成部分。这项支出有助于加快企业对新技术和新工艺的推广和应用，在支持企业更新改造方面起着重要的作用。

　　（3）地质勘探费，是指国家财政用于地质勘探机构的勘探工作费用支出。地质勘探是基本建设的前期工作，它为基本建设项目的选址以及工程的设计和施工提供可靠的依据。但由于在地质勘探的普查阶段没有具体的服务对象，所以它的支出不列入基本建设投资内，而是单独设立科目，以便加强管理。

（4）科技三项费用，是指国家财政用于新产品试制、中间实验、重要科学研究这三项费用的支出。此项支出又分为中央和地方两级，属于全国性的科技项目，由中央财政支出；属于地方安排的项目，由地方财政支出。企业自行安排的项目，所需资金由企业自己解决。此项支出最终形成企业的固定资产，对我国科学技术事业的发展具有重要的作用。

（5）支援农业支出，是指国家财政专门用于支援农村生产的各项支出和对农林水利气象部门的事业费支出。

（6）城市维护费，是指用城市维护建设税和地方机动财力拨款等安排的用于城市公用事业和公共设施维护的费用支出。

（7）文教科卫事业费，是指国家财政用于文化、出版、文物、教育、卫生、体育、档案、海洋、通信、广播电视、计划生育、自然科学、社会科学等的事业费和高新技术研究专项费用的支出。

（8）抚恤和社会福利救济费支出，是指国家财政用于抚恤、社会福利事业和社会救济费的支出，包括：抚恤事业费，军队和国家机关工作人员的离休费、退休费、退职费，社会福利救济费，自然灾害救济费。

（9）国防支出，是指国家财政用于国防建设和进行战争的费用支出，包括：各种武器和军事设备支出，军事人员给养支出，有关军事的科研支出，对外军事援助支出，民兵建设费支出，用于实行兵役制的公安、边防、武装警察部队和消防队伍的各种经费支出，防空费用支出等。

（10）行政管理费，是指国家财政用于国家机关、事业单位、党派团体、公安机关、司法机关、检察机关以及驻外机构的各种经费、业务费，以及增拨的企业的流动资金。一般国有企业的流动资金，已改为由银行贷款供应，财政不再拨款。

（11）价格补贴支出，是指国家财政用于经国家批准的政策性价格补贴支出，包括对粮食、棉花、油类、肉类、民用煤、农业生产资料等的价格补贴。

（12）债务支出，是指国家财政用于偿还国内外债务的支出，包括政府向国内外借款的还本付息支出和在国内外发行债券的还本付息。

此外，还有对外援助支出、支援不发达地区支出、专项支出、其他支出等。

按支出的具体用途分类，既便于国家财政部门预算的编制；又便于社会了解和监督国家财政支出的去向及作用。

4. 按财政支出的统计口径分类

在中国统计年鉴中将财政支出分为 14 类。

（1）一般公共服务支出，指政府提供基本公共管理与服务的支出，包括人大事务支出、政协事务支出、政府办公厅（室）及相关机构事务支出、发展与改革事务支出、统计信息事务支出、财政事务支出、税收事务支出、审计事务支出、海关事务支出、人力资源事务支出、纪检监察事务支出、人口与计划生育事务支出、商贸事务支出、知识产权事务支出、工商行政管理事务支出、国土资源事务支出、海洋管理事务支出、测绘事务支出、地震事务支出、气象事务支出、民族事务支出、宗教事务支出、港澳台侨事务支出、档案事务支出、共产党事务支出、民主党派事务及工商联事务支出、群众团体事务支出、彩票事务支出等。

（2）外交支出，指政府用于外交事务的支出，包括外交行政支出、驻外机构支出、对外援助支出、国际组织支出、对外合作与交流支出、边界勘界联检支出等方面的支出。

（3）国防支出，指政府用于国防方面的支出，包括现役部队支出、预备役部队支出、国防科研事业支出、专项工程支出、国防动员支出等。

（4）公共安全支出，指政府维护社会公共安全方面的支出，包括公安机关支出、国家安全机关支出、司法行政机关支出、国家保密机关支出等。

（5）教育支出，指政府用于教育事务的支出，包括教育行政管理支出、学前教育支出、小学教育支出、初中教育支出、普通高中教育支出、普通高等教育支出、初等职业教育支出、中专教育支出、技校教育支出、职业高中教育支出、高等职业教育支出、广播电视教育支出、留学生教育支出、特殊教育支出、干部继续教育支出、教育机关服务支出等。

（6）科学技术支出，指政府用于科学技术方面的支出，包括科学技术管理事务支出、基础研究支出、应用研究支出、技术研究与开发支出、科技条件与服务支出、社会科学支出、科学技术普及支出、科技交流与合作支出等。

（7）文化教育与传媒支出，指政府在文化、文物、体育、广播影视、新闻出版等方面的支出。

（8）社会保障和就业支出，指政府在社会保障与就业方面的支出，包括社会保障和就业管理事务支出、民政管理事务支出、社会保险基金支出、补充全国社会保障基金支出、行政事业单位离退休金支出、企业改革补助支出、就业补助支出、抚恤金支出、退役安置支出、社会福利支出、残疾人事业支出、城市居民最低生活保障支出、其他城镇社会救济支出、农村社会救济支出、自然灾害生活救助支出、红十字事务支出等。

（9）医疗卫生支出，指政府用于医疗卫生方面的支出，包括医疗卫生管理事务支出、医疗服务支出、医疗保障支出、疾病预防控制支出、卫生监督支出、妇幼保健支出、农村卫生支出等。

（10）环境保护支出，指政府用于环境保护的支出，包括环境保护管理事务支出、环境监测与监察支出、污染治理支出、自然生态保护支出、天然林保护工程支出、退耕还林支出、风沙荒漠治理支出、退牧还草支出、已垦草原退耕还草支出、能源节约利用支出、污染减排支出、可再生能源和资源综合利用支出等。

（11）城乡社区事务支出，指政府用于城乡社区事务的支出，包括城乡社区管理事务支出、城乡社区规划与管理支出、城乡社区公共设施支出、城乡社区住宅支出、城乡社区环境卫生支出、建设市场管理与监督支出等。

（12）农林水事务支出，指政府用于农林水事务的支出，包括农业支出、林业支出、水利支出、扶贫支出、农业综合开发支出等。

（13）交通运输支出，指政府用于交通运输和邮政业方面的支出，包括公路运输支出、水路运输支出、铁路运输支出、民用航空运输支出、邮政业支出等。

（14）工业商业金融等事务支出，指政府用于工业、商业及金融等方面的支出，包括采掘业支出、制造业支出、建筑业支出，工业和信息产业监管支出、国有资产监管支出、商业流通事务支出、金融业监管支出、旅游业管理与服务支出等。

5. 按财政支出管理权限分类

按照财政支出的管理权限划分，可以将财政支出分为全国性的财政支出和地方性的财政支出，其中地方性的财政支出又可以分为省、市、县、乡四级。这种财政支出的划分同时确定了各级政府的事权和支出范围。中央财政支出是由中央预算安排使用和管理，实现中央政府职能的各项支出。中央财政支出主要承担国家安全、外交和中央国家机关运行所需的各种费用，调整产业结构、协调地区经济发展的支出，以及中央直接管理的事业发展支出。地方财政支出是由地方预算安排使用和管理，实现地方政府职能的各项支出。地方财政支出主要承担本地区政权机关所需的支出，以及本地区经济、事业发展所需的各类支出。

6. 国际分类

国际上，财政支出的分类并不完全一致。从现有的分类方法来看，大体可归为两类：一类是用于理论和经验分析的理论分类；另一类是用于编制国家预算的统计分类。

从理论分类来看，根据分析的目的不同，可按政府职能、支出目的、组织单位、支出利益等标准分类。例如，以财政支出的用途和去向为标准，财政支出可分为防务支出和民用支出两大类，前者包括国防、司法等与防务有关的支出，后者包括除防务支出以外所有其他各项支出。这种分类方法有利于分析一国财政支出的军事化程度或民用化程度。

从统计分类来看，按照国际货币基金组织的分类方法，有职能分类法和经济分类法两种。按职能分类，财政支出包括一般公共服务支出、国防支出、教育支出、保健支出、社会保障和福利支出、住房和社区生活设施支出、其他社区和社会服务支出、经济服务支出以及无法归类的其他支出；按经济分类，财政支出包括经常性支出、资本性支出和贷款。其中，国际货币基金组织的职能分类法与我国目前按费用分类法比较接近。

4.2.2 我国财政支出分类的改革

2007 年我国进行了政府收支分类改革。进行政府收支分类改革，就是要适应市场经济条件下转变政府职能、建立公共财政体系的总体要求，逐步形成一套既适合我国国情又符合国际通行做法的较为规范合理的政府支出分类体系，为进一步深化财政改革、提高预算透明度、强化财政监督创造有利条件。政府收支分类改革要遵循公开透明、符合国情、便于操作的基本原则。

改革后的政府收支分类，不仅涵盖了原政府预算收支科目中的一般预算、基金预算和债务预算收支，而且还纳入了社会保障基金收支和财政专户管理的预算外收支，从而形成了完整的政府收支概念。

改革后的政府收支分类，对于财政支出来说主要包括两个方面的内容，即财政支出功能分类和财政支出经济分类。

（1）财政支出功能分类体系更加完整、直观地反映政府各项职能活动。从分类方法和结构上看，改革后的财政支出功能分类不再按基本建设、行政费、事业费等经费性质设置科目，而是根据政府管理和部门预算的要求，统一按财政支出功能设置类、款、项三级科目，分别为 17 类、170 多款、1 100 多项。类级科目综合反映政府职能活动，如国防、外交、教育、科学技术、医疗卫生、环境保护等；款级科目反映为完成某项政府职能所进行的某一方面的工作，如"教育"类下的"普通教育"；项级科目反映为完成某一方面的工作所发生的具体支出事项，如"水利"款下的"抗旱""水土保持"等。新的支出功能科目能够完整、清楚地反映政府支出的内容和方向，有利于解决原分类中"外行看不懂，内行说不清"的问题。财政支出功能分类图如图 4-2 所示。

类（17）　　　　款（170多）　　　　项（1 100多）

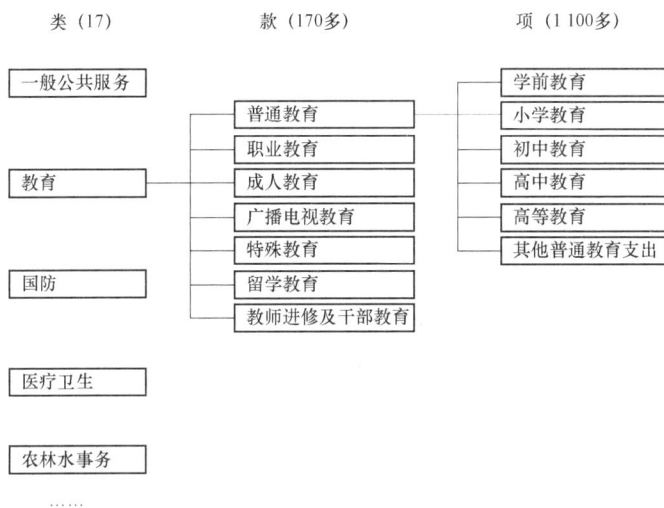

图 4-2　财政支出功能分类图

财政支出功能类、款两级科目主要按职能设置，反映政府做什么。项级科目的设置较为复杂，它针对不同性质的单位以及不同性质的资金采取了不同的处理办法，可以按职能设置、按活动设置、分行业设置、按资金用途设置，具体设置办法在政府收支分类科目中进行了比较明确的界定。

（2）财政支出经济分类体系更加全面、明确地反映政府各项财政支出的具体用途。财政支出经济分类体系主要是对原来的支出目级科目做了扩充和完善。按照简便、实用的原则，财政支出经济分类科目设类、款两级，分别为 12 类和 98 款。

其中，类级科目包括工资福利支出、商品和服务支出、对个人家庭的补助支出、对企事业单位的补贴、转移性支出、赠与、债务利息支出、债务还本支出、基本建设支出、其他资本性支出、贷款转贷和产权参股、其他支出；款级科目包括基本工资、津贴补贴、办公费、邮电费、离休费、抚恤金、企业政策补贴、事业单位补贴等。

功能分类是按政府职能对财政支出进行的分类，经济分类是按交易性质对财政支出的分类，两者从不同侧面、不同环节反映政府的财政支出。从两者的关系来看，每一项功能支出，都要在经济分类中得到细化，每一款经济分类支出，都包含在某项或多项具体的功能分类中。它们既是两个相对独立的体系，又相互联系、相互补充，若将两者综合运用，不但可以立体反映财政支出的各个侧面与环节，而且可以扩充政府收支分类的信息含量，为各级人大与政府提高宏观决策能力提供有力的信息保障。

4.3　财政支出规模增长趋势及原因

4.3.1　财政支出规模

财政支出规模，是指在一定时期（预算年度）内政府通过财政渠道安排和使用财政资金的绝对数量和相对比率。它反映了政府参与分配的状况，体现了政府的职能和政府的活动范围，是研究和确定财政分配规模的重要指标。

1. 衡量财政支出规模的指标

衡量财政支出规模的基本指标有两个，一个是绝对量指标，另一个是相对量指标。所谓绝对量指标，是指一个国家或地区在一定时期内（通常为一个财政年度）财政支出的货币价值总额，它能直观、具体地反映一定时期内政府财政支出的规模，是国家或地区政府部门编制财政预算和控制财政支出规模的重要指标之一。所谓相对量指标，是指一个国家或地区在一定时期内财政支出占生产总值（GDP）的比率，它反映了在一定时期内的 GDP 中由政府集中和支配使用的份额。采用相对量指标来衡量财政支出规模，最大的好处是可以进行比较分析，既可以对同一时期不同国家或地区的财政支出进行横向比较，也可以对不同时期同一国家或地区的财政支出进行纵向比较，较好地反映一个国家或地区财政支出对经济的影响程度。由两个基本指标还可以派生出以下反映财政支出发展变化的三个指标。

（1）财政支出增长率。财政支出增长率表示当年财政支出比上年同期财政支出增长的百分比，即所谓"同比"增长率，以 ΔG（%）表示，计算公式如下：

$$\Delta G(\%) = \frac{当年的财政支出 - 上年的财政支出}{上年的财政支出} \times 100\% \qquad (4-1)$$

（2）财政支出弹性系数。财政支出弹性系数是指财政支出增长率与 GDP 增长率之比，用 E_g 表示，其计算公式如下：

$$E_g = \frac{财政支出增长率}{GDP \ 增长率} \qquad (4-2)$$

弹性系数大于 1，表明财政支出增长速度快于 GDP 增长速度。

（3）财政支出增长边际倾向。财政支出增长边际倾向表明 GDP 每增长一个单位的同时财政支出增加多少，或财政支出增长额占 GDP 增长额的比例，用 MGD 表示，其计算公式如下：

$$MGP = \frac{财政支出增长额}{GDP \ 增长额} \times 100\% \qquad (4-3)$$

2. 财政支出规模的变化趋势

综观世界各国财政支出状况，可以发现一个共同的规律，那就是财政支出是不断增长的。从绝对数指标来看，根据国际货币基金组织《政府财政统计年鉴 2018》的数据，2013—2017年美国中央政府的财政支出由 38 796 亿美元增至 43 606 亿美元，增加了 0.124 倍；英国中央政府的财政支出由 7 072 亿英镑增至 7 465 亿英镑，增加了 0.056 倍；泰国中央政府的财政支出由 23 337 亿铢增至 28 430 亿铢，增加了 0.218 倍；澳大利亚中央政府的财政支出由 3 915 亿澳元增至 4 686 亿澳元，增加了 0.197 倍。从相对数指标来看，世界各国的财政支出占 GDP 的比重，纵向比较呈上升态势，横向比较经济发达国家财政支出占 GDP 的比重高于发展中国家。部分国家财政支出占 GDP 的比重如表 4-1 所示。

表 4-1　部分国家财政支出占 GDP 的比重

国家和地区	年份	(财政支出/GDP)/%	国家和地区	年份	(财政支出/GDP)/%
印度尼西亚	2016	14.57	马来西亚	2013	15.84
印度	2013	13.12	阿根廷	2016	7.09
巴基斯坦	2013	16.35	法国	2016	47.44
韩国	2016	23.79	加拿大	2017	16.05
蒙古	2016	24.02	澳大利亚	2017	22.53
柬埔寨	2013	11.96	新西兰	2017	25.42
泰国	2017	19.21	美国	2017	22.49
白俄罗斯	2017	23.42	德国	2016	27.39
哈萨克斯坦	2016	17.72			

统计资料表明：财政支出规模是反映政府履行其经济职能能力大小的重要指标，在同一时期不同国家以及同一国家在不同发展时期财政支出的相对规模是不同的。从全球范围来看，财政支出无论是从绝对量上还是从相对量上都有不断增长的趋势。并且，20 世纪 80 年代中期以前，财政支出占 GDP 的比重上升得较快，20 世纪 80 年代以来，尽管各国的财政支出占 GDP 比重的增长速度放慢了，但财政支出增长的趋势并没有逆转。

4.3.2　财政支出规模增长的相关理论及原因

1. 关于财政支出规模的相关理论

在现代社会中，随着科学技术的进步和社会经济的发展，世界各国的财政支出规模普遍呈上升趋势，如何解释这一现象，西方财政经济学者提出了不同的理论解释。其中主要的理论解释有瓦格纳法则、梯度渐进增长论和经济发展阶段论。

1）瓦格纳法则

关于财政支出增长相关理论的经典论述，当首推 19 世纪 80 年代德国著名的财政学家、社会改良运动的主要倡导者瓦格纳的"政府活动范围不断扩张说"，即瓦格纳法则（Wagner's law）。

瓦格纳法则的基本含义是：随着人均收入的提高，财政支出的相对规模也随之增长，而且会以更大的比例增长。他认为，政府财政支出的增长具有普遍性、规律性，其主要原因有两个：即政治因素和经济因素。政治因素是指政府职能不断扩张导致财政支出呈现不断增长趋势；而经济因素则是工业化城市化的结构致使各经济体间的关系日益复杂，人口密集致使对公共服务需求的不断增长，解决这些问题需要政府增加支出。

2）梯度渐进增长论

英国学者皮考克和魏茨曼通过对 1890—1955 年英国公共部门支出增长的情况研究，指出财政支出的增长并不是匀速向前发展的，而是在不断稳定增长的过程中不时出现一种跳跃式的发展过程。在正常情况下，随着经济的稳定增长，国民收入会不断提高，以不变的税率征收的税收会上升，于是政府的支出也会上升，这是财政支出增长的内在原因。从长期来看,这种内在原因导致财政支出增长是相当稳定的,是一种渐进的增长趋势。但是,在非常时期,如战争、经济危机等出现时,这种渐进式增长就会被打破,往往会由于"替代效应""检查效应""集中效应"等外在因素的影响而呈现跳跃式增长。即使恢复正常后,财政支出会有所下降,但一般不会回到原来的水平,因此呈现出一种梯度渐进增长,如图4-3所示。

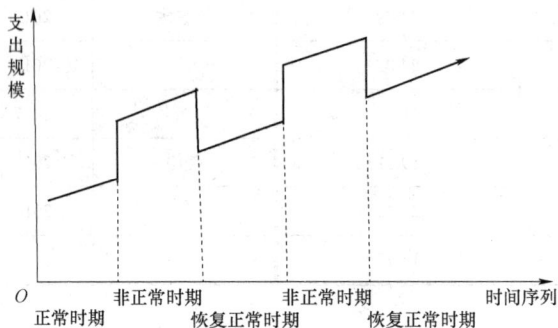

图4-3 财政支出梯状发展趋势图

3)经济发展阶段论

这一理论是由马斯格雷夫和罗斯托提出的。他们的贡献在于,两人都从经济发展的阶段论角度出发,提出了财政支出在不同的经济发展阶段呈现不同的增长特点的观点。他们认为,在经济起飞阶段,政府用于建设性的公共投资占有主要份额;到了经济发展中期,这类投资仍然很重要但主要的将集中于特定的产业尤其是基础产业,其占 GNP 的比重开始下降;而到了经济发展的成熟期,公共投资支出又会呈现增长势头,因为随着国民收入的提高,人们追求生活质量,社会对公平的需求大于对效率的偏好,众多公共设施需要政府参与,收入均等化建设需要政府主导。因此,这一时期的特点是:公共投资规模呈增长势头而占 GNP 的比重则不断下降,为解决社会公正公平的转移性支出则将大幅度上升。

2. 财政支出规模增长的原因

财政支出规模的增长是一个举世共存的没有争议的现实性问题,是财政支出增长的必要性与可能性相结合的必然结果,只有必要性而没有可能性,或只有可能性而没有必要性,财政支出规模的增长都不可能成为现实。因此,财政支出规模增长的现实原因应在综合上述相关理论的基础上,从必要性和可能性两方面来分析。

1)财政支出增长的必要性分析

财政支出的范围和规模在一定程度上直接体现了政府在社会经济生活中活动的广度和深度,反映了政府职能的范围和实现程度。财政支出增长的必要性是由政府职能的扩张以及与实现政府职能有关的一系列因素变化所决定的。

(1)政府职能的扩张。从世界各国政府职能的变化及财政支出的历史来看,政府职能的扩张主要表现在以下几个方面:① 经济干预的加强。财政手段是政府干预经济的主要手段之一,政府根据不同时期经济运行的状况,灵活调整财政支出的范围、方向、结构和数量,以此来实现保持经济和社会稳定发展的目的。由于政府对经济干预的不断加强,财政支出中用于经济方面的支出也在不断地增加。② 社会福利事业的扩大。在市场经济体制下,随着经济的发展，社会财富日趋集中，贫富差距不断扩大，当收入和财产在不同阶层之间的差距扩大到一定程度时，财富分配的不公平就会成为引发社会不稳定的重要因素。为了调节收入差距，创造和维护社会公平，以及为了提高社会成员的文化和健康水平，各国政府都大力举办社会保险、社会救济等社会福利事业。这样，财政支出中用于社会福利事业方面的费用也就增加了。③ 工业化和都市化的影响。工业化过程形成的环境污染和对自然资源的破坏增加了政府用于环境保护、自然资源保护和卫生防疫等方面的财政开支；而都市化过程则大大增加了政府财政用于城市基础设施、劳动力生存和就业等方面的支出量。④ 政府机构的扩增。随着政府职能的不断扩张，政府需要设置的相应机构就随之增加，这样，财政支出中用于购买办公设施、支付办公经费及人员工资的费用就会增加。⑤ 人口增加。人口数量的增加必然会导致对公共产品的需求增加，财政支出也就随之增加。

（2）物价上涨。历史数据表明，物价变动的总体趋势是不断上升的，这既包括各种物资的价格，也包括资本和劳动力的价格。由于政府履行职能是通过向社会提供各种产品和劳务等方式来实现的，而这个过程又必然伴随着不断消耗或使用各种物资和劳动，因此物价的上涨必然要求财政支出相应地增长。

（3）科学技术的进步。科技进步对财政支出增长的促进作用主要表现在以下两个方面：一是科技进步能创造出新的需求，在这些新的需求中，有些可以通过市场来满足，有些却只能或最好通过政府来满足，政府为了满足这些新的需求而提供的产品或服务必然会加大财政支出；二是科技进步会增加政府提供产品或服务的成本。

2）财政支出规模增长的可能性分析

收入是支出的前提，没有收入，就不可能有支出，没有收入的增加，就没有支出的增加。因此，能使财政收入增加的因素就是影响财政支出规模增长的可能性的决定因素。

（1）经济增长。随着经济的发展，国民收入规模的扩大，即使取得财政收入的形式和比例不变，财政收入量也会相应增加。财政收入增加了，财政支出也就有了增加的可能。

（2）税制的优化和税收征管的加强。税收是政府取得财政收入的最主要的形式，税制的优化与税收的征管水平的提高对税收收入的影响是至关重要的。税收制度的不断优化使政府有可能以税收这种规范的收入形式从经济运行的几乎每个环节取得收入，而税收征管水平的提高使政府应取得的税收收入更多地形成现实的财政收入。税收收入的不断增加为财政支出的增加提供了客观的可能。

（3）公债发行规模的扩大。公债规模是一个国家的政府根据经济增长状况和实施宏观调控的需要举借公债的数额，其基本作用就是弥补财政赤字。在凯恩斯经济学出现之前，政府发行公债是受严格限制的。凯恩斯的经济学认为政府财政是调节经济、使之保持稳定发展的重要手段。为了解决西方经济运行中经常出现的总需求大于总供给的矛盾，凯恩斯主张实行扩张性财政政策，即赤字财政政策。从此，公债成为政府筹资的一种经济性的手段，公债的发行规模便越来越大，为政府的财政支出提供了便利条件。

4.3.3 我国财政支出规模增长的基本特征及原因

1. 我国财政支出规模增长的基本特征

从前面的分析可以看出，世界各国（特别是经济发达国家）的财政支出无论从绝对规模还是相对比率上看，都呈现出随着人均收入的提高而增长的趋势。我国改革开放以来，财政支出的绝对规模也呈不断扩大的趋势，但财政支出的相对规模却不尽然，具体如表 4-2 所示。

表 4-2　我国财政支出规模及增长速度

年份	财政支出额/亿元	GDP/亿元	财政支出增长率/%	GDP 增长率/%
1998	10 798.18	84 402.3		
1999	13 187.67	89 677.1	22.13	6.25
2000	15 886.5	100 280.1	20.46	11.82
2001	18 902.58	110 863.1	18.99	10.55
2002	22 053.15	121 717.4	16.67	9.79
2003	24 649.95	137 422.0	11.78	12.90
2004	28 486.89	161 840.2	15.57	17.76
2005	33 930.28	187 318.9	19.11	15.74
2006	40 422.73	219 438.5	19.13	17.14
2007	49 781.35	270 092.3	23.15	23.08
2008	62 592.66	319 244.6	25.74	18.19
2009	76 299.93	348 517.7	21.90	9.17
2010	89 874.16	412 119.3	17.79	18.38
2011	109 247.79	487 940.2	21.56	18.39
2012	125 952.97	538 580.0	15.07	10.37
2013	140 212.10	592 963.2	11.3	10.10
2014	151 785.56	643 563.1	8.3	8.53
2015	175 877.77	688 858.2	13.2	7.03
2016	187 755.21	746 395.1	6.3	8.35
2017	203 085.49	832 035.9	7.6	11.47
2018	220 904.13	919 281.1	8.7	10.49
2019	238 874.00	990 865.0	8.1	7.79

资料来源：1. 财政支出额、GDP 来源于《中国统计摘要 2019》。

2. 财政支出增长率、GDP 增长率根据《中国统计摘要 2019》中的数据计算得出。

从 4-2 表中可以看到，1998—2019 年不论是 GDP 还是财政支出额在绝对量和相对量上都是逐年增长的，这足以说明在经济社会的整体发展过程中，财政支出起了至关重要的作用。财政支出的增长率先是逐年下降，到 2004 年开始上升，并且在 2008 年达到最高，然后是波动下降。GDP 增长率总体呈现出的是先上升后下降的态势，在 2007 年达到最高。

财政支出增长弹性系数是指财政支出增长率与 GDP 增长率之比，该系数若大于 1，则说明财政支出增长速度快于 GDP 增长速度。从图 4-4 中可以看出，1999 年该系数是最大值，超过了 3.5，此后出现了大幅度下降，到 2004 年达到最低值，其值低于 1，之后缓慢上升，在 2009 年达到一个小高峰，2010 年相对于 2009 年而言下降幅度大，之后是小幅度的上升或下降态势。

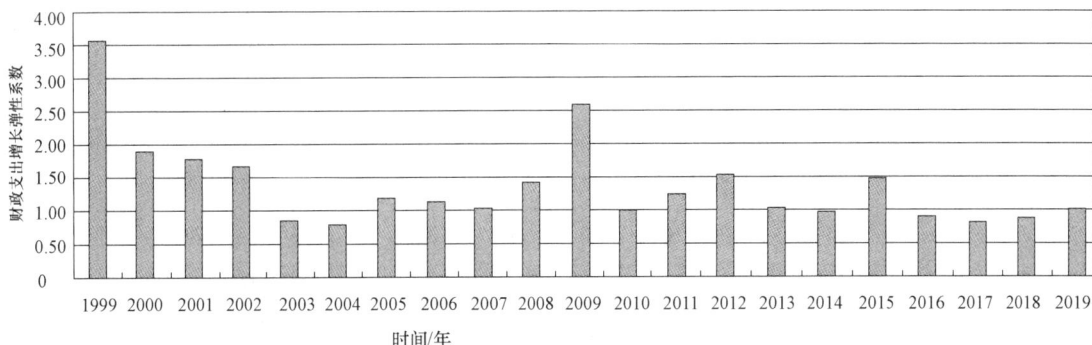

图 4-4　1999—2019 年财政支出增长弹性系数

财政支出增长边际倾向表明财政支出增长额与 GDP 增长额之间的关系，即 GDP 增加一个单位的同时财政支出增加多少，或财政支出增长额占 GDP 增长额的比例。从图 4-5 可以看到，财政支出增长边际倾向始终大于 10%，说明财政支出增长额占 GDP 增长额的比例始终是较大的。

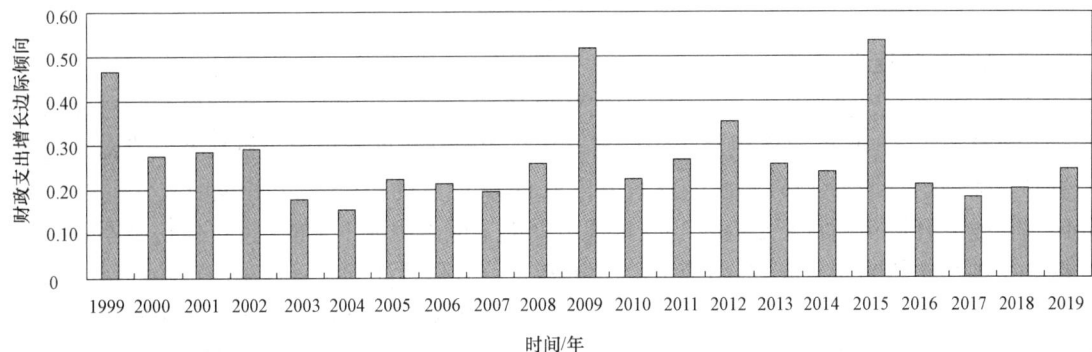

图 4-5　1999—2019 年财政支出增长边际倾向

2. 财政支出增长的原因

从上面的分析可以看出，虽然我国的财政支出是一个波动态势，但是增长的年份多于下降的年份，并且始终处于一个较高的水平，这与我国经济体制的改革和社会的不断发展有着密不可分的关系。

1）财政收入

财政收入的绝对增长为财政支出的增长奠定了坚实的基础。改革开放以来，我国财政收入总量连年增长，2003 年突破 2 万亿元，2004—2006 年财政收入分别比上年增长 4 681.22 亿元、5 252.82 亿元、7 110.91 亿元，2007 年实现财政收入 5.13 万亿元，比上年增长 1.25 万亿元以上。从增长率看，虽然在不同年份存在波动，但财政收入增长率呈加速上升趋势，其中 2007 年名义增长率从 2006 年的 22.47% 提高到 32.36%，提升近 10 个百分点，实际增长率从 2006 年的 18.62% 提高到 26.08%，此后我国的财政收入逐年上升。这为财政支出的增长奠定了坚实的基础。2016 年全国一般公共预算收入 159 552 亿元，比上年增长 4.5%，低于 2015 年 5.8% 的增速，为 1988 年以来我国财政收入最低增速。

2005—2015 年我国财政收支情况走势图如图 4-6 所示。

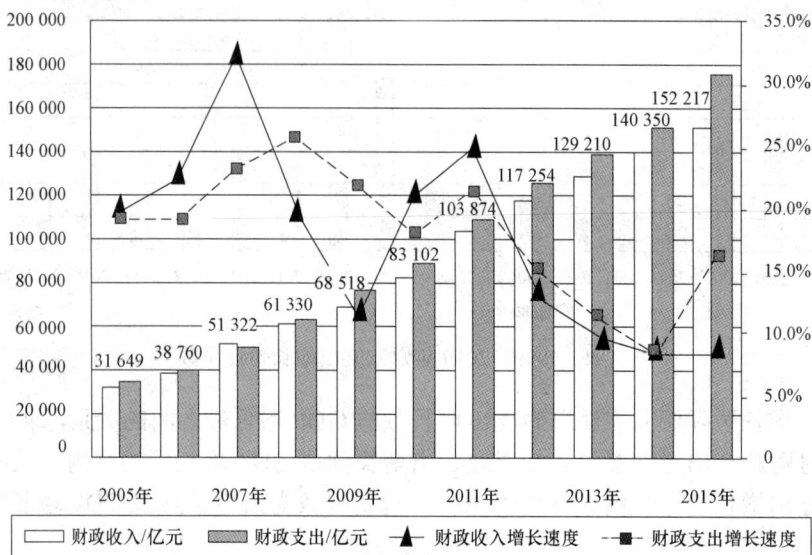

图 4-6　2005—2015 年我国财政收支情况走势图

2）经济的快速发展

经济的快速发展提升了需求能力。根据瓦格纳等人的研究，随着人均国民生产总值的提高，财政支出占 GDP 的比重也会相应提高。从对我国财政支出规模分析来看，我国人均国内生产总值的迅速增加，并没有伴随财政支出占 GDP 比重的相应提高，相反财政支出占 GDP 的比重在改革开放初期直至 20 世纪 90 年代中期都呈现出明显下降的趋势，但这并不意味着瓦格纳法则在中国的完全失效。中国的改革开放，是从高度计划经济体制向市场经济体制转变的，这与瓦格纳所观察的样本国的初始状态并不相同。自 1994 年以来，我国实行社会主义市场经济体系，调动了千千万万个经济主体的积极性，使社会主义市场经济充满了活力，尤其是私有制企业的蓬勃发展，使得整个经济社会的发展迈上了一个新的台阶，整个社会的需求也有了更高的要求，这促使国家、政府来满足这些需求。

在经历了改革开放初期的政府由完全经济经济体制的庞大政府逐步向市场经济体制要求的补充性政府的转变之后，伴随经济的快速发展，促进了管理的集中化以及劳动分工的专门化，经济结构以及当事人之间的关系越来越趋于复杂化，所有这些都依赖于公共部门活动的加强。可以说，中国未来一段时期内政府活动的合理扩张是必然的趋势，是经济发展的客观必然要求，这些都必然引致财政支出规模的进一步增长。

3）城镇化的推动

城镇化过程必然伴随对公共产品需求的不断扩张，这种需求包括数量需求和质量需求，城镇化水平较低的时候人们对公共产品数量和质量的需求都比较低，最典型的例子就是农村公共产品的需求明显小于城市公共产品的需求。随着我国的城镇化水平不断提升，城镇化进程的加快必然引致城市的拥挤和较强的外部性，从而需要更多的基础设施，与此同时对医疗、教育、养老、文化等需求弹性较大的公共产品的需求也不断增加，从而引致更多的财政支出。

4）行政管理体制因素

（1）政府部门的特有性质决定了其天生具有不断扩大支出的需求，政府具有一定的垄断性、官僚性、非市场性，政府的各项行政支出具有一定的刚性，容易扩大支出而难以精简收缩；此外政府体制仍沿用传统的科层结构，层次分明，规章制度严格，很难引入竞争机制，效率的低下必然会引致支出的膨胀。

（2）政府机构具有膨胀性，无论政府工作增加与否，或根本没有任何工作，政府机构人员数总是按同一速度增加。中国行政管理机构和党政机关工作人员的"双膨胀"是一个不争的事实，政府机构的扩大必将更多地占用资源，而且导致政府运行成本增加，同时膨胀的机构本身容易产生低效率，同样的工作需要更多的财力支撑。

（3）政府机关公务员有扩大支出的动机。政府机关人员由于自身利益的追求，或者是出于享受到更好的工作环境的目的，或者是出于追求事业上的成就，都会在不同程度上扩大财政支出规模。

（4）政府层级过多也导致了财政支出的膨胀。我国政府多达五级，政府层级每增加一级，必然增加相应的行政管理经费，同时层级过多，必然增加交易费用，并导致信息不对称，从而导致公共产品需求与供给难以完全对应，即增加公共产品提供成本，又导致支出效率的低下，从而导致财政支出的相应扩张。

5）预算管理方式

我国过去一直实行增量预算，即预算年度财政支出在上年财政支出基础上做出一定的调整，一般是增加一定的比例，这种预算方式必然导致财政支出的逐年增加。虽然，经过多次预算管理方式改革，我国也尝试零基预算，但是基本流于形式，实际预算中仍主要遵从增量预算理念。

6）贫富差距的扩大

马斯格雷夫认为，如果政府旨在减少收入分配中的不公平，那么随着人均居民收入的增加，转移支付的绝对值会上升。随着我国经济的不断发展，使得居民收入不断增加的同时，居民间收入差距也不断扩大，这就要求政府增加调节收入分配差距方面的支出，同时部分城市居民由于下岗面临生活困境、偏远地区居民生活的无法保障等，都要求政府扩大社会保障支出，进而推动政府支出规模的扩大。

4.4 财政支出绩效评价

4.4.1 财政支出绩效评价的意义与原则

1. 财政支出绩效评价的含义

财政支出绩效评价是财政部门和预算部门根据设定的绩效目标，运用科学、合理的评价方法、指标体系和评价标准，对财政支出产出和效果进行客观、公正的评价。财政部门和各预算部门是绩效评价的主体。财政支出绩效评价反映了政府为满足社会公共需要而进行的资源配置活动与所取得的社会实际效益之间的比较关系，重点研究政府配置资源的合理性和资源使用的有效性。

2. 财政支出效益的基本理念

财政支出效益的基本理念，就是要把现代市场经济的一些理念融入政府预算管理中，使政府预算能像企业财务计划一样，对政府的行为进行内控，并通过这种内控，保障政府目标的实现，提高政府运行效率，促进政府职能转变，提高政府与市场的协调能力。从操作层面上讲，财政支出的效益评价，不仅仅是对财政支出的使用情况进行评价和监督，它的根本意义是以财政支出效果为最终目标，考核政府职能的实现程度，也就是考核政府提供的公共产品或公共服务的数量与质量。为此，财政支出效益评价体系，应是以财政部门为主体，政府其他职能部门共同配合而形成的管理公共产品和公共服务的一项制度。

3. 财政支出绩效评价的基本原则

（1）科学规范原则。绩效评价应当注重财政支出的经济性、效率性和有效性，严格执行规定的程序，采用定量与定性分析相结合的方法。

（2）公正公开原则。绩效评价应当客观、公正、标准统一、资料可靠、依法公开并接受监督。

（3）分级分类原则。绩效评价由各级财政部门、部门（单位）根据评价对象的特点分类组织实施。

（4）绩效相关原则。绩效评价应当针对具体支出及其产出绩效进行，评价结果应清晰反映支出和产出绩效之间的紧密对应关系。

4.4.2 财政支出绩效评价的方法

1. 成本－效益分析法

成本－效益分析法，是指将一定时期内的支出与效益进行对比分析以评价绩效目标实现程度。它适用于成本、效益都能准确计量的项目绩效评价，如公共支出中的公共项目。在对工程项目的备选方案进行成本效益分析时，不能简单地把每个年度内发生的成本与效益相加、汇总，还必须考虑货币的时间价值，应把工程项目从开工到竣工全部工期的若干年里发生的成本与效益通过利息折算成现值，然后再加以汇总与比较，优胜劣汰。

成本－效益分析法的基本步骤如下。

（1）时间期界的确定。时间期界的确定直接影响着项目成本与成本值，不同的项目时间期界不同。在实践中，时间期界一般运用科学方法计算项目的使用寿命。

（2）未来各年份成本、效益的估算。在对财政支出进行成本效益分析时，应考虑以下几方面的成本和效益状况：实际成本效益和金融成本效益；直接成本效益和间接成本效益；有形成本效益和无形成本效益；内部成本效益和外部成本效益；中间的成本与效益和最终的成本与效益。

（3）贴现率的确定。在分析项目的可行性时，必须贴现未来的效益和成本，而贴现率的选择是关键。在选择贴现率时，应考虑到举债决策和资本投资决策因素。一般情况下，贴现率不应低于国有企业因政府增加资本投入而取得的收益率，至少等于举借外债的利率，否则把资源从政府部门项目上转移到国有企业可能会增加收益。

（4）将各年份的成本和效益折成现值。

（5）计算项目的评价指标。一般来说，项目的评价指标有三个：净现值、现值指数和内部报酬率。某项目的净现值是指该项目收益现值与成本现值的差额；现值指数，也称效益成本比率，某项目的现值指数是指该项目效益现值与成本现值的比率；内部收益率是指某项目净现值等于零时的贴现率，它是该项目在未来若干年内的实际报酬率。

（6）分析评价。对单一项目而言，净现值大于零或者现值指数大于 1，或者内部报酬率大于必要的报酬率，项目均可行，反之则不可行；对于多个投资额相同的项目而言，净现值大的方案为优；对多个投资额不同的项目而言，现值指数或内部收益率大的方案为优。

2. 最低费用法

最低费用法，是指以取得一定的社会效益所需费用的大小为标准来评价公共支出效益的方法。该法是对效益不易计量的多个同类对象进行的费用比较，以评价绩效目标的实现程度。取得同样的效果，如果花费低则效益高，反之则效益低。最低费用法适用于军事、科技、文化、卫生、教育、社会保障等领域支出的绩效评价。

最低费用法的操作步骤：首先依据所确定的建设项目，提出多种备选方案；其次以货币为统一尺度，分别计算出各种备选方案的各种有形成本予以加总，如果遇到需要多年安排的支出项目，应用贴现法计算出"成本流量"的现值，以保证备选方案的可比性；最后按照成本的高低，选择其成本最低的项目，即为最优投资项目。

3. 公共定价法

公共定价法包括两个方面：一是纯公共定价，即政府直接制定自然垄断行业的价格，如能源、通信和交通等公用事业和煤、石油、原子能、钢铁等基本行业的价格由政府制定；二是管制定价或价格管制，即政府规定竞争性管制价格，如金融、保险、教育、保健等行业的价格实行管制定价。无论是纯公共定价还是管制定价，都涉及两个方面，即定价水平和定价体系。研究定价水平实质上是确定总成本。定价体系是指把费用结构和需求结构考虑进来的各种定价组合。

4. 比较法

比较法，是指通过对绩效目标与实施效果、历史与当期情况、不同部门和地区同类支出的比较，综合分析绩效目标实现程度。

5. 因素分析法

因素分析法，是指通过综合分析影响绩效目标实现、实施效果的内外因素，评价绩效目标实现程度。

6. 公众评判法

公众评判法，是指通过专家评估、公众问卷及抽样调查等对财政支出效果进行评判，评价绩效目标实现程度。

4.5　政府采购制度

4.5.1　政府采购制度的概念

1. 政府采购的内涵

政府采购（government procurement），又称公共采购，是指各级国家机关、事业单位和团体组织，使用财政性资金采购依法制定的集中采购目录以内的或者采购限额标准以上的货物、工程和服务的行为。其中，采购是指以合同方式有偿取得货物、工程和服务的行为，包括购买、租赁、委托、雇用等；货物是指各种形态和种类的物品，包括原材料、燃料、设备、产品等；工程是指建设工程，包括建筑物和构筑物的新建、改建、扩建、装修、拆除、修缮等；服务是指除货物和工程以外的其他政府采购对象。

政府采购不仅是指具体的采购过程，而且是对采购政策、采购程序、采购过程、采购管理的总称，因此是一种公共采购管理制度。

2. 政府采购的基本特点

政府采购的实质是将市场竞争机制和财政预算支出管理有机结合起来，与私人采购相比，政府采购具有以下基本特点：一是采购资金公共性，即政府采购资金来源为财政性资金，是资金再分配的组成部分；二是政府采购的规模性，政府采购不同于其他采购，它采购数量大、成本低，能提高财政资金的使用效益；三是采购目的的非营利性，政府采购不以营利为目的，而以购买价廉优质商品为目的；四是采购制度的规范性，即政府采购活动通常是由采购法来规范的，它是在一定的原则指导下，按照一定的程序和采购方式运作，同时还要受到严格的管理和监督。

4.5.2　政府采购的原则

政府采购的基本目标是物有所值，即以最有利的价格条件购买到质量合乎要求的商品和劳务。《中华人民共和国政府采购法》①第三条规定："政府采购应当遵循公开透明原则、公平竞争原则、公正原则和诚实信用原则。"

1. 公开透明原则

依据《中华人民共和国政府采购法》的精神，公开透明要求做到政府采购的法规和规章制度要公开，招标信息及中标或成交结果要公开，开标活动要公开，投诉处理结果或司法裁决决定等都要公开，使政府采购活动在完全透明的状态下运作，全面、广泛地接受监督。也就是说，政府采购不仅要信息和行为全面公开，而且要完全透明，仅公开信息但仍搞暗箱操作属于违法行为。政府采购只有坚持公开透明，才能为供应商参加政府采购提供公平竞争的环境，为公众对政府采购资金的使用情况进行有效的监督创造条件。

2. 公平竞争原则

公平竞争要求在竞争的前提下公平地开展政府采购活动。首先，要将竞争机制引入采购活动中，实行优胜劣汰，让采购人通过优中选优的方式，获得价廉物美的货物、工程或者服务，提高财政性资金的使用效益；其次，竞争必须公平，不能设置妨碍充分竞争的不正当条件。公平竞争是指政府采购的竞争是有序竞争，要公平地对待每一个供应商，不能有歧视某些潜在的符合条件的供应商参与政府采购活动的现象，而且采购信息要在政府采购监督管理部门指定的媒体上公平地披露。

3. 公正原则

公正原则是为采购人与供应商在政府采购活动中处于平等地位而确立的。公正原则要求

---

① 《中华人民共和国政府采购法》于 2003 年 1 月 1 日起正式实施，标志着我国政府采购工作走上了法治化轨道。《中华人民共和国政府采购法实施条例》自 2015 年 3 月 1 日起施行。

政府采购要按照事先约定的条件和程序进行，对所有供应商一视同人，不得有歧视条件和行为，任何单位或个人无权干预采购活动的正常开展。尤其是在评标活动中，要严格按照统一的评标标准评定中标或成交供应商，不得存在任何主观倾向。为了实现公正，本法提出了评标委员会以及有关的小组人员必须要有一定数量的要求，要有各方面代表，而且人数必须为单数，相关人员要回避，同时规定了保护供应商合法权益及方式。这些规定都有利于实现公正原则。

4. 诚实信用原则

诚实信用原则要求政府采购当事人在政府采购活动中，本着诚实、守信的态度履行各自的权利和义务，讲究信誉，兑现承诺，不得散布虚假信息，不得有欺诈、串通、隐瞒等行为，不得伪造、变造、隐匿、销毁需要依法保存的文件，不得规避法律法规，不得损害第三人的利益。本法对此以及违法后应当承担的法律责任作了相应规定。坚持诚实信用原则，能够增强公众对采购过程的信任。

4.5.3　政府采购当事人和采购范围

1. 政府采购当事人

《中华人民共和国政府采购法》第十四条规定："政府采购当事人是指在政府采购活动中享有权利和承担义务的各类主体，包括采购人、供应商和采购代理机构等。"第十五条规定："采购人是指依法进行政府采购的国家机关、事业单位、团体组织。"供应商是指向采购人提供货物、工程或服务的法人、其他组织或自然人。供应商参加政府采购活动应当具备的条件包括：具有独立承担民事责任的能力，良好的商业信誉，健全的财务会计制度，具有履行合同所必需的设备和专业技术能力，有依法缴纳税金和社会保障基金的良好记录，参加政府采购活动前三年内在经营活动中没有重大违法记录，法律行政法规规定的其他条件等；采购代理机构是指依法取得资格认定，接受采购委托，在委托的范围内办理政府采购事宜的机构。我国《中华人民共和国政府采购法》规定了两类采购代理机构：一类是集中采购机构，它由设区的市、自治州以上人民政府根据本级政府采购项目组织集中采购的需要设立，为非营利事业法人；另一类是经国务院有关部门或者省级人民政府有关部门认定资格的其他采购代理机构。

2. 政府采购范围

按照世界贸易组织《政府采购协议》和世界其他国家以及我国政府对政府采购所作出的规定，一般把政府采购的范围大体划分为货物、工程和服务三大类。

（1）货物采购。货物采购是指政府购买的公共消费物品的总称，如办公设备、交通工具、医疗卫生设备、教育科研设备、广播通信设备、图书资料、家用电器、文化用品、军事装备等商品。

（2）工程采购。工程采购是指政府投资建设大型公共工程，购买工程物资设备、雇用施工队伍和采购与工程建设有关的中介服务行为的总称。工程又分基础设施工程，包括城乡水、电、路、油、气、站、场等；产业工程，包括钢铁、煤炭、化工、机械、电子、家电、建材等；公益工程，包括教育、卫生、科研、体育、文化、广播电视、国防、环保等。

（3）服务采购。服务采购是指政府为了履行公共服务职能，购买某种服务的行为。服务采购的主要内容包括国防安全服务、劳务、设计、维修、印刷、金融保险、城市保洁绿化、科研项目开发、会议接待、广播影视、通信、文化、教育、卫生、体育等。

4.5.4 政府采购的方式

根据政府采购方式是否具备招标性质，可以将其划分为招标性采购和非招标性采购。采购金额是确定采用招标性采购还是采用非招标性采购的重要标准之一。通常来说，达到一定金额以上的采购项目，采用招标性采购方式；不足一定金额的采购项目，则采用非招标性采购方式。

1. 招标性采购

招标性采购是指通过招标的方式，邀请所有潜在的供应商参加投标，采购实体通过事先确定的标准，以公开的形式，从所有参加投标的供应商中评选出最优标，并与之签订合同的一种采购形式。招标性采购又可分为两种：一是竞争性招标采购，是指采购主体公开发布招标公告，邀请所有符合要求的供应商参加投标的一种招标采购方式；二是限制性招标采购，是指采购实体不刊登招标公告，而是直接邀请符合条件的五个以上的供应商参加投标的一种采购方式。

2. 非招标性采购

非招标性采购是指除招标性采购以外的采购方式，主要适用于采购项目有时间限制、采购来源单一等采购项目。非招标性采购包括：竞争性谈判采购、询价采购、单一来源采购及采购金额在一定数量以下的批量采购和小额采购。竞争性谈判采购，是指采购机关直接邀请三家以上的供应商就采购事宜进行谈判的采购方式；询价采购，是指对三家以上的供应商提供的报价进行比较，以确保价格具有竞争的采购方式；单一来源采购，是指采购机关向供应商直接购买的采购方式。

我国的政府采购采用以竞争性招标采购为主、其他采购方式相配合的采购形式。《中华人民共和国政府采购法》第二十七条规定："采购人采购货物或者服务应当采用公开招标方式的，其具体数额标准，属于中央预算的政府采购项目，由国务院规定；属于地方预算的政府采购项目，由省、自治区、直辖市人民政府规定；因特殊情况需要采用公开招标以外的采购方式的，应当在采购活动开始前获得设区的市、自治州以上人民政府采购监督管理部门的批准。"

小　　结

1. 财政支出是指政府为履行其职能而消耗的一切费用的总和。作为政府经济活动的主要方面之一，财政支出既是一种满足社会共同需要的资源配置活动，也是政府重要的宏观经济调控手段。

2. 财政支出对就业、物价、国民收入以及社会经济的稳定与发展具有影响作用。财政政策在扩大就业的过程中发挥着积极作用；财政支出中的不同组成部分对物价的影响程度不同；财政支出对国民收入的影响具有乘数效应；市场经济需要政府采取财政政策对宏观经济进行调节和干预。

3. 财政支出可以有多种分类。对财政支出从不同的角度进行分类，可以得到不同的财政支出结构，有利于财政支出结构的调整和优化，更好地适应经济发展的要求；还有利于合理有效地使用财政资金，加强对财政资金的监督和管理。

4. 财政支出规模，是指在一定时期内（预算年度）政府通过财政渠道安排和使用财政资金的绝对数量和相对比率。综观世界各国财政支出状况，可以发现一个共同的规律，那就是财政支出是不断增长的。对这一规律的理论解释有瓦格纳法则、梯度渐进增长论和经济发展阶段论。

5. 财政支出绩效评价是财政部门和预算部门根据设定的绩效目标，运用科学、合理的评价方法、指标体系和评价标准，对财政支出产出和效果进行客观、公正的评价。财政支出绩效评价方法主要采用成本—效益分析法、最低费用法、比较法、因素分析法、公众评判法等。

6. 政府采购是采购政策、采购程序、采购过程、采购管理的总称，因此是一种公共采购管理制度。

学习建议

1. 本章重点

财政支出的含义；财政支出的分类方法与改革；购买性支出；转移性支出；财政支出规模增长规律

2. 本章难点

财政支出的社会经济影响；财政支出绩效评价的方法

核心概念

财政支出　购买性支出　转移性支出　财政支出增长弹性系数　财政支出增长边际倾向　瓦格纳法则

思考与练习

1. 简述财政支出按经济性质分类及其对经济分析的意义。
2. 瓦格纳法则阐述的基本原理是什么？
3. 简述影响财政支出规模的宏观因素。
4. 试分析我国财政支出规模发展变化的特殊性、原因及其合理性。
5. 简述财政支出绩效评价的意义与方法。
6. 政府采购制度的内涵与原则是什么？政府采购的基本范围包括哪些？

第 5 章

财政支出内容

📖 **学习目标**

1. 掌握公共管理支出的内涵、特点。
2. 理解国防支出的意义。
3. 理解并把握教育支出、科技支出的意义。
4. 掌握社会保障支出的内涵及其发展趋势。

市场经济下主要的公共财政支出是公共管理支出，它是政府为社会提供一般公共服务所发生的支出项目。这类支出直接关系着国家政权机构、各类行政管理机构的运转和国家安全，对维护社会经济的正常秩序起着至关重要的作用。本章主要讲授公共管理支出的特点和相关的行政管理支出、国防支出、教育支出与科技支出、社会保障支出的有关内容。

5.1　公共管理支出

5.1.1　公共管理与政府

1. 公共管理与政府职能

公共管理主要由政府负责，其性质属于政府向社会提供的必要公共服务，以维护正常的社会经济秩序和公共利益，费用由政府承担。事实上，政府正是因公共管理活动的要求而存在，是专门从事公共管理的公共机构，财政的公共性似乎也由此而来。美国经济史学家刘易斯认为，虽然在公共服务的大多数领域中，开拓工作都是由私人企业家做的，包括提供公共安全、救火和仲裁服务，而政府的介入只是在相对较晚的阶段，但由于各处的情况似乎都是"公共"服务，最好是由"公共"机构来提供。因为政府具有的公共性、普遍性和强制力特征，使它在公共管理上更具权威性。

对于政府管理公共事务的效果如何，并非没有争议。政府职能的不断扩大，意味着政府担负公共管理的内涵与外延都在不断扩大，从传统的公共管理内容（如国防、司法和行政等）扩展到对整个社会与经济的各个领域的管理。原因可能在于人们更容易接受这样的假设：政府总是能全心全意地为公众谋福利，公共管理由政府负责符合全体公众的意志。那么，即使政府不断扩大公共管理的范围、权责和开支，也是理所当然、无可指责的。亚伯拉罕·林肯说过:"政府的合理目标,是为全民做他们需要做,而自己单独的个人能力又根本不能做或不能像政府做得那样好的任何工作。"这无疑推动了政府的公共管理范围、权责范围的扩大和开支的增长。但这种观点受到现实情况的挑战,新近的变化趋势说明了非政府组织(non-government organization,NGO)在提供某些公共服务和管理上的优势,使 NGO 得到蓬勃发展。原因在于人们重新审视了政府的资源配置效率。资源配置效率是政府公共管理的关键问题,更多地靠众所周知的经济合理性概念来解释。这个概念认为管理决策者是有理性的,个人是其福利的最佳评判者。但是个人的选择并不一定反映为集体的选择,正如选民可能常常受到误导,从而错误地表达自己的真实偏好。实际上,没有一种选举方法(如阿罗不可能定理所示)能把个人的偏好完美地聚合成集体的意愿。因此,没有什么理由证明政府通过政策干预(公共管理)必定能改善市场的资源配置次序。这些是造成政府公共管理失效的原因。

2. 政府承担公共管理的范围

管理大师彼得·德鲁克认为,造成政府公共管理失效的原因是政府公共管理的目标过度,即政府试图在同一时期做过多的事情。事实上,焦点不在于政府要不要承担公共事务管理,而在于政府应当承担哪些公共事务管理。因此有必要对公共管理的范围进行划分,缩小政府承担的范围,从而使政府失效问题降到最低限度。有的观点认为,在现代社会经济中"公共"与"政府"应当有所区别,公共事务及其管理是广泛的,但未必都需要由政府来办理和管理,政府承担的部分应当是有限的。对此,A. 普雷姆詹德认为,"公共"一词具有特定的含义,这里公共服务的组织包括一般行政管理机构(中央加地方、州和地方政府)、政府的企业,有时还包括社会保障基金会。但"政府"较为局限,它是指国家机关及其管理机构,通常不包括由政府组建、资助和经营但不属于政府管理机构内的企业、社会保障基金会和为数众多的半自治组织。因此,可以认为除了以公共管理的效果和组织机构的特征来界定政府公共管理的范围之外,公共管理的手段也是界定的重要标志。也就是说,采用非行政性手段(如公众自愿、经济手段)也能获得较好的公共管理效果,可以不包括在政府公共管理的范围之内。而必须依赖于行政手段的公共管理,则是政府承担的领域。但是,尽管如此,政府承担的公共管理也还是有广义和狭义之分的。从广义上讲,公共管理是指政府提供的各种公共产品和服务的管理和直接由政府负责的公共生产事务管理,具体表现在政府从事行政、国防、文教科卫事业、社会保障和国有企业等方面的管理。从狭义上讲,公共管理就是指政府的行政性管理,主要包括行政、国防、文教科卫和社会保障等政府部门的行政性管理,不包括国有企业生产经营的管理。本书倾向于狭义上的公共管理概念,这一定义符合政府的特征和效率原则。

5.1.2 公共管理支出的特点

1. 属于基本性支出

公共管理支出通常被列为国家财政的一项基本性支出,似乎成了古今中外各国财政支出的一种定式。这是因为,公共管理支出直接关系着国家政权机关、各类行政管理机关的运转和国家安全,对维护社会经济的正常秩序起着至关重要的作用。行政和国防是政府的主要职责,是政府向社会提供公共服务的基本途径和方式,也是政府从事其他非行政性活动的前提和基础。这一特点主要表现为,满足公共管理支出是政府对财政资源最基本的要求,在财政支出计划中往往给予优先考虑和安排。从现代经济运行角度上看，政府作为提供公共服务的管理机构，与市场经济有着互补性关系。政府能否有效地提供公共服务，在很大程度上取决于政府行政管理机构和国防机构的运转状况。例如，国家立法机构和行政司法机构的运转状况，将关系到法律法规体系和司法检察制度建立和完善与否，又直接关系到投资者的合法权益问题，对形成公平而有效的市场经济运行机制有着重要作用。所以，在市场经济社会，满足政府行政性支出对保障政府提供公共服务的效率和质量以及维护市场经济的正常秩序，有着不容置疑的积极意义。

2. 属于公共性支出

公共管理的目的在于社会效益，即为全体社会成员创造良好的社会经济秩序以及生产、生活环境。公共管理与经济活动中的私人管理有很大的不同，私人管理通常根据管理者自身利益的要求来进行管理，以管理所获得的收益作为支出的前提和经费来源的保证，具有明确的内在性或私人性的特点；而公共管理则不同，它属于公共产品和公共服务范畴，全体社会成员是公共管理的受益者，具有显著的外部性或公共性的特点。按私人管理的原则来进行公共管理，社会效益不仅较难得到增进而且还可能遭到破坏。亚当·斯密认为，如果国家的司法行政成为一种敛财的组织，其结果自然不免生出许多弊端。公共管理支出的资金应来源于国家财政，国家财政资金通过税收形式取得。支出的公共性，体现在使用方向上面向全体社会成员，并尽可能为他们创造良好的社会秩序以及生产、生活环境。

3. 属于管理性支出

公共管理支出主要用于解决各级国家管理机构从事管理工作所必需的公务性开支以及由此产生的工作人员的个人经费支出，从构成上看公共管理支出应以公用经费为主，个人经费为辅。就管理本身而言，政府组织和私人部门组织之间并没有多大的差异：管理通常被看作是对一个机构进行计划、组织、领导和控制的实践活动，以便在实现其目标的过程中，以给定的货币、物质和人力资源，取得可能的最好结果。管理性支出要求公共管理支出有助于公共管理的质量和效率提高。如果公共管理支出在结构上向公用经费倾斜，应该有助于公共管理效率提高，本是一件好事。但从实际情况来看，公用经费的范畴往往缺乏明确界定，支出单位过多、过杂，开支内容中很多含有个人消费性项目，甚至还含有摊派性支出，不利于公共管理效率提高。

5.1.3 公共管理支出的原则

1. 社会利益原则

公共管理支出的目的是维护正常社会经济秩序和国家安全，因此追求社会利益应当成为安排公共管理支出的重要原则。公共管理支出的社会利益原则就是要求支出所获得的社会效益应当超过社会成本。所谓社会效益是指公共管理支出为全体社会成员创造一个良好的社会经济环境，使社会经济得以正常运行和发展；社会成本是指政府补偿公共管理费用开支而征收税收以及由此产生的其他负担。社会效益和社会成本除了包含内在效益和成本之外，还包含项目的外在效益和成本。由于外在效益和成本往往难以用数量来测定，如国防、司法、行政管理等支出，难以测算其效益，通常是根据政治、经济和社会等方面的具体情况，有关的方针政策，以及公众的个人偏好，通过公共选择的方法和程序来确定支出的方向和规模。

社会利益原则包含两层含义：一是要求公共管理支出追求的是社会利益，而非是经济利益。公共管理支出的投向，在于利民，而非牟利。这就要求政府的公共管理机构有别于市场中的经济组织，更不能把它当作一种敛财组织，以提供公共管理服务的名义大行圈钱之实。原则上凡属于公共管理支出范畴的政府机构，在提供公共管理服务过程中即使有充分的收取费用的理由，也没有决定收费的权力，更没有收费自用的权力。只有这样才能杜绝"乱收费"的恶劣现象，才能使公共管理的政府机构更好地按社会效益原则执行公共管理之职。二是要求公共管理支出应当在社会成本效益分析的基础上做出合理的选择。即合理分析与预测每一种公共管理方案所发生的社会成本和产生的社会效益，以此作为决定是否安排这项支出以及安排多少支出的依据，以取得最佳社会效益。

2. 量入为出原则

量入为出原则是政府公共管理支出的重要原则，尽管这一原则古已有之，历史悠长，但在当今来看它对指导政府公共管理支出仍具有重要意义。所谓量入为出原则，是指根据收入的多少来安排支出规模的原则。它要求把公共管理支出的"总盘子"限定在国家立法机构批准的资金来源（即收入）总量允许的范围内，以资金来源规模来控制公共管理支出，杜绝公共管理机构超支现象。

量入为出原则是资源稀缺规律的客观要求。资源稀缺规律是市场经济条件下的基本经济规律，是指资源与社会对于资源的需求相比，其供给总是稀缺的。与之相联系，社会对于政府的公共需求是无限的，而政府每办一件事情都需要有一定的支出，在一定的时期内，资源的有限性决定了政府所能取得的财政收入是有限的。相应地，社会对于财政支出的需求大于收入是一种正常现象。在这种情况下，克服收支矛盾的唯一办法是实行量入为出原则，把财政支出限定在财政收入总量允许的范围内。

量入为出原则是正确处理我们这一代人与下一代人之间关系的基础。从可持续发展的要求来看，正确处理好本代人与下一代人的关系，就是不能把我们的享受建立在子孙"还债"的基础之上。如果放弃量入为出的原则，就意味着我们这代人通过财政赤字所形成的巨额债务，将要由子孙后代来偿还，这就背离了这一原则。

3. 最小费用原则

公共管理支出需要坚持最小费用原则。在资金来源总量一定的前提下，体现公共管理效率就在于以相同的支出代价，提供更多更好的公共管理服务。或者，在公共管理服务质量不变的前提下，支出代价最小。"少花钱，多办事，办好事"就是来自实践要求对最小费用原则的最好解释。

在政府公共管理活动中，政府机构最容易产生的问题是"只重效果不讲代价"。由于缺乏自我约束，政府机构较难像市场经济组织那样严格自律控制支出，以致"大手大脚"支出膨胀。这种不良现象在政府支出中带有较大的普遍性。坚持最小费用原则以及由此原则建立起的政府支出制度，是解决这一问题的较好途径。例如，政府采购制度是当今发达国家广泛采用的一种支出制度，较好地体现了最小费用原则的精神。最小费用原则，实际上是一种费用比较和选择的原则，它要求政府在执行公共管理和费用支出安排时实行多方案的比较和选择，从中挑选费用最低、效果最佳的方案，作为公共管理支出的方案。

5.2　行政管理支出

行政管理支出是财政用于国家各级权力机关、行政管理机关、司法检察机关和外事机构行使其职能所需的费用支出。它是维持国家政权存在、保证各级国家管理机构正常运转所必需的费用，也是纳税人所必须支付的成本。因此，行政管理支出的安排是否合理，是建立高效率政权机关和其他各类管理机关的重要前提，是社会经济事务能否得到及时有效协调的重要保证，也是社会资源是否得到有效配置的重要表现。

5.2.1　行政管理支出的基本内容

我国行政管理支出的基本内容主要包括以下方面：

（1）立法机构支出，是指财政用于人民代表大会的各项经费支出。

（2）行政支出，是指财政用于国家各级政府机构的各项经费支出。

（3）公共安全支出和国家安全支出，是指财政用于公共安全机关、国家安全机关、警察学校等的经费支出。

（4）司法检察支出，是指财政用于各级法院、检察院以及司法行政机关的经费支出。

（5）外交支出，是指财政用于国家外事机构进行外交活动的经费支出。

上述行政管理支出按用途划分，可以分为人员经费、公用经费两个部分。前者包括上述政府权力机构、行政机关和外事机构的工作人员的工资、津贴、福利等；后者包括公务费、修缮费和业务费等。

5.2.2　我国政府机构改革

影响行政管理支出总量的主要因素有经济增长水平、财政收入与财政支出水平、物价水平、政府职能范围及相应的机构设置、行政经费的使用效率等。从我国的实践来看，政府职能范围的变化及行政经费的使用效率是行政管理支出总量直接的、决定性的因素。

1）第一次政府机构改革情况

第一次政府机构改革是在 1982 年。这次改革明确规定了各级各部的职数、年龄和文化结构，减少了副职，提高了素质；在精简机构方面，国务院各部门从 100 个减为 61 个，人员编制从原来的 5.1 万人减为 3 万人。这次政府机构改革提高了政府工作效率，实行了干部年轻化。这次改革的成功点不仅在于精兵简政，它的深远影响主要是两方面：一是打破了领导职务终身制；二是根据邓小平提出的"四化"标准（革命化、年轻化、知识化、专业化），大批年轻知识分子走上领导岗位。

2）第二次政府机构改革情况

第二次政府机构改革是在 1988 年。通过这次改革国务院部委由 45 个减为 41 个，直属机构从 22 个减为 19 个，非常设机构从 75 个减到 44 个，机构人员编制比原来的实际人数减少 19.2%，并首次提出政府职能转变的任务。在国务院 66 个部、委、局中，有 32 个部门共减少 1.5 万多人，有 30 个部门共增加 5 300 人。尽管由于后来复杂的原因，原定于 1989 年开展的地方机构改革暂缓进行，但其历史性贡献是首次提出了"转变政府职能是机构改革的关键"，直到现在，这仍然是改革面临的重要任务。

3）第三次政府机构改革情况

第三次政府机构改革是在 1993 年。这次改革实施后，国务院组成部门、直属机构从原有的 86 个减少到 59 个，人员减少 20%。国务院不再设置部委归口管理的国家局，国务院直属事业单位调整为 8 个。这次改革提出了建立适应社会主义市场经济发展的行政管理体制目标，实现"政企分开"，转变政府职能，行政管理职能转向统筹规划、掌握政策、信息引导、组织协调、提供服务和检查监督。这次政府机构改革适应了建设社会主义市场经济的需要。如果说过去经济体制改革一直是"摸着石头过河"，那么到 1992 年终于"摸"到了这块"石头"，即邓小平南方谈话时强调的"建立社会主义市场经济体制"。

4）第四次政府机构改革情况

第四次政府机构改革是在 1998 年。这次改革国务院不再保留的有 15 个部委，新组建 4 个部委，更名的有 3 个部委，除国务院办公厅外，国务院组成部门由 40 个减少到 29 个，部门内设机构精简了 1/4，移交给企业、地方、社会中介机构和行业自律组织的职能达 200 多项，人员编制减少了一半。这是力度最大的一次政府机构改革，主要任务是按照社会主义市场经济的要求，转变政府职能，进行国有企业所有制改革。与此同时，新组建了国防科学技术工业委员会、信息产业部、劳动和社会保障部、国土资源部 4 个部委。这次政府机构改革消除了政企不分的组织基础。这次改革突出特点是行政管理从具体的工业经济管理中淡出。

5）第五次政府机构改革情况

第五次政府机构改革是在 2003 年。这次改革后，除国务院办公厅外，国务院由 28 个部门组成。这次改革进一步推动了政府职能转变，明确提出政府职能应集中于经济调节、市场监管、社会管理和公共服务四个方面。这次改革设立国有资产监督管理委员会，改组国家发展计划委员会为国家发展和改革委员会，设立银行业监督管理委员会，组建商务部，在国家药品监督管理局基础上组建国家食品药品监督管理局，将国家经贸委下属的国家安全生产监督管理局改为国务院直属机构。这次改革是在加入世贸组织的大背景下进行的。改革目标很明确，即逐步形成行为规范、运转协调、公正透明、廉洁高效的行政管理体制。改革的重点是，深化国有资产管理体制改革，完善宏观调控体系，健全金融监管体制，推进流通体制改革，加强食品安全和安全生产监管体制建设。这次改革重大的历史进步，在于抓住社会经济发展阶段的突出问题，进一步转变政府职能。

6）第六次政府机构改革情况

第六次政府机构改革是在 2008 年。这次改革国务院新组建了工业和信息化部、交通运输部、人力资源和社会保障部、环境保护部、住房和城乡建设部。这次改革后，除国务院办公厅外，国务院由 27 个部门组成，涉及调整变动的机构共 15 个，正部级机构减少 4 个。这次改革的具体内容包括：合理配置宏观调控部门职能；国家发展和改革委员会要减少微观管理事务和具体审批事项，集中精力抓好宏观调控；国家发展和改革委员会、财政部、中国人民银行等部门要建立健全协调机制，形成更加完善的宏观调控体系；加强能源管理机构；设立高层次议事协调机构国家能源委员会；组建国家能源局，由国家发展和改革委员会管理；组建工业和信息化部；组建国家国防科技工业局，由工业和信息化部管理；国家烟草专卖局改由工业和信息化部管理；不再保留国防科学技术工业委员会、信息产业部、国务院信息化工作办公室；组建交通运输部；组建国家民用航空局，由交通运输部管理；国家邮政局改由交通运输部管理；不再保留交通部、中国民用航空总局；组建人力资源和社会保障部；组建国家公务员局，由人力资源和社会保障部管理；不再保留人事部、劳动和社会保障部；组建环境保护部；不再保留国家环境保护总局；组建住房和城乡建设部；不再保留建设部；国家食品药品监督管理局改由卫生部管理；明确卫生部承担食品安全综合协调、组织查处食品安全重大事故的责任；国务院机构改革是深化行政管理体改革的重要组成部分。党的十七届二中全会强调，到 2020 年要建立起比较完善的中国特色社会主义行政管理体制。国务院这轮机构改革是在以往改革基础上的继续和深化，体现了积极稳妥的指导思想。

7）第七次政府机构改革情况

第七次政府机构改革是在 2013 年。这次改革国务院正部级机构减少 4 个，其中组成部门减少 2 个，副部级机构增减相抵数量不变。这次改革后，除国务院办公厅外，国务院由 25 个部门组成。这次改革的重点是，紧紧围绕转变职能和理顺职责关系，稳步推进大部门制改革，实行铁路政企分开，整合加强卫生和计划生育、食品药品、新闻出版和广播电影电视、海洋、能源管理机构。这次改革的具体内容是：实行铁路政企分开；组建国家卫生和计划生育委员会；组建国家食品药品监督管理总局；组建国家新闻出版广播电影电视总局；重新组建国家海洋局；重新组建国家能源局。

8）第八次政府机构改革情况

第八次政府机构改革是在 2018 年。这次改革，国务院正部级机构减少 8 个，副部级机构减少 7 个，除国务院办公厅外，国务院由 26 个部门组成。这次改革的具体内容是：不再保留国土资源部、国家海洋局、国家测绘地理信息局；组建生态环境部，不再保留环境保护部；组建农业农村部，不再保留农业部；组建文化和旅游部，不再保留文化部、国家旅游局；组建国家卫生健康委员会，不再保留国家卫生和计划生育委员会；不再设立国务院深化医药卫生体制改革领导小组办公室；组建退役军人事务部；组建应急管理部，不再保留国家安全生产监督管理总局；重新组建科学技术部；重新组建司法部；不再保留国务院法制办公室；优化水利部职责，不再保留国务院三峡工程建设委员会及其办公室、国务院南水北调工程建设委员会及其办公室；优化审计署职责，不再设立国有重点大型企业监事会；监察部并入新组建的国家监察委员会，不再保留监察部、国家预防腐败局。

5.2.3　我国的行政管理支出

我国的行政管理支出占财政总支出的比重，从"一五"时期至"六五"时期都保持在 5%～8%，但是从"七五"时期开始，行政管理支出增长较快。"七五"至"九五"时期，分别达到 11.82%、13.6% 和 15.66%。进入 2001 年以来，该项支出占当年财政总支出的比重基本接近 20% 的水平，2001 年以后呈下降的趋势。如表 5-1 所示。

表 5-1　我国各时期行政管理支出的变化情况

时间	行政管理支出/亿元	占 GDP 的比重/%	占财政支出的比重/%
1950—1952	46.07		12.72
1953—1957	112.18	2.39	8.50
1958—1962	133.16	2.03	5.95

时间	行政管理支出/亿元	占 GDP 的比重/%	占财政支出的比重/%
1963—1965	76.42	1.74	6.44
1966—1970	134.27	1.41	5.35
1971—1975	196.71	1.46	5.02
1976—1980	280.06	1.53	5.30
1981—1985	587.41	1.82	7.85
1986—1990	1 520.66	2.10	11.82
1991—1995	3 355.90	1.78	13.76
1996—2000	8 933.22	2.28	15.66
2001	3 512.49	3.61	21.44
2002	4 101.32	3.41	18.60
2003	4 691.26	3.45	19.03
2004	5 521.98	3.45	19.38
2005	6 512.34	3.56	19.19
2006	7 571.05	3.59	18.73
2007	8 514.24	3.41	17.10
2008	9 795.92	3.1	15.70
2009	9 164.21	2.6	12.01
2010	9 337.16	2.3	10.40
2011	10 987.78	2.3	10.01
2012	12 700.46	2.4	10.08
2013	13 755.13	2.3	9.81
2014	13 267.50	2.1	8.74
2015	13 547.79	2.0	7.70
2016	14 790.50	2.0	7.88
2017	16 510.36	2.0	8.13
2018	18 374.69	2.0	8.31

资料来源：根据历年《中国统计年鉴》有关数据计算，2007—2018 年使用的是"一般公共服务"项数据。

数据表明，一方面我国财政的公共性已日渐显现，另一方面我国行政成本快速增长的势头必须得到遏制，所以加大行政体制改革力度，提高政府行政绩效的任务十分艰巨。

5.3 国 防 支 出

5.3.1 国防支出的内容

国防支出是指财政用于军队建设和其他国防建设的支出。国防属于面向全体社会成员提供的公共服务，它无法通过市场配置来解决，具有非排他性和非竞争性，属于纯公共产品，必须由政府来提供。基于国防支出的重要性，这项支出在各国财政支出中都占有相当重要的地位。

国防支出在各国有不同的细目分类，但基本上都可以划分为维持费和投资费两大部分。维持费主要用于维持军队的稳定和日常活动，提高军队的战备程度，是国防建设的重要物质基础，包括军事人员经费、军事活动经费、武器装备维修保养费和教育训练费。投资费主要用于提高军队的武器装备水平，是增强军队战斗力的重要条件，主要包括武器装备研制费、武器装备采购费、军事工程建设费和防空费。按照我国政府预算收支科目的分类，国防支出包括军费、国防科研事业费、民兵建设费、动员预编经费、招兵费用及专项工程经费等具体项目。

5.3.2   国防支出的合理规模

国防是一种典型的纯公共产品，具有非竞争性和非排他性。根据这一特征，可以对国防的合理支出规模进行局部均衡分析。如图 5-1 所示，假定社会由 A、B、C 三人组成（或者将社会成员划分为偏好一致的三个阶层），每个人（或阶层）消费国防产品的边际收益曲线不同，分别为 MB_A、MB_B、MB_C。假定国防产品能以固定成本增加供给，即边际成本为水平线 MC。

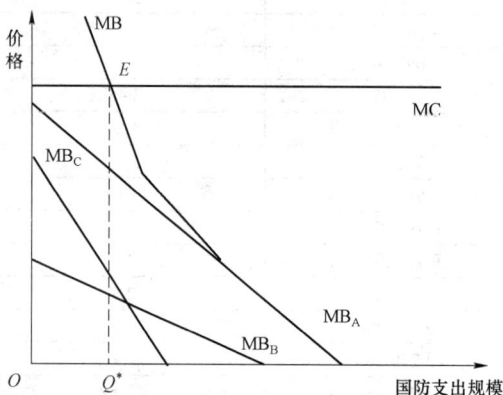

图 5-1   国防支出的有效水平

在图 5-1 中，MC 高于任何个人的边际收益曲线。国防的需求曲线（即边际收益曲线）MB 由 A、B、C 的边际私人收益 MB_A、MB_B、MB_C 垂直相加得到。当 MB=MC 时，可以得到国防产品的有效供给量 Q^*。

在一国资源有限的条件下，军用产品与民用产品之间在总量上存在此消彼长的制约关系。这样，对国防支出合理规模的分析可以进一步扩展到一般均衡的角度。如图 5-2 所示，生产可能性曲线表示在现有资源和技术约束条件下能够生产的军用品和民用品的各种组合，而社会无差异曲线则代表能给社会成员带来相同效用的军用产品和民用产品的不同数量的组合。

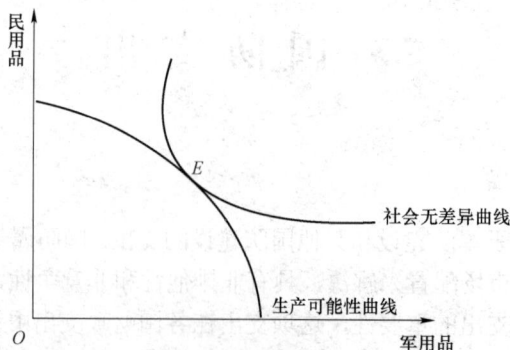

图 5-2   军用品和民用品之间的选择

依据一般均衡的要求，要实现国防的有效供给，社会对于军用品和民用品的边际替代率

（社会无差异曲线的斜率的绝对值）应等于二者之间的边际转换率（社会生产可能性曲线的斜率）。因此，当两条曲线相切时，就达到现有资源和技术约束下的均衡组合。

尽管对于国防支出合理规模的一般均衡分析有助于解决有限的资源约束下军用品和民用品之间的均衡抉择，但在现实中要找到合理的国防支出规模却并非易事，历来都存在主张与反对扩大国防支出的两种不同观点。各国实践证明，引起国防支出预算规模变化的因素是多方面的，比如国家安全受到威胁的程度、对国家安全受到威胁的认识、政府收支状况、世界格局的变化及公共决策的过程等。

为了能在满足国防需要的同时，尽可能地节约财政支出以提高国防预算的效率，美国前国防部长麦克纳马拉（Robert Strange McNamara）于 20 世纪 60 年代初期提出了新的国防预算编制方法，即"计划—规划—预算"系统（planning programming budgeting system，PPBS），该方法的采用大大提高了国防预算的效率。

2003—2008 年，我国国防支出年均增长 15.8%，明显低于同期财政收入年均增长 22.1% 的水平。我国国防费占国内生产总值的比重和占财政预算支出的比重与其他国家相比，特别是与一些大国相比，均处于较低的水平。以 2007 年为例，美国国防费占其 GDP 的比重为 4.6%，占其财政预算支出的比重为 16.6%；英国分别为 3% 和 6.9%；法国分别为 2% 和 13.5%；俄罗斯分别为 2.63% 和 15.1%；印度分别为 2.5% 和 14.1%；而同年我国国防费占 GDP 比重仅为 1.42%，占财政预算支出的比重仅为 7.14%。我国不同时期国防支出情况如表 5-2 所示。2007—2014 年我国国防支出趋势图如图 5-3 所示。2014 各国国防费占 GDP 比重如图 5-4 所示。中美历年国防费及增长率如图 5-5 所示。中美历年国防费占 GDP 比重如图 5-6 所示。

表 5-2　我国不同时期国防支出情况

时间	国防费		
	支出总量/亿元	占当年 GDP 比重/%	占当年财政支出比重/%
1985	191.53	2.12	9.56
1986	200.75	1.95	9.10
1987	209.62	1.74	9.27
1988	218.00	1.45	8.75
1989	215.47	1.48	8.91
1990	290.31	1.56	9.41
1991	330.31	1.52	9.75
1992	377.86	1.40	10.10
1993	425.80	1.21	9.17
1994	550.71	1.14	9.51
1995	636.72	1.05	9.33
1996	720.06	1.01	9.07
1997	812.57	1.03	8.80
1998	934.70	1.11	8.86

时间	国防费		
	支出总量/亿元	占当年 GDP 比重/%	占当年财政支出比重/%
1999	1 067.40	1.20	8.16
2000	1 207.54	1.22	7.60
2001	1 442.04	1.32	7.63
2002	1 707.78	1.42	7.74
2003	1 907.87	1.40	7.74
2004	2 200.01	1.38	7.72
2005	2 474.96	1.35	7.29
2006	2 979.38	1.40	7.40
2007	3 554.91	1.42	7.14
2008	4 099.43	1.36	6.57
2009	4 951.10	1.42	6.49
2010	5 333.37	1.29	5.93
2011	6 027.91	1.24	5.51
2012	6 691.92	1.24	5.31
2013	7 410.62	1.25	5.29
2014	8 289.50	1.29	5.46
2015	9 087.84	1.32	5.17
2016	9 765.80	1.31	5.20
2017	10 432.37	1.26	5.14
2018	11 280.46	1.23	5.11

资料来源：1978—2007 年数据来源于《中国财政年鉴 2008》；2008 年数据分别来自《中华人民共和国 2008 年国民经济和社会发展统计公报》和《财政部关于 2008 年中央决算的报告》。2009—2018 数据来源于国家统计局。

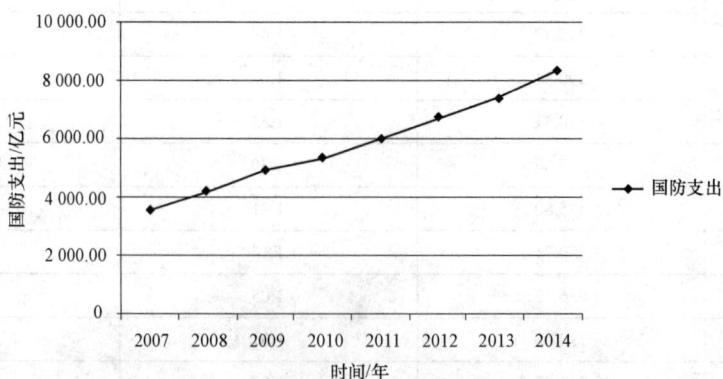

图 5-3　2007—2014 年国防支出趋势图

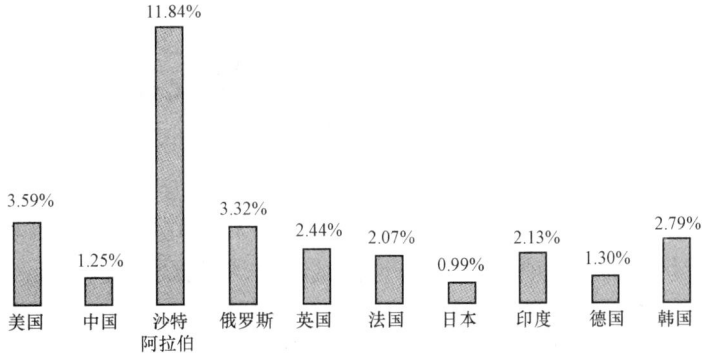

图 5-4　2014 年各国国防费占 GDP 比重①

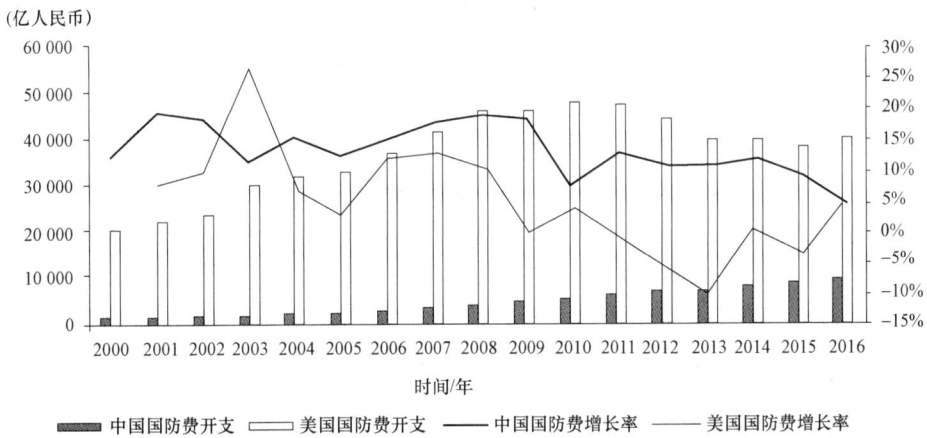

图 5-5　中美历年国防费及增长率

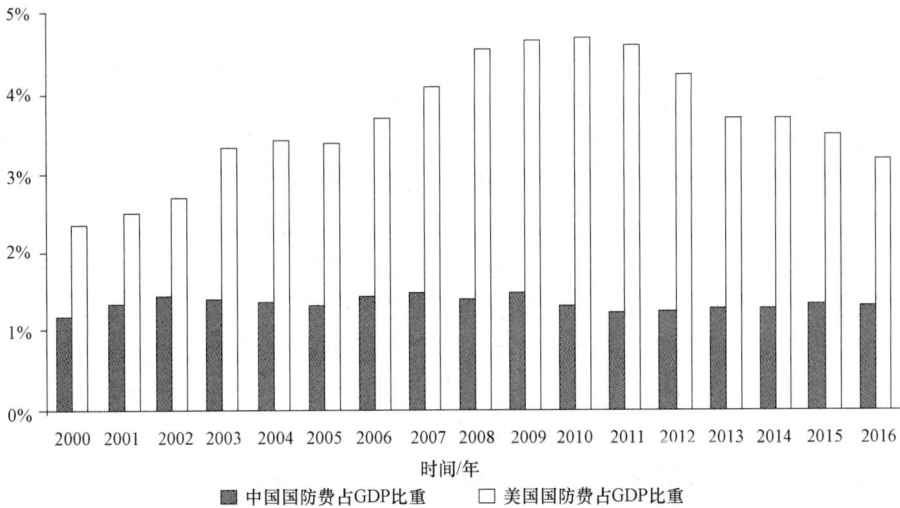

图 5-6　中美历年国防费占 GDP 比重

① 数据来源：凤凰网。

5.4　教育支出和科技支出

教育支出和科技支出是指政府为发展教育和科技事业而安排的用于教育、科技方面的费用支出。财政用于教育方面的支出主要包括教育事业费和教育基建投资等具体项目；用于科技方面的支出主要包括科技三项费用（指新产品试制费、中间试验费、重要科学研究补助费）、科学支出、科研基建费和其他科研事业费。目前，我国的教育支出和科技支出的投资主体正日渐多元化，形成了以政府投资为主、各种社会团体和个人积极参与的局面。在本节中将主要选取政府的教育支出和科技支出作为研究对象。

5.4.1　教育和科技产品的性质及政府对其介入的必要性

教育和科技属于混合型公共产品。一方面，它们为直接投资人带来收益；同时，它们又具有正的外部效应，能为整个社会带来收益。

拿教育产品来说，教育能使受教育的人，无论是从思想、学识还是技能方面都得到很大改善，从而为受教育者提升了人力资本，使得他们能在以后的就业中得到更多升迁的机会，直接增加了他们的投资收益。同时，这种好处还可能表现为会给个体所在的集体也带来收益。在古代，孟母择邻的故事就是个很好的说明。而教育产品本身所属的层次不同，它所具有的内部性收益程度和外部性收益程度也会有所区别。一般来说，初等教育会比高等教育的外部性收益程度更大，而就内部性收益程度来说，后者要比前者强。鉴于此，世界上很多国家都通过立法的形式保障初等教育的免费供给。

教育的外部性使得政府参与教育产品的提供显得很有必要，同时政府在提供教育产品上的介入还有另外一个重要的考虑，那就是公平因素。教育既然能提高受教育者的收益，使他们能在未来的发展中相比未接受教育者更具有比较优势，那么这种投资的结果实际上就加剧了两者在这之前的收入分配差距。因为，一般来说，能接受教育的人在初始状态可能就比不能享受教育的人在收入方面具有优势。如果不能保证低收入者在新一轮的竞争中具有均等的机会，那么这种恶性循环将重复下去，社会分配不公的格局将逐渐被强化，直到社会不能承受的程度。从这个角度来说，教育机会的均等从长期来看有利于缓和社会收入分配差距。教育能有效提高中低收入阶层在新一轮竞争中的竞争力，因此确保教育机会均等实际就相当于保证竞争中的过程公平。如果说效率目标是由市场运作来实现的，那么公平目标就应是政府所努力追求的，而政府介入教育领域，确保教育机会的均等就是一个很重要的努力方向。

科学技术具有教育产品的某些性质。一方面，它能为直接投资人带来收益，因而在实践中会有企业或机构直接参与科技研发，这部分科研活动会带来明显的产出；另一方面，某些科学技术的研发活动并不能直接给从事者或投资人带来直接效益，但它的发展可能是其他科学技术发展的基础，是整个社会发展所必需的。在这种成本效益不具有直接对等关系的前提下，市场提供会出现缺失的现象，此时政府的介入显得非常有必要。

在各国的发展实践中，教育和科技的发展对一个国家来说至关重要。从资本主义工业革命到知识经济爆炸、信息技术充斥的新世纪，无处不显示着教育和科技发展的力量。日本第二次世界大战后在一堆废墟的基础上为发展国民经济进行了多项改革，其中很重要的一项就是坚持推行"教育先行"的政策。到 20 世纪 50 年代中期，日本全国 25 岁以上的人口中受教育率高达 94%，20 世纪 70 年代中期又基本普及了高中教育。其政府教育经费支出占国民收入的比例逐步上升，20 世纪五六十年代占 5%左右，70 年代上升到 7%左右，1980 年达到 7.2%。这种人才战略为日本的经济发展提供了强有力的保障，使其在第二次世界大战后不到 20 年的时间里，国民经济得到了极大发展。到 1968 年，日本的国民生产总值超过了联邦德国，成为仅次于美国的资本主义世界第二号经济大国。在进入 20 世纪 90 年代后，相对于美国经济的强劲增长，日本等发达国家的经济发展显得明显滞后，其中一个重要的原因就是美国拥有一大批诸如微软、因特尔的高科技企业，使得整个经济的发展出现了新的增长点。从我国的实践来看，20 世纪 80 年代我国推行改革开放以来，教育事业和科技事业得到了明显的发展，为我国国力的增强和经济发展作出了不可估量的贡献。

5.4.2 教育支出的变动趋势分析

1. 我国教育收费模式的简要回顾

20 世纪 80 年代以前，我国的教育支出一直是由政府免费提供的。实行改革后，起初义务教育阶段只收取杂费，非义务教育阶段收取学杂费。后来发展到实行将收费额与教育质量的好坏挂钩的做法，区分普通中学和重点中学，特别是在非义务教育阶段。对高等教育的收费制度改革则始于 20 世纪 80 年代末，规定普通高校可以收取学杂费和住宿费，定额为 100 元。此后，根据招生方式的不同，分别对公费生和自费生收取不同数额的学费。到 1997 年，实施公费生和自费生并轨收费制度，重点学校一般收取学费为每人年均 2 000 元左右；到 1999 年，已过渡到普遍收费，收费额度进一步向成本靠拢。这种政府、个人和各种团体共同办学的模式一直持续到现在。

2. 教育支出分析

改革开放以来，我国政府逐渐加大对教育的投入。表 5-3 列出了 1991—2018 年我国财政教育支出及其占财政支出和 GDP 的比重。从表 5-3 中可以看出，从绝对数量来看，财政教育支出一直在增长，1991 年财政教育支出总额为 617.83 亿元，2004 年增长到 4 465.86 亿元，增幅为 623%。数据表明，自从 2001 年后，这种增长势头呈现愈加快速的趋势。但从相对数量来看，财政教育支出占财政支出的比重却不是一直增长的，1991—1996 年基本上处于上升态势，从 18.24%上升到 21.06%；但从 1996 年后，其占财政支出的比例又一直下降到 2006 年的 13.71%，而这以后虽有上升但并不明显。教育财政支出占 GDP 的比重整体趋势是上升的，逐步接近我国财政教育支出目标 4%的水平。

表 5-3 我国财政教育支出及其占财政支出和 GDP 的比重

时间	总额/亿元	占 GDP 比重/%	占当年财政支出比重/%
1991	617.83	2.84	18.24
1992	728.75	2.71	19.47
1993	867.76	2.46	18.69
1994	1 174.74	2.44	20.28
1995	1 411.52	2.30	20.69
1996	1 671.70	2.35	21.06
1997	1 682.54	2.36	20.17

续表

时间	总额/亿元	占 GDP 比重/%	占当年财政支出比重/%
1998	2 032.45	2.41	18.82
1999	2 287.18	2.55	17.34
2000	2 562.61	2.58	16.13
2001	3 057.01	2.79	16.17
2002	3 491.40	2.90	15.83
2003	3 850.62	2.84	15.62
2004	4 465.86	2.79	15.68
2005	5 161.08	2.82	15.21
2006	5 545.86	2.63	13.71
2007	7 122.32	2.85	14.31
2008	9 010.21	3.00	14.43
2009	10 437.54	3.00	13.68
2010	12 550.02	3.04	13.96
2011	16 497.33	3.38	15.10
2012	21 242.10	3.94	16.87
2013	22 001.76	3.71	15.69
2014	23 041.70	3.58	15.18
2015	26 271.88	3.81	14.93
2016	28 072.80	3.76	14.95
2017	30 153.18	3.62	14.85
2018	32 169.47	3.50	14.56

资料来源：数据分别来源于各年的中国统计年鉴和中国财政年鉴。

2018 年国务院办公厅印发《关于进一步调整优化结构提高教育经费使用效益的意见》（以下简称《意见》）指出，要持续保障财政投入，全面建立生均拨款制度，保证国家财政性教育经费支出占国内生产总值比例一般不低于 4%，确保一般公共预算教育支出逐年只增不减，确保按在校学生人数平均的一般公共预算教育支出逐年只增不减。

5.4.3　科学研究支出的变动趋势分析

财政对科学研究的支出同样不容乐观。从表 5-4 中可以看出，尽管科学研究支出的绝对值是逐年增长的，特别是从 1997 年后增长速度加快，从 1997 年的 408.86 亿元上升到 2008 年的 2 129.21 亿元，增至为原来的 5.2 倍，平均每年增长约 40%，然而两项占比却并未得到明显改善。

表 5-4　1985—2008 我国财政科学研究经费支出及其占财政支出和 GDP 比重

年份	国内生产总值 GDP/亿元	财政支出/亿元	财政科学研究经费		
			支出总额/亿元	占 GDP 比重/%	占财政支出比重/%
1985	9 016.0	2 004.25	102.59	1.14	5.12
1986	10 275.2	2 204.91	112.57	1.10	5.11

年份	国内生产总值 GDP/亿元	财政支出/亿元	财政科学研究经费		
			支出总额/亿元	占 GDP 比重/%	占财政支出比重/%
1987	12 058.6	2 262.18	113.79	0.94	5.03
1988	15 042.8	2 491.21	121.12	0.81	4.86
1989	16 992.3	2 823.78	127.87	0.75	4.53
1990	18 667.8	3 083.59	139.12	0.75	4.51
1991	21 781.5	3 386.62	160.69	0.74	4.74
1992	26 923.5	3 742.20	189.26	0.70	5.06
1993	35 333.9	4 642.30	225.61	0.64	4.86
1994	48 197.9	5 792.62	268.25	0.56	4.63
1995	60 793.7	6 823.72	302.36	0.50	4.43
1996	71 176.6	7 937.55	348.63	0.49	4.39
1997	78 973.0	9 233.56	408.86	0.52	4.43
1998	84 402.3	10 798.18	438.60	0.52	4.06
1999	89 677.1	13 187.67	543.90	0.61	4.12
2000	99 214.6	15 886.50	575.60	0.58	3.62
2001	109 655.2	18 902.58	703.30	0.64	3.72
2002	120 332.7	22 053.15	816.22	0.68	3.70
2003	135 822.8	24 649.95	975.50	0.72	3.96
2004	159 878.3	28 486.89	1 095.34	0.69	3.85
2005	183 084.8	33 930.28	1 334.91	0.73	3.93
2006	210 871.0	40 422.73	1 688.50	0.73	4.18
2007	249 529.9	49 781.35	1 783.04	0.72	3.42
2008	300 670.0	62 427.03	2 129.21	0.71	3.41

资料来源：1985—2005 年数据来自《中国科技统计年鉴 2006》；2006 年与 2007 年数据分别来自《中国统计年鉴 2007》和《中国统计年鉴 2008》；2008 年数据分别来自《2008 年国民经济和社会发展统计公报》和《关于 2008 年中央决算的报告》。

但是从相对量来看，科学研究经费支出占财政支出和 GDP 的比重虽然期间有波动，但总体仍处于下降趋势。1985—2005 年，科学研究经费支出占财政支出的比重从 5.12% 下降到 3.93%，而占 GDP 的比重则从 1.14% 下降到 0.73%。我国 20 世纪曾提出到 2000 年实现全社会科学技术研究经费支出占 GDP 比重 1.5% 的目标，现在看来这个目标直到 2005 年也没能实现。科学研究经费支出占财政支出及 GDP 比重过低使我国与发达国家的科技水平差距日益拉大，结果是科研人员流失严重，创新教育不足。从 2006 年《国家中长期科学和技术发展规划纲要（2006—2020 年）》提出"自主创新"战略和"建设创新型国家"的目标起，中国的研发经费就开始迅猛上涨。也是从这一年开始，中国的研发经费总量相继超过韩国、英国、法国和德国，并在 2013 年超越日本，成为仅次于美国的第二大科技研发市场。根据国家统计局发布的《2018 年全国科技经费投入统计公报》，在 2018 年全国研究与试验发展

（R&D）经费达到了 19 677.9 亿元。同时，研发经费投入强度（研发经费占 GDP 的比重，简称"研发强度"）也上升到了 2.19%。因此，今后继续增加科技投入并加大鼓励企业等其他市场主体增加科技投入是财政政策努力的一个方向。

5.5 社会保障支出

5.5.1 社会保障概述

1. 社会保障与社会保障支出

社会保障是国家或政府为了保证社会稳定，通过立法和行政措施为符合法律规定标准的社会成员提供基本生活保障的行为。在现代社会，它还是政府调节和控制经济运行的重要手段。

社会保障的主要目的是通过物质利益的调节来使各种社会关系处于一种稳定和谐的状态，避免社会成员收入差距过大引起社会动荡。在现代社会，社会保障是政府调节经济的重要手段。国家和政府实施社会保障的初始目的和功能主要在社会公平和稳定方面。但由于社会保障是一种物质利益的调节过程，它客观上发挥着调节经济运行的功能和作用。

社会保障支出，是指政府财政预算安排的用于社会保险、社会救济、社会福利和优抚安置等社会保障项目的支出总称。世界各国的实践表明，政府财政的社会保障支出是社会保障基金的主要资金来源。随着我国社会主义市场经济的发展以及公共财政的形成，社会保障支出在转移性支出中的地位将日趋重要，它将成为政府财政支出的重要内容。

2. 政府介入社会保障的理由

为什么不能用纯粹的市场方式来解决社会成员基本生存问题，为什么有越来越多的国家介入社会保障领域并进行广泛的干预，可以从以下几个方面来进行分析。

（1）社会保障是一种优值品。人们要使自己的生活在未来有所保障，就必须在此之前有足够的储蓄，但是有些因素可能会使一些社会成员没有进行足够的储蓄。如对未来生活保障需要有长期的计划，而许多人缺乏安排这种计划所需要的有关信息，它包括将来的健康状况、生活费用和终身挣得收入的能力，以及安全与生产率的投资与保险的替代形式等；又如在现在和未来的安排上，人们可能会遇到不可预测的风险或者由于短视等原因发生决策上的失误等。由于这些因素可能会使一部分社会成员的生活陷入困境，因此带来社会贫困的问题；还会使社会的其他成员感到有责任援助贫困者，而这种援助有可能引起免费搭车和道德危害等问题，导致一些人的投机心理而不进行储蓄。为避免这种情况的发生，使社会中的每一个成员生活得更好，政府需要以社会保障的形式来鼓励和要求其进行必要的储蓄。在这个意义上说，社会保障是一种优值品。

（2）保险市场具有不完全性。由于人们不能确定自己在未来生活中风险有多大，因此他们也许希望购买能够化解他们一生风险的保险，但由于信息的缺乏和资本市场的缺陷等原因，保险市场很难提供这种保险。尤其是对类似通货膨胀、战争、严重灾害等重大社会风险的担保，保险市场更是无法胜任。例如，假使对通货膨胀进行保险，那么一旦通货膨胀比预期的增长更快，保险公司必须承受所有保险项目的损失，而事实上它难以同时兑现所有的承诺。因此，保险公司不可能对一些特殊的、重大的风险进行担保，这是理性假设下保险公司必然做出的一种反应。然而，政府却有能力对重大的社会风险进行担保，因为政府既可以通过征税等方式来实现对重大社会风险的担保，也可以使几代人共同承担风险。

（3）保险市场存在逆向选择。由于不同的人们具有不同的风险，因此经济效率要求保险公司收取反映风险差异的保险费。但实际上，保险公司不可能充分地掌握每个投保人的有关信息，也很难区别对待人们的不同风险。在竞争的均衡条件下，保险费反映的必然是投保人的平均风险，这意味着风险小的投保者补贴了风险大的投保者。当人们比他们的保险公司对自己未来的风险有更多的了解时，逆向选择的问题就会出现。风险小的投保者可能会退出保险，保险公司只剩下风险大的投保者，这时的保险费就会提高，而导致更多的风险相对较小的投保者的退出，最终高额的保费使大多数人无法接受。在存在重大风险的情况下，保险市场上的这种逆向选择问题会更加突出。解决这一问题的一种有效办法，是政府通过社会保障的方式强迫所有的人购买必要的保险。

通过上述分析说明了政府为什么要介入保险市场并强制人们购买保险的原因。但同时还应当看到，给残疾者、重病者、失业者、遭遇意外灾害者和终身只能挣得低收入者的基本生活需要提供最低水平的收入，也成为社会保障制度的一大目标。按照这一目标，在社会保障制度中形成了具有收入再分配性质的两部分：一是社会救济部分，完全由政府来提供；二是社会保险中保证投保人基本生活水平的社会统筹部分，这可以用市场与行政相结合的方式来实现高工资收入者向低工资收入者的再分配。通过这两部分的运行，将有一部分的财富转移给社会上福利状况最差的人，从而使穷人从社会保障中得到基本生活的保障。

5.5.2 社会保障基金的筹集

社会保障基金是政府按照有关法律或制度的规定建立的用于社会保障的专项基金。它是社会保障制度的物质内容。社会保障基金是根据社会保障项目来设立的，从内容上看它主要由社会保证基金和社会保险基金两部分组成。社会保证基金主要用于社会救济、社会福利和优抚安置等方面；社会保险基金主要用于社会保险的各种项目。

从世界各国的情况看，社会保障基金的筹集主要有以下来源。

（1）政府财政拨款。政府财政拨款是社会保障基金的主要来源。社会保障作为一项社会事业，其政策主体是国家或代表国家的政府，它的济贫性、社会性等特点决定社会保障事业中的大部分资金需要难以按照付费原则取得，社会保障基金主要来自政府财政拨款。从使用项目上看，政府的社会保障拨款主要用于社会救济、社会福利和优抚安置等社会保障项目，同时社会保险基金也部分来自政府财政拨款。

（2）受保者个人及其雇主承担。受保者个人及其雇主承担社会保障费用是当今社会保障制度的一个新特点。随着社会生产力的发展，社会保障的模式也在发生变化，表现在从单一的以济贫为目标的模式逐渐向济贫与未来风险保障相结合的模式过渡。与此相适应，社会保障费用的承担模式也在发生变化，国家在承担济贫等必须由其承担的社会保障费用的同时，对一些有可能分散负担的费用选择了由受保者个人及其雇主（所在单位）承担的筹资模式，这是受益原则在社会保障基金中的应用，它一般适应于各种社会保险项目的资金筹集和费用分担。

（3）社会保障基金的投资收入。社会保障基金特别是社会保险基金具有储备性的特征。也就是说，一定时期的社会保障基金在满足了即期社会保障需求后都要形成结余，一些社会保障基金，如社会保险基金、灾害救济基金等本身就是为以后年度筹集的，这就形成了社会保障储备基金。为了保证社会保障基金的保值增值，必须将社会保障储备基金用于投资，使其产生新的收益，投资收益又被用于补充社会保障基金，从而使社会保障基金的投资收入成为社会保障基金的一个来源。

（4）社会募捐。社会募捐是社会各界出于对社会保障对象的同情和关爱，自觉自愿地为某种社会保障项目进行的募集和捐助。它是社会保障基金的一个辅助来源。

5.5.3 社会保障基金的模式与管理

1. 社会保障基金的模式

归纳起来，世界各国社会保障模式主要分为现收现付和个人账户两种模式。

1）现收现付式

现收现付式是指当期社会保障支出由当期的收入——通常是工资所得税来支付。在这种制度下，社会保障成本的代际转移是以收定支，即由在职职工承担已退休职工的社会保障成本；支付给退休者的社会保障资金是直接来自该时点的在职劳动者负担的社会保障费用，为满足社会保障支出的筹资要随支出水平的上升幅度来作出调整。这种模式以德国最为典型，因此又称为"德国模式"。这一模式要求有较小的人口压力、年轻的人口结构、较强的国家实力及完备的税收体系等。但是在这种模式下，社会保障负担随着支出的增长而逐年提高，而且资金完全没有积累。

在现收现付模式中，政府事实上承担了巨大的社会保障债务，尽管在许多情况下这一债务是隐形的，这就对政府的社会保障支出提出了相当高的要求。随着社会保障支出的增长，政府在各种压力下被迫提高收费标准，这必然会抑制经济增长，干扰经济运行中正常激励机制的运行。因此，不仅许多人口较多的国家难以承担现收现付模式带来的债务压力，即便是一些经济实力强、人口压力小的发达国家也越来越意识到现收现付模式的负面影响。在一定意义上可以说，正是这种现收现付的社会保障模式，以及由该体系支持的较高的社会福利水平，形成了欧洲发达国家经济发展中的"福利病"，因此越来越多的国家开始实行个人账户模式。

2）个人账户式

这种模式强调的是个人缴费和个人账户的积累，退休者的社会保障权益来自本人在工作期间的积累，且所积累的资金通过投资基金进行运作。其特点是具有累积性和增长性，资金供给比较稳定，在经济波动中表现出较强的抵抗能力。这种模式以智利最为典型。

我国在20世纪50年代建立了企业职工养老保险制度，以企业为单位，基本上采取现收现付的模式，将社会保障成本进行代际转移。这一模式当时之所以比较有效，是由于当时的人口年龄结构年轻，同时这一模式得到计划经济体制的支持。随着人口逐步老龄化，社会保障问题开始引起关注。1991年6月，我国政府颁布了《国务院关于企业职工养老保险制度改革的决定》，开始着手改革社会保障制度；中共中央十四届三中全会进一步提出，要建立一个企业职工社会养老保险统筹和个人账户相结合的制度，其基本思路是逐步建立职工的个人账户，将企业与个人缴纳的大部分资金积累于个人账户，以试图缓解现收现付制度与人口老龄化的矛盾。与此同时，促使职工承担一定的社会保障成本，以减轻企业的负担。在这一模式框架下，中国的社会保障部门正逐步着手扩大社会保障体系的覆盖范围，如逐步将私有企业、部分地区的农民等纳入这一框架。

我国目前的社会保障模式尽管从名义上是个人账户制度，但是其实质仍然是现收现付制度，因为现收的计入个人账户的资金同时就用作社会保障的支出了，个人账户中的资金只是账面上的。与原来的现收现付模式相比，其差异就是将风险分担单位由企业转变为地方政府，同时我国当前实行的新制度不仅要负担上一代人的保障成本，还要为在职的一代人积累社会保障资金。因此，我国当前实行的这一模式是一个名义上、账面上的个人账户制，而实质上是一个高标准、高负担的现收现付模式。

我国已经进入老龄化社会，如果不在当前年轻人口较多的阶段及时建立以个人账户为基础的社会保障体系，政府必然将难以承担越来越庞大的社会保障成本，并且会被迫投入更大的成本来解决这一问题。据劳动部门测算，基于当前的社会保障制度，加上物价上涨等因素，从 2025 年起，我国政府每年需要拿出 5 000 亿～14 000 亿元用于维持城市退休职工的基本养老保障。显然，如果我国继续沿用当前这种以现收现付为基本特征的社会保障模式，到 21 世纪 50 年代，我国经济增长的可持续性将受到威胁。当前以现收现付为基础的社会保障体系将不能适应中国正在发生的显著的人口年龄结构变化，不能保证经济的可持续增长。

2. 社会保障基金的管理

我国自 20 世纪 90 年代中期以来，对社会保障管理体制进行了一系列改革。为加强各项社会保障制度的统一规划和社会保障基金的管理、监督，将社会保险基金由多个行政部门分别管理转变为由劳动和社会保障部门统一管理，各级劳动和社会保障部门也建立了相应的社会保险经办机构，承担社会保险具体事务的管理工作。过去由企业承担的社会保险事务逐步转变为由社会机构管理，即社会保险待遇实行社会化发放，社会保险基金被纳入财政专户，实行收支两条线管理，专款专用。各级劳动和社会保障行政部门专门设立了社会保险基金监管机构，负责对社会保险基金的征缴、管理和支付进行检查、监督，对违法违规问题进行查处。此外，国家通过强化基金征缴和提高社会保障支出占财政支出的比重等一系列措施，努力拓宽社会保障资金的来源，并成立了全国社会保障基金理事会，负责对通过减持国有股所获资金、中央财政投入的资金及其他各种方式筹集的社会保障资金的运营和管理。

与以往由社会保障经办机构负责基金的收支管理相比，财政专户和收支两条线可以增强对基金使用的监督，提高基金的使用效益。不过，社会保障基金的收支管理仍存在一些问题。在收入方面，有些省份的社会保险经办机构仍然保留着收入过渡账户，使社会保障资金不能足额及时缴入财政专户。在支出方面，分级拨付的支出方式造成拨款环节增多，延长了社会保障基金的周转时间，仍然无法避免基金的截留和挪用现象。要从根本上解决这一问题，就应大力推进社会保障基金的财政专户集中收付制度，取消社会保险经办机构的收入和支出账户，使社会保险缴费和收益发放不再经过中间环节，而由财政部门直接负责社会保障基金的收支管理。

5.5.4　我国社会保障制度的建设

1. 我国社会保障制度

我国现行社会保障制度主要由四个方面的内容构成：社会保险、社会救济、社会福利和社会优抚。

1）社会保险

社会保险是我国社会保障制度的核心，由五项组成，即养老保险、失业保险、医疗保险、工伤保险和生育保险。

（1）养老保险

在社会保险制度中，养老保险是最重要的。1997 年 7 月国务院下发了《国务院关于建立统一的企业职工基本养老保险制度的决定》，确立了我国现行的"统账结合"的养老保险制度。统账结合是社会统筹与个人账户相结合的简称，即社会统筹部分和个人账户部分共同组成我国城镇职工的基本养老保险。这项制度的基本内容如下。

① 每个企业为职工向社会统筹基金缴纳养老保险费，同时还向职工的个人退休账户缴纳保险费，职工个人在就业期间向自己的个人退休账户缴纳保险费。

② 企业缴费比例，一般不得超过企业工资总额的 20%，职工自己向个人账户的缴费比例 1997 年不得低于本人缴费工资的 4%，1998 年起每 2 年提高 1 个百分点，最终达到本人缴费工资的 8%；企业向职工个人账户的缴费比例应随着职工个人缴费比例的提高而相应下降，即由最初的 7% 下降到最终的 3%，企业和个人向个人账户的缴费比例之和应达到职工个人缴费工资的 11%，企业缴费除去划入个人账户的部分，其余部分进入社会统筹基金，用于向已经退休的职工发放各种退休费用。

③ 职工退休后其养老金由两部分组成，一是从养老统筹基金领取的基础养老金；二是从个人账户领取的个人账户养老金。个人缴费年限累计满 15 年的退休职工，其基础养老金数额是所在省、自治区、直辖市或地（市）上年度职工月平均工资的 20%，个人账户养老金的月标准按本人退休时个人账户存储余额除以 120 的方法确定。个人缴费年限不满 15 年的，退休后不能享受基础养老金，其个人账户中的存储额一次性地支付给本人。新的养老保险制度实施前已经退休的职工，仍按国家以前的规定发放养老金，同时执行养老金的调整办法。而对于在新的养老保险制度实施前参加工作、实施后退休而且个人缴费和视同缴费年限累计满 15 年的退休人员，则要按照"新老办法平稳衔接、待遇水平基本平衡"的原则，在发放基础养老金和个人账户养老金的同时，还要发放一定的过渡性养老金。

从制度设计的基本结构来看，我国统账结合养老保险制度类似于许多国家正在实行的部分基金制。但是，在具体内容上，我国的统账结合制与部分基金制又有所不同。一是现收现付（社会统筹）部分的资金筹措方式不同。部分基金制用征税方式，我国的统账结合制用的是收费方式。二是基金（个人账户）部分的资金来源和运作方式不同。在资金来源上，部分基金制的基金部分的资金来源是个人的直接缴费；在资金的运作上，部分基金制的基金部分的资金是以信托基金方式运作，而我国的个人账户部分的资金目前也用于现付养老金，个人账户基本上属于"空账"。

（2）失业保险

失业保险制度在我国起步于 1986 年发布的《国营企业职工待业保险暂行规定》，1993 年国务院颁布的《国有企业职工待业保险规定》进一步完善了失业保险制度。1999 年 1 月，国务院正式颁布了《失业保险条例》，将失业保险的实施范围进一步扩大，从而创立了现行的失业保险制度。我国现行失业保险制度的基本规定有以下几方面内容。

① 企业缴纳失业保险费，从 1998 年开始，企业按本单位职工工资总额的 2% 向社会保险机构缴纳失业保险费，职工个人要按照本人工资的 1% 缴纳失业保险费。

② 失业保险金应按照低于当地最低工资标准、高于城市居民最低生活保障标准的水平发放，具体标准由省、自治区、直辖市政府确定。失业者从社会保险机构领取失业保险金的最长期限为 2 年，超过 2 年仍然没有重新就业的，可根据当地的具体规定转入社会救济。

（3）医疗保险

医疗保险原来由三部分组成，即公费医疗、劳保医疗和农村合作医疗。公费医疗在国家机关职工、事业单位职工和大学生中实行，经费主要来自财政拨款。劳保医疗在企业职工中实行，经费主要由企业提供。农村合作医疗在参加合作医疗的农民中实行，经费主要来自农村集体经济和个人集资。1994 年国务院确定了"社会统筹医疗基金和个人医疗账户相结合"的医疗保险制度。1998 年 12 月，国务院下发《国务院关于建立城镇职工基本医疗保险制度的决定》，明确了基本医疗保险制度改革的任务和主要政策，从而创立了我国现行的医疗保险制度。其内容主要有：① 企事业单位和职工个人都要缴纳医疗保险，单位缴纳的一部分进入社会医疗保险统筹基金，由专门机构统一管理和使用；另一部分（一般不低于单位缴纳的 30%）和职工个人缴纳的保险费一起进入个人医疗保险账户，归个人所有。② 企事业单位和职工个人按工资总额的一定比例缴纳医疗保险费，目前职工个人的缴纳比例为 2%，单位缴纳的比例由各地规定，参考标准为 6%。③ 职工医疗费用先由个人账户自付，个人账户不足时，由个人自付。个人自付超过本人工资 5% 时，由社会医疗保险统筹基金和个人共付，个人负担的比例随医疗费用的上升而下降。

从各地启动实施情况看，基金收支平衡，保证了参保职工的基本医疗需求，新制度运行平稳。

（4）工伤保险

2003 年 4 月 16 日，国务院讨论通过了《工伤保险条例》，该条例从 2004 年 1 月 1 日起施行。按照该条例规定，境内各类企业及有雇工的个体工商户均应参加工伤保险计划，境内各类企业的职工和个体工商户的雇工有权享受工伤保险待遇。工伤保险基金的收入全部由用人单位缴纳的工伤保险费及工伤保险基金的利息和依法纳入工伤保险基金的其他资金构成，职工个人不缴纳工伤保险费。工伤保险基金在直辖市和设区的市实行全市统筹，其他地区的统筹层次由省、自治区人民政府确定。

（5）生育保险

1994 年 12 月，劳动部颁发《企业职工生育保险试行办法》，要求城镇企业及其职工都要参加生育保险。生育保险费由企业按照工资总额的一定比例（不超过 1%）向社会保险机构缴纳，职工个人不缴费；生育保险费用实行社会统筹。女职工产假期间的生育津贴按照本企业上年度职工月平均工资计发，由生育保险基金支付，女职工生育的检查费、接生费、手术费、住院费和药费由生育保险基金支付，超出规定的医疗服务费和药费由职工个人负担。

2）社会救济

社会救济是政府通过财政拨款，向城乡贫困人口提供资助的社会保障计划。我国的社会救济由民政部门进行管理，我国目前社会救济体系主要由以下四部分构成。一是城镇居民最低生活保障。我国已普遍建立城市居民最低生活保障制度，制度的目的在于确保城镇居民基本生活，该项计划所需资金全部是各级财政的拨款。二是下岗职工生活补贴。为有效解决国有企业下岗职工基本生活保障问题，国务院要求各地区和各有关部门在有下岗职工的国有企业建立再就业服务中心，并按照"二三制"（企业自筹、社会筹集和财政各承担一部分）筹资原则，确保下岗职工的基本生活。国有企业职工下岗以后，安排进入再就业服务中心，他们每月可以享受一定的基本生活费。实际上，该项补贴的资金来源基本上是由各级政府和当地的失业保险计划出资解决的。三是农村"五保户"救济，即政府向农村中的"五保户"（保吃、穿、住、医、葬的孤寡老人和残疾人）提供的资助。四是灾民救济，即政府向遭受严重自然灾害而陷入生活困境的城乡居民提供的资助。

3）社会福利

在此是狭义的社会福利，指对特定的社会成员的优待和提供的福利。社会福利体系主要包括社会福利事业（如政府开办社会福利院、精神病院、儿童福利院等）、残疾人劳动就业和社区服务等，主要是对孤老残幼等有特殊困难的社会成员进行基本生活保障。

4）社会优抚

这是一种特殊的保障体系，保障对象是现役军人和退役人员及其有关人员。具体包括现役军人、革命伤残军人、复员退伍军人、军属和革命烈士家属、志愿兵、军队离退休和复员干部等。

2. 我国现行社会保障制度发展举世瞩目

党的十八大以来，坚持以人民为中心的发展思想，按照人人参与、人人尽力、人人享有的要求，坚守底线、突出重点、完善制度、引导预期，坚持全覆盖、保基本、多层次、可持续的方针，建立健全更加公平更可持续的社会保障制度。以增强公平性、适应流动性、保障可持续性为重点，深化社会保障制度改革，不断完善各项社会保险制度，实施全民参保计划，社会保险覆盖范围持续扩大，待遇水平稳步提高，基金收支保持基本平衡，管理服务不断加强，覆盖城乡的社会保障体系建设取得了举世瞩目的杰出成就。

1）社会保险制度建设更加完善

（1）养老保险制度。

① 实施机关事业单位养老保险制度改革。2015 年 1 月，国务院印发《国务院关于机关事业单位工作人员养老保险制度改革的决定》（国发〔2015〕2 号），全面部署机关事业单位养老保险制度改革。为积极推进此项改革工作，《机关事业单位职业年金办法》（国办发〔2015〕18 号）、《人力资源社会保障部 财政部关于贯彻落实〈国务院关于机关事业单位工作人员养老保险制度改革的决定〉的通知》（人社部发〔2015〕28 号）等配套文件的发布，加强了对改革的指导。各地稳步推进机关事业单位养老保险制度改革工作，2016 年年末全国参保人数达到 3 666 万人。

② 城镇职工基本养老保险基本实现省级统筹，为进一步提高统筹层次奠定了基础。各地继续巩固省级统筹，通过进一步加大基金调剂力度，强化内控制度建设，规范经办流程和业务规程，实行数据省级集中，加强信息系统建设，增强了确保发放的能力，促进了政策的统一规范，提高了管理水平和工作效率，为进一步提高统筹层次创造了条件、积累了经验。

③ 建立统一的城乡居民基本养老保险制度。2012 年，新型农村基本养老保险制度和城镇居民基本养老保险制度在全国实现全覆盖。2014 年 2 月，国务院印发《国务院关于建立统一的城乡居民基本养老保险制度的意见》（国发〔2014〕8 号），将两项制度合并实施。到 2015 年年底，全国所有县级行政区基本完成两项制度的整合，实现了制度名称、政策标准、管理服务、信息系统"四统一"。

④ 基本养老保险关系转移接续政策及时跟进，打通制度衔接的"梗阻"。在贯彻落实《城镇企业职工基本养老保险关系转移接续暂行办法》（国办发〔2009〕66 号）解决城镇企业职工跨省流动就业时养老保险关系转移接续问题的基础上，人力资源社会保障部、财政部 2014 年印发《城乡养老保险制度衔接暂行办法》（人社部发〔2014〕17 号），解决了城镇职工与城乡居民两大制度的衔接问题；人力资源社会保障部 2016 年印发《人力资源社会保障部关于城镇企业职工基本养老保险关系转移接续若干问题的通知》（人社部规〔2016〕5 号），进一步完善了企业职工养老保险关系转移接续的相关规定。人力资源社会保障部、财政部 2017 年印发《人力资源社会保障部 财务部 关于机关事业单位基本养老保险关系和职业年金转移接续有关问题的通知》（人社部规〔2017〕1 号），解决了职工在机关事业和企业之间流动就业时基本养老保险和补充养老保险关系的转移接续问题。至此，基本形成跨制度、跨地区转移接续基本养老保险的政策体系。

⑤ 大力发展企业（职业）年金，推动多层次养老保险体系建设。人力资源社会保障部与相关部门联合制定出台了年金个人所得税递延纳税、鼓励社会团体等建立企业年金的政策，并下发《人力资源社会保障部关于印发企业年金计划管理合同指引的通知》（人社部函〔2012〕92 号）、《企业年金基金数据交换规范》（GB/T 29424—2012）等文件，加强对企业年金方案备案工作的指导，规范基金管理和市场秩序。结合机关事业单位养老保险制度改革，建立机关事业单位职业年金制度，制定了《职业年金基金管理暂行办法》（人社部发〔2016〕92 号）及《人力资源社会保障部办公厅关于职业年金计划备案和编码规则等有关问题的通知》（人社厅发〔2016〕168 号）、《职业年金计划管理合同指引》（人社厅发〔2016〕169 号）、《人力资源社会保障部办公厅关于印发职业年金基金管理运营流程规范的通知》（人社厅发〔2016〕170 号）、《人力资源社会保障部办公厅关于印发职业年金基金数据交换规范的通知》（人社厅发〔2016〕171 号）等配套文件。随着企业年金、职业年金的发展，多层次养老保险制度体系作用渐显。

（2）医疗保险制度。

① 整合城乡居民基本医疗保险制度取得积极进展。2016 年国务院印发《国务院关于整合城乡居民基本医疗保险制度的意见》（国发〔2016〕3 号），要求通过整合城镇居民基本医疗保险与新型农村合作医疗，建立统一的城乡居民基本医疗保险制度，实现覆盖范围、筹资政策、保障待遇、医保目录、定点管理、基金管理"六统一"。目前，30 个省份及新疆生产建设兵团对整合制度进行了全面部署，统筹地区陆续出台方案并开始实施，基本医保制度公平性进一步提高，参保人员特别是农村居民保障水平得到提升。

② 全面实施城乡居民大病保险。2012 年开始开展城乡居民大病保险试点。2015 年，国务院办公厅印发《国务院办公厅关于全面实施城乡居民大病保险的意见》（国办发〔2015〕57 号），所有地市启动实施，大病保险支付比例达到 50% 以上。2016 年按照精准扶贫的要求，进一步巩固完善大病保险，对贫困人口等困难人员实行精准施策，在起付线、报销比例等方面给予重点倾斜。民政部、人力资源社会保障部等部门印发《关于进一步加强医疗救助与城乡居民大病保险有效衔接的通知》（民发〔2017〕12 号），加强两项制度政策衔接和经办协作。

③ 开展长期护理保险制度试点。为积极应对人口老龄化，解决失能老年人的长期护理需求，更好地维护和保障老年人权益，按照党中央和国务院要求，2016 年人力资源社会保

障部印发《人力资源社会保障部办公厅关于开展长期护理保险制度试点的指导意见》（人社厅发〔2016〕80 号），选择 15 个城市开展长期护理保险制度试点，探索建立适应我国国情的、以社会互助共济方式筹集资金的社会保险制度，为长期失能人员的基本生活照料及与基本生活密切相关的医疗护理提供保障。

④ 保障范围逐步扩大。2016 年，人力资源社会保障部会同有关部门联合印发了《关于新增部分医疗康复项目纳入基本医疗保障支付范围的通知》（人社部发〔2016〕23 号），进一步扩大医保基金支付的医疗康复项目范围。2016 年启动药品目录调整工作，经过专家评审，2017 年印发了新版国家基本医疗保险、工伤保险和生育保险药品目录，西药、中成药部分共收载药品 2 535 个，较上版目录新增 339 个，增幅约 15%，采用排除法规定了基金不予支付费用的中药饮片，同步评审确定了 45 个拟谈判药品。

⑤ 医疗保险支付方式改革整体推进。结合基金收支预算管理，全面推进基本医疗保险付费总额控制，积极探索多种付费方式，目前，85%以上的统筹地区实施了医保付费总额控制，70%以上地区探索了按病种付费，还有地方探索按人头付费、按服务单元付费、按疾病诊断相关组（DRGs）付费等支付方式，复合式的医保付费方式初步建立，医保控费作用进一步加强。2019 年 5 月国家医疗保障局会同财政部印发了《关于做好 2019 年城乡居民基本医疗保障工作的通知》，通知从筹资标准、报销比例、范围等方面做出明确规定。通知明确，新增筹资一个方向是确保基本医保待遇保障到位。一是巩固提高政策范围内住院费用报销比例。二是建立健全城乡居民医保门诊费用统筹及支付机制，把高血压、糖尿病等门诊用药纳入医保报销，重点保障群众负担较重的多发病、慢性病。提高大病保险的保障功能是此次新增筹资的另一个重要方向。通知明确，降低并统一起付线，原则上按上一年度居民人均可支配收入的 50%确定；政策范围内报销比例由 50%提高至 60%；对贫困人口加大支付倾斜力度，在起付线降低 50%、支付比例提高 5 个百分点的基础上全面取消封顶线。此次通知重点针对城镇医保与新农合两项制度尚未完全整合统一的地区，明确要求加快整合力度，于 2019 年年底前实现两项制度并轨运行向统一的居民医保制度过渡。

⑥ 医疗服务监管不断加强。逐步扩大医保定点医疗机构和定点药店范围，到 2016 年年底，全国医保定点医疗机构约 14.49 万家，定点零售药店 24.85 万家，基本满足了参保人员就医购药的需求。2015 年，取消医疗保险定点医药机构资格行政审批，同步完善协议管理，营造公开透明的市场环境，鼓励和引导公平竞争。2014 年《人力资源社会保障部关于进一步加强基本医疗保险医疗服务监管的意见》（人社部发〔2014〕54 号），指出采取多项措施强化医疗行为监管，完善信息系统，全面推开医保智能监控，建立完善事前提醒、事中控制、事后审核功能，促进医疗机构规范医疗服务行为。

⑦ 医保关系转移接续、异地就医住院费用结算更为顺畅。落实流动就业人员医保关系转移接续办法，在此基础上印发《关于做好进城落户农民参加基本医疗保险和关系转移接续工作的办法》（人社部发〔2015〕80 号），从明确进城落户农民参保政策、规范关系转移接续手续、保障关系转移接续中的有关权益、经办服务能力建设和落实组织实施工作等方面进一步完善了基本医保关系转移接续政策。2016 年印发了《人力资源社会保障部办公厅关于印发流动就业人员基本医疗保险关系转移接续业务经办规程的通知》（人社厅发〔2016〕94 号），进一步完善了转移接续经办管理服务规定。异地就医住院费用直接结算大力推进，截至 2017 年 30 个省份实现了省内异地就医直接结算，28 个省份正式接入国家异地就医结算系统，启

动跨省异地就医持卡结算。

（3）失业保险制度。

① 制定使用失业保险基金支持产业结构调整、经济转型升级企业稳定职工队伍的政策措施。2014 年 11 月，按照党的十八届三中全会关于增强失业保险制度预防失业促进就业功能的精神，人力资源社会保障部会同有关部门印发了《关于失业保险支持企业稳定岗位有关问题的通知》（人社部发〔2014〕76 号），对在兼并重组、化解产能过剩、淘汰落后产能中采取措施稳定职工队伍的企业，由失业保险基金给予稳岗补贴。2015 年 4 月，国务院印发《国务院关于进一步做好新形势下就业创业工作的意见》（国发〔2015〕23 号），将失业保险支持企业稳岗补贴政策实施范围扩大到所有符合条件的企业。在经济下行压力增大、企业面临转型升级，职工失业风险加大的情况下，发挥了失业保险预防失业、稳定就业岗位的政策导向作用。2015—2016 年，全国向近 54 万户企业发放稳岗补贴 364 亿元，惠及职工 6 561 万人。这项政策使企业切实感受到政府的关心和支持，提高了企业履行稳定就业岗位社会责任的积极性，有力地促进了职工岗位稳定和社会稳定。

② 降低失业保险费率。2015 年 2 月，经国务院同意，人力资源社会保障部、财政部印发《关于调整失业保险费率有关问题的通知》（人社部发〔2015〕24 号），明确从 2015 年 3 月 1 日起，失业保险费率暂由现行条例规定的 3% 降至 2%，单位和个人缴费具体比例由各省、自治区、直辖市人民政府确定。2016 年 4 月，人力资源社会保障部、财政部印发《关于阶段性降低社会保险费率的通知》（人社部发〔2016〕36 号），决定从 2016 年 5 月 1 日起，失业保险总费率在 2015 年已降低 1 个百分点基础上可以阶段性降至 1%～1.5%，其中个人费率不超过 0.5%，降低费率的期限暂按两年执行。连续两次降费率，失业保险费率由 3% 降低到 1%～1.5%，减幅超过 50%。截至 2016 年年底，有 22 个省份（含新疆生产建设兵团）失业保险费率为 1.5%，10 个省份失业保险费率为 1%。两年累计减收失业保险费 900 亿元，为降低企业成本、促进实体经济发展做出了实实在在的贡献。2017 年 2 月，人力资源社会保障部、财政部印发《关于阶段性降低失业保险费率有关问题的通知》（人社部发〔2017〕14 号），决定从 2017 年 1 月 1 日起，失业保险总费率为 1.5% 的省（区、市），可以将总费率降至 1%，降低费率的期限执行至 2018 年 4 月 30 日。

（4）工伤保险制度。

① 积极推进建筑业按项目参加工伤保险，取得显著成效。为贯彻落实党中央、国务院关于切实保障和改善民生的要求，进一步维护好工伤风险较高的建筑业职工特别是农民工的工伤保障权益，2014 年年底人力资源社会保障部会同有关部门印发《关于进一步做好建筑业工伤保险工作的意见》（人社部发〔2014〕103 号），针对建筑业生产经营和劳动用工特点，提出了工伤优先、项目参保、概算列支、一次提取、全员覆盖、前置约束等一系列创新举措。2015 年，启动建筑业工伤保险专项扩面行动计划——"同舟计划"，实现建筑业从业人员全部参加工伤保险，同时建立按项目参保和优先办理工伤保险的工作机制。截至 2016 年年底，新开工项目参保率已达 96%，建筑业参保人数 1 896 万人，比上年增加 612 万人。

② 调整完善工伤保险费率政策，降低工伤保险费率。为贯彻落实党的十八届三中全会"适时适当降低社会保险费率"和 2015 年国务院政府工作报告中降低工伤保险费率的要求，根据"总体降低，细化分类，健全机制"的原则，人力资源社会保障部、财政部印发《人力资源社会保障部 财政部 关于调整工伤保险费率政策的通知》（人社部发〔2015〕71 号）和

《人力资源社会保障部 财政部 关于做好工伤保险费率调整工作、进一步加强基金管理的指导意见》（人社部发〔2015〕72号），自2015年10月1日起，对工伤保险费率政策进行调整完善，降低工伤保险费率，进一步加强工伤保险基金管理。工伤保险费率政策的调整为促进经济社会平稳发展发挥了积极作用。政策实施一年来，减少企业缴费130余亿元。

③ 进一步完善工伤保险制度体系，依法行政能力明显增强。以贯彻落实社会保险法和新修订《工伤保险条例》为主线，进一步完善工伤保险配套规章和相关政策，妥善解决实际工作中存在的问题，《工伤职工劳动能力鉴定管理办法》《工伤保险辅助器具配置管理办法》《人力资源社会保障部关于执行〈工伤保险条例〉若干问题的意见》《人力资源社会保障部关于执行〈工伤保险条例〉若干问题的意见（二）》（人社部发〔2016〕29号）和《劳动能力鉴定职工工伤与职业病致残等级》（GB/T 16180—2014）等规章和政策标准相继颁布实施。这有利于加强依法行政，指导各地依法依规做好工伤认定工作；改进完善服务能力和水平，推进各地劳动能力鉴定工作的制度化、科学化、规范化。

④ 不断深化改革，工伤预防和工伤康复试点成效显著。工伤预防、补偿、康复"三位一体"是我国工伤保险制度体系的发展目标，必须坚持统筹协调发展。党的十八大以来，工伤预防试点工作扩大到了30个省份的54个统筹地区，通过项目预算管理和政府采购的方式，充分发挥第三方社会经济组织的作用，进一步做好工伤预防宣传、培训等工作，对提高试点地区工伤保险的社会知晓率、增强用人单位和职工的工伤风险防范意识起到了积极的促进作用。试点经验为研究起草《工伤预防费使用管理暂行办法》、全面推进工伤预防工作打下了基础。工伤康复试点工作稳步推进，人力资源社会保障部出台了《工伤保险职业康复操作规范》（试行）（人社部发〔2014〕88号）等规范性文件，标准进一步完善。2015年，按照社会保障"十二五"规划纲要的要求，人力资源社会保障部制定出台了《区域性工伤康复示范平台标准（试行）》，遴选确定第一批4家区域性工伤康复示范平台，使工伤康复服务体系建设又迈出了坚实的一步。同时，各地结合实际，大胆探索，开展了各具特色的工伤康复工作。

（5）生育保险制度。

① 生育保险制度覆盖范围不断扩大。部分省（自治区、直辖市）将机关、事业单位等用人单位及职工纳入生育保险覆盖范围，一些地区还包括了灵活就业人员及农民工。规范生育保险待遇项目及标准，推行定点医疗机构协议管理，实现与定点医疗机构直接结算，方便参保职工就医。

② 降低生育保险费率。为适应经济新常态、减轻用人单位负担、提高基金使用效率，2015年人力资源社会保障部和财政部联合印发《人力资源社会保障部 财政部 关于适当降低生育保险费率的通知》（人社部发〔2015〕70号），提出生育保险基金累计结余支付能力超过9个月的统筹地区要将生育保险费率降低到不高于0.5%，每年减轻用人单位负担约100亿元。

③ 开展与基本医疗保险合并实施试点。2017年，国务院办公厅印发《国务院办公厅关于印发生育保险和职工基本医疗保险合并实施试点方案的通知》（国办发〔2017〕6号），在邯郸等12个城市开展两项保险合并实施试点，通过整合两项保险基金及管理资源，强化基金共济能力，提升管理综合效能，降低管理运行成本。

2）社会保险覆盖范围不断扩大

以实现社会保险全覆盖为目标，深入实施全民参保计划，各项社会保险覆盖范围不断扩大。我国在社会保险扩大覆盖面方面取得的成就得到国际社会的充分肯定和高度评价，2016 年 11 月国际社会保障协会授予中国政府"社会保障杰出成就奖"。

3）社会保险待遇水平稳步提高

（1）基本养老保险待遇水平稳步提高。

城镇企业参保退休人员基本养老金水平大幅度提高。2013—2016 年国家每年都统一调整企业退休人员基本养老金，并在普遍调整的同时，注意向高龄退休人员适当倾斜。经过连续调整，全国企业退休人员月人均基本养老金从 2012 年的 1 686 元提高到 2016 年的 2 362 元，增长了 676 元，年均增长 8.8%。2016 年机关事业单位和企业退休人员基本养老金待遇首次同步调整并发放到位，养老保险制度的公平性进一步提高。

城乡居民基本养老保险待遇也不断提高。2014 年 7 月国务院首次统一提高全国城乡居民基本养老保险基础养老金最低标准，从每人每月 55 元提高到 70 元；27 个省级人民政府和新疆生产建设兵团在此基础上提高了本地基础养老金标准。2016 年年底，城乡居民月人均养老金达到 117 元，其中月人均基础养老金达到 105 元，基本实现 5 年翻一番的目标。

（2）城乡基本医疗保险待遇水平逐步提高。

2016 年职工医疗保险和居民医疗保险基金最高支付限额分别为当地职工年平均工资和当地居民年人均可支配收入的 6 倍，政策范围内住院费用基金支付比例分别达到 80% 和 70% 左右。城镇居民医保门诊统筹普遍建立，主要支付在基层医疗卫生机构发生的门诊医疗费用。部分地方还积极探索职工医保门诊统筹。各级财政对城镇居民基本医疗保险的补助水平逐步提高，由 2012 年的每人每年 240 元提高到 2016 年的 420 元，2018 年每人每年增至 490 元，2019 年城乡居民医保人均财政补助标准新增 30 元，达到每人每年不低于 520 元。同时，个人缴费同步新增 30 元，达到每人每年 250 元。对享受最低生活保障的人员等困难群体个人缴费部分再给予补贴。大病保险覆盖城乡居民超过 10 亿人，各省大病保险政策规定的支付比例不低于 50%，对贫困人口加大支付倾斜力度，在起付线降低 50%、支付比例提高 5 个百分点的基础上全面取消封顶线，有效缓解了困难群体的大额医疗费用负担，受益人员的实际报销比例提高了 10 个百分点左右。

（3）完善失业保险金标准和物价上涨挂钩联动机制。

全国月平均失业保险金水平由 2012 年的 686 元提高到 2016 年的 1 051 元，增长 365 元，年均增长 11.3%。2016 年 8 月，经国务院常务会议审议通过，发展改革委会同有关部门印发《关于进一步完善社会救助和社会保障标准与物价上涨挂钩联动机制的通知》（发改价格规〔2016〕1835 号），根据 CPI 指数变化，按照规定对领取失业保险金人员发放价格临时补贴。

（4）工伤保险待遇标准大幅提高。

2016 年因工死亡职工的一次性工亡补助金标准达到 62.4 万元，比 2012 年（43.6 万元）提高了 18.8 万元，年均增长 9.4%。

（5）生育保险待遇水平继续提高。

近年"两孩"政策的出台，使得越来越多的育龄妇女享受到了生育保险待遇。2016 年生育保险生育待遇水平达到 15 385 元，比 2012 年（11 287 元）增加了 4 098 元，年均增长 8.1%。

4）社会保险基金监管不断加强

（1）基金监管制度建设步伐加快。

2015 年国务院印发《基本养老保险基金投资管理办法》（国发〔2015〕48 号），开辟了养老保险基金保值增值的新渠道。2016 年人力资源社会保障部、财政部印发了《职业年金基金管理暂行办法》及 4 个配套文件，实现了职业年金基金制度化规范化管理。配合全国人大出台刑法第 266 条解释，为打击和震慑社会保险领域违法犯罪行为提供了有力法律武器，实现了社保欺诈入刑的突破。相继制定实施加强医疗保险医疗服务监管的意见、社会监督试点意见、社会保险工作人员纪律规定、社会保险欺诈案件查处和移送等政策和规范性文件。指导地方制定出台基金监督条例、实施细则、监督检查执法规程和社会监督举报奖励办法等。

（2）监管体系逐步健全。

完善专项监督检查机制，每年选择 1～2 个重点组织开展专项检查，2012 年以来相继开展了工伤、养老、社保基金管理、企业职工退休、城乡居民养老保险经办机构内控等系列专项检查，有力维护了基金安全，促进了规范管理和政策完善。建立健全社保欺诈查处和移送机制，出台社会保险欺诈案件管理办法。推进"行刑衔接"，建立健全社保欺诈查处和防范联席会议制度，构建起基金监督行政执法与刑事司法制度化、常态化和长效化衔接机制。推进监管系统联网应用，探索非现场与现场监督相结合，提高监督效能。开展社会保险基金社会监督试点，加强社会保险监督委员会、社会监督员队伍、专家人才库和相关服务机构行业协会"4 支队伍"建设。健全部门监督执法协作机制，加强与审计、财政、卫生计生、金融监管等部门的配合，形成合力共同维护基金安全。

出台《人力资源社会保障部 财政部 关于进一步加强企业职工基本养老保险基金收支管理的通知》（人社部发〔2016〕132 号），指导各地规范养老保险费率调整和参保缴费政策，加大收支管理力度。同时加大社保待遇领取核查和稽核工作力度，2012—2016 年，全国实地稽核五项社会保险共查出少缴社会保险费 153 亿元，补缴到账 144 亿元；查出冒领社会保险待遇金额 7.6 亿元，冒领追回到账 7.1 亿元；稽核查出大量违规行为，涉及多家医疗、工伤和生育保险定点医疗机构和定点零售药店，违规金额 21.3 亿元，追回金额 20.7 亿元（含罚金）。

（3）投资运营顺利启动。

落实投资办法，积极推动地方养老基金投资运营。明确社保基金会作为养老基金投资受托机构身份，人力资源社会保障部、财政部印发《人力资源社会保障部 财政部 关于做好基本养老保险基金委托投资工作有关问题的通知》（人社部发〔2016〕83 号）和保底收益、不保底收益两个版本的委托投资合同。核准基本养老保险基金存款银行范围，开展托管机构和投资管理机构评审。制定投资策略，科学设计投资产品，加强风险管理，确保投资运营工作顺利启动。截至 2017 年 1 月底，首批 7 个省份已与社保基金会签订合同，委托总金额约为3 600 亿元。

（4）年金市场不断规范。

适应资本市场发展，人力资源社会保障部印发《关于扩大企业年金基金投资范围的通知》（人社部发〔2013〕23 号）、《关于企业年金养老金产品有关问题的通知》（人社部发〔2013〕24 号）、《人力资源社会保障部关于企业年金基金股权和优先股投资试点的通知》（人社部发〔2014〕64 号）等文件，扩大企业年金基金投资范围，将商业银行理财产品、信托产品、基础设施债权投资计划、特定资产管理计划、股指期货纳入企业年金基金投资范围，开展企业年金投资股权和优先股试点，允许企业年金基金投资管理人发行养老金产品。截至 2016 年年末，共发行养老金产品 400 个。2016 年年末，建立企业年金的企业数为 76 298 个，比 2012 年年末增加 21 561 个；参保人数 2 325 万人，比 2012 年年末增加 478 万人；2016 年年末积累基金 11 075 亿元。

（5）社保基金投资监管不断加强。

推动监管立法，人力资源社会保障部配合国务院法制办出台《全国社会保障基金条例》，并抓好落实；根据资本市场发展情况，进一步完善投资政策，扩大投资范围，调整投资比例，丰富投资产品，为基金保值增值开辟渠道；印发基金直接股权投资管理办法和完善信托投资担保方式等政策性文件，进一步规范投资行为，防范投资风险。

5）社保经办服务水平不断提升

（1）社会保险关系转移接续工作持续推进。

2016 年全国办理基本养老保险关系跨省转移接续 200 万人次，较 2012 年增加 85.3 万人次，增长 74.4%；2012 年以来累计办理 860 万人次，转移资金达到 1 717 亿元。截至 2016 年年末，全国累计办理城乡养老保险制度衔接 55 万人次，转移资金 23.5 亿元。2016 年全国基本医疗保险关系跨统筹地区转移接续 190 万人次，比 2012 年增加 100 万人次；2012 年以来累计转移接续 763 万人次。

（2）创新社保经办管理，提高精细管理便捷服务水平。

整合政府部门数据资源，推进互联网与社会保险经办深度融合。以开展全民参保计划和全国异地居住人员领取社会保险待遇协助认证、"五证合一"登记制度改革为契机，主动打破目前公共服务部门之间数据不通、信息不畅形成的"信息孤岛"情况，积极推动数据共享和互联互通，推动社保经办业务与"互联网+"技术深度融合，推动服务向移动终端、自助终端延伸。

（3）社会保险标准化工作提质增速。

积极推进标准的制定与宣传贯彻工作，细化服务标准和流程，积极倡导"标准化+"服务。2012 年首批颁布 2 项社会保险国家和行业标准，截至 2016 年年底已颁布 17 项国家和行业标准。56 个市县作为社会保险标准化"先行城市"已启动建设，社保经办服务标准化体系进一步健全。

（4）构建全方位一体化的社会保险公共服务体系。

以经办服务标准化不断推进电子社保示范城市建设工作，探索"综合柜员制"模式，推行网上办事大厅与经办服务大厅一体化、业务财务与档案管理一体化、查询咨询服务多样化。异地领取养老金资格认证工作已全面实现网上协助认证目标，并将认证范围由城镇职工逐步扩展到城乡居民。社会保险业务档案规范化管理成效显著，全国市县两级社保机构规范管理达标率达到 93% 和 86%。

（5）积极贯彻国务院"放管服"决策部署。

以落实"五证合一"商事制度改革为契机，进一步简化和优化了社会保险登记流程，起到了群众少跑腿和减轻经办机构事务性负担的双赢效果。2015 年在全国范围内启动全面取消"两定资格审查"，定点医药机构确认由原来的行政部门进行资格审查后再与经办机构签订服务协议的"两步走"转变为仅由经办机构与符合条件的医药机构签订服务协议的"一步走"，提高了管理效率。

6）社会保险信息化建设不断推进

（1）支撑养老保险制度改革各项任务。

配合机关事业单位养老保险制度改革，组织研发全国统一机关事业单位养老保险信息系统应用软件，截至 2016 年年底，全国已有 30 个省份上线系统。根据统一城乡居民基本养老保险制度要求，指导各地建设统一的城乡居民养老保险信息系统，目前全国 32 个省、区、市均已完成系统整合。

（2）建设完善部级异地业务系统。

加快推动异地就医系统建设。2016 年年底，国家异地就医结算系统正式上线，为跨省异地就医费用结算工作奠定了关键的基础。拓展社保关系转移系统功能，提供跨地区、跨制度的电子化社保转移业务平台。从城镇企业职工基本养老保险逐步扩展到城乡居民养老保险、军人退役养老保险及城乡养老保险跨制度衔接。截至 2016 年年底，全国 31 个省份入网，年业务量近百万笔。所有省份接入异地待遇资格认证系统，支持跨省和省内异地协助认证办理。累计完成 200 多万人次的资格认证工作。2016 年进一步拓展人脸识别自助认证功能，支持参保人足不出户完成认证。

（3）提供精确化管理辅助手段。

组织建设全民参保登记系统，推动全民参保登记计划实施。医疗服务智能监控系统全面应用，截至 2016 年，全国 381 个市级统筹地区中 275 个已开展智能监控工作，覆盖率 72%。社会保险基金监管系统支持各级社保基金非现场监督工作，已在全国 28 个省份和新疆生产建设兵团应用，覆盖率接近 91%。针对重复领取待遇、冒领死亡人员待遇等问题，建设基本养老保险参保待遇状态比对查询系统，支持各地待遇发放前先行核查，截至 2016 年年底，31 个省份已入网，年比对核查超过 3 千万人次。

（4）大力提升公共服务能力。

加快社会保障卡发行应用和管理服务。截至 2016 年年底，全国社会保障卡持卡人数达到 9.72 亿人，社会保障卡在身份识别、缴费、领取待遇、医保结算、信息查询等方面得到广泛应用，全国 102 项社会保障卡应用目录平均开通率超过 80%。各级人力资源社会保障部门大力推进公共服务信息化建设。截至"十二五"末，90%以上的省级和 77%的地市级人社部门开通网上服务，全国 104 个移动应用，共部署 2.25 万台自助终端。12333 电话咨询服务是人力资源社会保障部门面向群众提供服务的重要窗口，截至 2018 年 4 月，全国 334 个地市和 32 个省级人社部门均已开通 12333，拥有咨询员 4 000 多人，年来电总量超过 1.2 亿次。在电话服务的基础上，积极拓展服务能力，努力构建 12333 咨询服务网、掌上 12333 移动应用、自助一体机、12333 短信平台和 12333 微信服务等一系列服务渠道，全力打造多元化、智能化、一体化的公共服务体系，为社会公众提供高效、便捷、优质的公共服务。

小 结

1. 公共管理主要由政府负责，其性质属于政府向社会提供必要的公共服务，以维护正常的社会经济秩序和公共利益，费用由政府承担。事实上，政府正是因公共管理活动的要求而存在，是专门从事公共管理的公共机构，财政的公共性似乎也由此而来。公共管理支出应遵循社会效益、量入为出和最小费用原则。

2. 影响行政管理支出总量的主要因素有经济增长水平、财政收入与财政支出水平、物价水平、政府职能范围及相应的机构设置、行政经费的使用效率等。从我国的实践来看，政府职能范围的变化及行政经费的使用效率是行政管理支出总量直接的、决定性的因素。

3. 国防属于面向全体社会成员提供的公共服务，它无法通过市场配置来解决，具有非排他性和非竞争性，属于纯公共产品，必须由政府来提供。

4. 教育和科技属于混合型公共产品。教育和科技的成本——效益不具有直接的对等关系，市场提供会出现缺失的现象，因此政府的介入显得非常有必要。

5. 世界各国的实践表明，政府财政的社会保障支出是社会保障基金的主要资金来源。随着我国社会主义市场经济的发展以及公共财政的形成，社会保障支出在转移性支出中的地位将日趋重要，它将成为政府财政支出的重要内容。我国的社会保障制度虽然实施多年，但是存在的问题也较多，建立一个完善的、社会化的社会保障体系是当前改革的一项十分迫切的任务。

学习建议

1. **本章重点**
公共管理支出；教育与科技支出；社会保障支出
2. **本章难点**
公共管理与政府职能；行政改革；政府介入社会保障的理由

核心概念

公共管理　量入为出　非政府组织　行政管理支出　国防支出　社会保障制度　社会保险　社会福利　社会优抚

思考与练习

1. 如何理解公共管理是政府的基本活动？
2. 简述我国行政管理支出的发展与政府行政管理体制改革展望。
3. 如何理解教育支出与科技支出的地位和意义？
4. 如何理解政府介入社会保障的理由？
5. 简述我国社会保障制度的内涵及其管理制度的改革与建设。

第6章

财政收入概述

📖 **学习目标**

1. 掌握财政收入的概念及其分类。
2. 掌握财政收入的原则。
3. 了解财政收入的结构及其分析。
4. 熟悉财政收入规模的影响因素。

　　财政总是与国家和政府联系在一起的。在西方国家，财政收入等同于政府收入，政府运用国家强制力取得的所有收入，都可以归入财政收入的范围内。在我国，财政收入是指政府为了履行其职能，满足其实施公共政策以及提供公共服务的资金需求，依法从国民收入分配中提取和集中的一部分价值物，一般表现为政府部门在一定时期内（一般为一个财政年度）所取得的货币收入。

　　本章首先介绍财政收入的类别和形式，然后分析财政收入的规模与结构，最后详细分析国家的非税收入的相关内容。

6.1　财政收入的定义及其分类

6.1.1　财政收入的含义

　　财政收入作为财政分配的第一阶段，包括两方面含义：首先，财政收入代表一定量的资金，即政府为了满足支出的需要，依据一定的权力原则，通过税收、国有企业上缴利润等形式集中一定数量的货币收入。其次，财政收入反映一个过程，即国家将分散在各方面的劳动者为社会创造的那部分价值通过多种形式集中起来的过程；同时，它也体现了以国家为一方与其他各个缴纳者为另一方之间的分配关系。

　　财政收入是政府财政活动的重要组成部分，具有三方面的功能。

　　（1）财政收入为财政支出提供前提和保证。财政分配包括收入与支出两个部分，两者相互统一，相辅相成。财政支出是财政收入的目的，财政收入则是财政支出的前提和保证。在一般情况下，财政收入的规模决定着财政支出的规模，收入多，支出多，反之亦然。因此，只有在发展生产的基础上，积极积累资金，才能为更多的财政支出创造前提。由此可见，财政收入是财政支出的前提，是政府实现其各项职能的物质保证。

（2）财政收入是国家实现其职能的财力保证。国家为了实现其职能，必须掌握一定数量的社会产品，财政收入正是国家积累资金的重要手段。现代市场经济下，国家普遍运用税收、公债等手段调节公共部门和私人部门、公共产品和私人产品之间的资源配置，促进整个社会资源的优化配置和充分利用，调节收入和财富在社会成员之间的分配结构，促进收入分配趋于合理，维护社会稳定。

（3）财政收入可以正确调节社会各方面的物质利益关系。财政收入的取得并不是简单地聚集资金，在具体操作过程中，取得多少、采取何种方式，涉及社会各方面物质利益关系的处理。只有在组织财政收入的过程中正确处理各种物质利益关系，才能达到充分调动各方面的积极性，达到优化资源配置，协调分配关系的目的。

6.1.2　财政收入的分类

财政收入分类应该同时采用两个不同的标准：一是以财政收入的形式为标准，主要反映财政收入过程中不同的征集方式以及通过各种方式取得的收入在总收入中所占的比重；二是以财政收入的来源为标准，主要体现作为一定量的货币收入从何取得，并反映各种来源的经济性质及其变化。除了这两个标准之外，还可采用按财政资金的管理方式分类，将财政收入分为预算内财政收入和预算外财政收入两大类。

1. 按财政收入的形式分类

财政收入的形式是指国家取得财政收入的具体方式，即来自各部门、各单位及个人的财政收入通过什么方式上交给国家。世界各国取得财政收入的主要形式都是税收，其他非税收收入，视各国的政治制度、经济结构和财政制度的不同而有所区别，一般包括收费、债务收入、铸币收入（铸币税）、国有企业收入、基金收入等，特殊时期还包括通货膨胀税。财政收入按收入形式分类和国家预算科目相一致，有利于编制国家预算、决算。根据目前我国政府收入的构成情况，结合国际通行的分类方法，《2007年政府收支分类科目》将收入划分为6大类、49个款、354个项、750个目四级。

当前，我国财政收入的形式主要有以下几类：

（1）税收收入。税收是征收面最广、最稳定可靠的财政收入方式，在我国，税收收入占全部财政收入的90%左右，是财政收入的最主要形式。

（2）社会保险基金收入。社会保险基金（简称基金）是指为了保障保险对象的社会保险待遇，按照国家法律法规，由缴费单位和缴费个人分别按缴费基数的一定比例缴纳以及通过其他合法方式筹集的专项资金，主要包括基本养老保险基金收入、失业保险基金收入、基本医疗保险基金收入、工伤保险基金收入、生育保险基金收入、其他社会保险基金收入6个方面。

（3）非税性政府收入。非税性政府收入是政府财政收入的重要组成部分，也是政府收入改革比较大的一部分，包括的项目多、政策性强，分设8个款：政府性基金收入、专项收入、彩票资金收入、行政事业性收费收入、罚没收入、国有资本经营收入、国有资源（资产）有偿使用收入、其他收入。在我国非税性政府收入是税收之外的另一重要财政收入。

（4）债务收入。债务收入是国家财政通过信用方式从国内、国外取得的借款收入，包括国内债务收入和国外债务收入两类。

（5）贷款转贷回收本金收入。贷款转贷回收本金收入主要分为四部分：国内贷款回收本金收入、国外贷款回收本金收入、国内转贷回收本金收入、国外转贷回收本金收入。

（6）转移性收入。转移性收入包括返还性收入、财力性转移支付收入、专项转移支付收入、政府性基金转移收入、彩票公益金转移收入、预算外转移收入、上年结余收入、调入资金。

2. 按财政收入的来源分类

（1）以所有制结构为标准，财政收入分为国有经济收入、集体经济收入、个体经济收入、私营经济收入、中外合营经济收入和外商独资经济收入等。在我国经济建设的不同历史时期，由于所有制结构不同，财政收入的构成不同。解放初期，多种经济成分并存，财政来源于公有制经济的收入有 50%，来源于其他经济成分的收入有 50%；1957 年，生产资料社会主义改造以后，财政收入主要来源于公有制经济收入，其他方面的收入大大减少。改革开放以来，由于我国发展了多种经济成分和多种经营方式，来自公有制经济成分以外的收入逐年增加。

（2）以产业部门为标准，财政收入分为第一产业收入、第二产业收入和第三产业收入。如果继续细分，还可以对三大产业分类加以扩展和具体化，联合国制定和颁布了标准产业分类，我国在此基础上，把整个国民经济分为 16 个门类。[①]

按财政收入来源分类有助于研究财政与经济之间的制衡关系，有利于选择财政收入的规模和结构，并建立经济决定财政、财政影响经济的和谐运行机制。

3. 按照财政资金的管理方式分类

按照财政资金的管理方式，财政收入分为预算内财政收入和预算外财政收入两大类。预算内财政收入主要是指国家以行政管理者和资产所有者身份参与国民收入分配并取得的，按照国家预算程序实行规范管理，由各级政府统筹安排使用的资金收入。这部分收入包括各种税收以及一小部分行政事业性经常性收入、国有资产出租、出让所得的资本性收入。预算外财政收入指国家机关、事业单位和社会团体为履行或代行政府职能，依据国家法律法规和具有法律效力的规章而自行收取、提取和安排使用的未纳入国家预算管理的各种财政性资金。

这种分类方法是我国体制转轨的产物，近年来我国财政部门加强了预算外资金和非税收入的管理，可以预计将来越来越多的资金将纳入正式的预算管理范畴。

---

① 16 个门类主要包括：① 农业、狩猎业、林业和渔业；② 采掘业；③ 制造业；④ 电力、燃气及水的生产和供应业；⑤ 建筑业；⑥ 地质勘查业、水利管理业；⑦ 交通运输、仓储及邮电通信业；⑧ 批发和零售贸易、餐饮业；⑨ 金融、保险业；⑩ 房地产业；⑪ 社会服务业；⑫ 卫生、体育和社会福利业；⑬ 教育、文化艺术及广播电影电视业；⑭ 科学研究和综合技术服务业；⑮ 国家机关、政党机关和社会团体；⑯ 其他行业。

6.2　财政收入来源及其结构分析

6.2.1　财政收入的来源

1. 财政收入与社会总产品价值构成的关系

财政收入是一部分以货币形态表现的社会产品的价值，它来源于社会总产品，社会总产品由生产资料投入（C）、劳动力投入（V）和新创造的价值（M）构成。C、V、M三部分之间存在此消彼长的关系，同时新创造的价值是构成财政收入来源的主要因素，因此研究社会总产品价值构成同财政收入的关系应着重研究社会总产品价值构成中成本因素变化对财政收入的影响。

在社会总产品一定且劳动力投入不变时，降低生产成本，是增加财政收入的主要途径。

（1）属于原材料、易燃易耗品等生产资料的耗费，应通过加强内部管理在保证产品质量前提下，力求节约，通过技术或生产工艺流程创新降低成本，增加企业纯收入和财政收入。

（2）属于固定资产耗费的补偿，应合理确定折旧率，提高设备利用率，减少每件产品中转移的折旧价值，降低单位产品成本从而增加企业盈利和财政收入。如果折旧率过高，势必会减少企业利润和财政收入；如果折旧率过低，财政收入的增长是以牺牲企业发展后劲，减慢企业设备更新改造步伐为代价的，因此财政收入增收是虚假的、不真实的。

在社会总产品一定且生产成本不变时，劳动力投入增大，社会总产品价值减少，相反劳动力投入部分减少，社会总产品价值部分则增大。因此，充分调动劳动者积极性，提高劳动生产率，对增加企业利润和财政收入有着重大意义。

2. 财政收入的经济来源

（1）新创造的价值是财政收入的主要来源。新创造的价值包括税金、企业利润和用新创造的价值所支付的费用（如利息），其中主要是税金和企业利润。国家以税金形式取走非国有企业的一部分纯收入形成财政收入。在社会主义市场经济体制下，国家赋予国有企业经营自主权，具有相对独立的经济利益。根据事权与财权相一致的原则，国家只能参与一部分企业纯收入的分配，即国家以行政管理者身份参与分配，向企业收取税金，同时以资产所有者身份参与企业利润分配。

（2）劳动者收入是财政收入的补充。劳动者收入实际上就是劳动力付出劳动后所得到的报酬，即个人劳动收入。目前，我国从个人劳动收入中获得的财政收入主要包括：一是直接向个人征收的税，如个人所得税；二是向个人收取的规费收入和罚没收入；三是向居民出售国库券所得；四是部分消费税等。从我国目前来看，个人劳动收入虽构成财政收入的一部分，但它在全部财政收入中所占的比重很小。这是因为我国劳动者个人的收入普遍较低，而且个人税收的征收也存在很多不足，因此国家不可能从个人收入中筹集更多的资金。今后，随着社会主义市场经济体制的逐步建立和发展，人民生活水平的不断提高，以及个人所得税制的改革和完善，财政收入来自个人收入的比重将逐渐提高。西方资本主义国家，普遍实行高工资政策和个人所得税和工薪税为主体税种的财税制度，其财政收入有相当部分直接来自个人收入。

（3）生产资料中的个别部分构成财政收入。生产资料的基本折旧基金在计划经济体制下构成财政收入的一部分，在市场经济中一般已不适宜将折旧基金列为财政收入，但是由于实行国民生产总值型的增值税，仍有一部分生产资料通过增值税成为财政收入。

6.2.2 我国财政收入的结构分析

对财政收入的结构进行分析，有助于了解财政收入构成项目的变化规模和趋势，更好地适应经济结构的变化，组织好财政收入。财政收入的结构有形式结构、产业部门结构和所有制结构三种。

1. 财政收入的形式结构

财政收入的形式结构是按照财政收入的形式分类，由不同形式的财政收入在财政总收入中的占比所形成的结构。这种结构的发展变化，是一国财政收入制度变化的反映。一般国家的财政收入结构以税收为主，基本占比在 90% 以上，是政府收入中最重要的收入来源。我国是在 1983 年和 1984 年两步"利改税"[①]之后，税收在财政收入中的重要地位才慢慢显现，所占比例逐步提高，直至 1994 年后的财税体制改革，税收才最终在财政收入中占据主导地位。财政收入中税收收入一般占到 80% 以上（如表 6-1 所示）。

表 6-1　国家财政分项目收入　　　　　　　　　　单位：亿元

年份	收入合计	各项税收	其他税收收入	非税收入	专项收入	行政事业性收费	罚没收入	其他收入
1994	5 218.10	5 126.88						
1995	6 242.20	6 038.04						
1996	7 407.99	6 909.82						
1997	8 651.14	8 234.04						
1998	9 875.95	9 262.80						
1999	11 444.08	10 682.58						
2000	13 395.23	12 581.51						
2001	16 386.04	15 301.38						
2002	18 903.64	17 636.45						
2003	21 715.25	20 017.31						
2004	26 396.47	24 165.68						
2005	31 649.29	28 778.54						
2006	38 760.20	34 804.35						
2007	51 321.78	45 621.97	1.24	5 699.81	1 241.85	1 897.35	840.26	1 720.35
2008	61 330.35	54 223.79	3.68	7 106.56	1 554.10	2 134.86	898.40	2 519.20

① 1983 年对国有企业开征企业所得税，1984 年又将原先已经简并的工商税重新划分为产品税、增值税、营业税和盐税，同时开征或恢复了资源税等其他一些税种。

年份	收入合计	各项税收	其他税收收入	非税收入	专项收入	行政事业性收费	罚没收入	其他收入
2009	68 518.30	59 521.59	4.80	8 996.71	1 636.99	2 317.04	973.86	4 068.82
2010	83 101.51	73 210.79	1.8	9 890.72	2 040.74	2 996.39	1 074.64	3 778.95
2011	103 874.43	89 738.39	4.15	14 136.04	3 056.41	4 039.38	1 301.39	5 738.86
2012	117 253.52	100 614.28	5.22	16 639.24	3 232.63	4 579.54	1 559.81	7 267.26
2013	129 209.64	110 530.70	0.73	18 678.94	3 528.61	4 775.83	1 658.77	8 715.73
2014	140 370.03	119 175.31	0.45	21 194.72	3 711.35	5 206.00	1 721.82	3 012.45
2015	152 269.23	124 922.20	0.41	27 347.03	6 985.08	4 873.02	1 876.86	2 067.97
2016	159 604.97	130 360.73	8.41	29 244.24	6 909.26	4 896.01	1 918.34	1 823.34

资料来源：中国统计年鉴 2019。

　　对税收进行部门结构分析，可以反映各生产及流通部门在提供财政收入中的贡献，也反映了我国产业结构的变化过程。表 6-2 为我国税收的部门结构。

表 6-2　我国税收的部门结构　　　　　　　　单位：亿元

年份	合计	工商税收	关税	农业各税	企业所得税
1978	519.28	462.12	28.76	28.40	
1979	537.82	482.31	26.00	29.51	
1980	571.70	510.50	33.53	27.67	
1981	629.89	547.50	54.04	28.35	
1982	700.02	623.18	47.46	29.38	
1983	775.59	688.75	53.88	32.96	
1984	947.35	809.44	103.07	34.84	
1985	1 344.73	1 097.47	205.21	42.05	696.06
1986	1 398.33	1 202.19	151.62	44.52	692.40
1987	1 475.65	1 282.47	142.37	50.81	664.71
1988	1 714.43	1 485.72	155.02	73.69	676.04
1989	2 026.97	1 760.49	181.54	84.94	700.43
1990	2 105.86	1 858.99	159.01	87.86	716.00
1991	2 259.04	1 981.11	187.28	90.65	731.13
1992	2 576.13	2 244.21	212.75	119.17	720.78
1993	3 576.70	3 194.49	256.47	125.74	678.60
1994	4 418.39	3 914.22	272.68	231.49	708.49
1995	5 159.60	4 589.68	291.83	278.09	878.44
1996	5 941.34	5 270.04	301.84	369.46	968.48

年份	合计	工商税收	关税	农业各税	企业所得税
1997	8 234.04	6 553.89	319.49	397.48	963.18
1998	9 262.80	7 625.42	313.04	398.80	925.54
1999	10 682.58	8 885.44	562.23	423.50	811.41
2000	12 581.51	10 366.09	750.48	465.31	999.63
2001	15 301.38	11 348.29	840.52	481.70	2 630.87
2002	17 636.45	13 131.54	704.27	717.85	3 082.79
2003	20 017.31	15 302.90	923.13	871.77	2 919.51
2004	24 165.68	18 262.39	1 043.77	902.19	3 957.33
2005	28 778.54	21 432.05	1 066.17	936.40	5 343.92
2006	34 804.35	25 538.93	1 141.78	1 084.04	7 039.60
2007	45 621.97	33 971.06	1 432.57	1 439.09	8 779.25
2008	54 223.79		1 769.95		
2009	59 521.59		1 483.81		
2010	73 210.79		2 027.83		
2011	89 738.39		2 559.12		
2012	100 614.28		2 783.93		
2013	110 530.70		2 630.61		
2014	119 175.31		2 843.41		
2015	124 922.20		2 560.84		
2016	130 360.73		2 603.75		
2017	144 369.87		2 997.85		
2018	156 402.86		2 847.78		

注：农业各税包括农业税、牧业税、耕地占用税、农业特产税和契税。

一国或地区的产业结构在很大程度上决定了其税收结构，而税收又是财政收入的重要组成部分，因而可以通过研究产业的税收贡献率来揭示财政收入的产业结构情况。一般而言，我国三大产业中第一产业的贡献率低，第三产业的税收贡献率最高。

我国历年各项税收情况如表 6-3 所示。

表6-3 我国历年各项税收情况 单位：亿元

年份	各项税收	国内增值税	营业税	国内消费税	关税	个人所得税	企业所得税
1999	10 682.58	3 881.87	1 668.56	820.66	562.23	413.66	811.41
2000	12 581.51	4 553.17	1 868.78	858.29	750.48	659.64	999.63
2001	15 301.38	5 357.13	2 064.09	929.99	840.52	995.26	2 630.87
2002	17 636.45	6 178.39	2 450.33	1 046.32	704.27	1 211.78	3 082.79
2003	20 017.31	7 236.54	2 844.45	1 182.26	923.13	1 418.03	2 919.51

续表

年份	各项税收	国内增值税	营业税	国内消费税	关税	个人所得税	企业所得税
2004	24 165.68	9 017.94	3 581.97	1 501.9	1 043.77	1 737.06	3 957.33
2005	28 778.54	10 792.11	4 232.46	1 633.81	1 066.17	2 094.91	5 343.92
2006	34 804.35	12 784.81	5 128.71	1 885.69	1 141.78	2 453.71	7 039.6
2007	45 621.97	15 470.23	6 582.17	2 206.83	1 432.57	3 185.58	8 779.25
2008	54 223.79	17 996.94	7 626.39	2 568.27	1 769.95	3 722.31	11 175.63
2009	59 521.59	18 481.22	9 013.98	4 761.22	1 483.81	3 949.35	11 536.84
2010	73 210.79	21 093.48	11 157.91	6 071.55	2 027.83	4 837.27	12 843.54
2011	89 738.39	24 266.63	13 679	6 936.21	2 559.12	6 054.11	16 769.64
2012	100 614.28	26 415.51	15 747.64	7 875.58	2 783.93	5 820.28	8 231.32
2013	110 530.70	28 810.13	17 233.02	8 231.32	2 630.61	6 531.53	22 427.2
2014	119 175.31	30 855.36	17 781.73	8 907.12	2 843.41	7 376.61	24 642.19
2015	124 922.20	31 109.47	19 312.84	10 542.16	2 560.84	8 617.27	27 133.87
2016	130 360.73	40 712.08	11 501.88	10 217.23	2 603.75	10 088.98	28 851.36
2017	144 369.87	56 378.18		10 225.09	2 997.85	11 966.37	32 117.29
2018	156 402.86	61 530.77		10 631.75	2 847.78	13 871.97	35 323.71
2019	157 992.00	62 346		12 562	2 889	10 388	37 300

注：企业所得税 2001 年以前只包括国有及集体企业所得税，从 2001 年起，企业所得税还包括除国有企业和集体企业外的其他所有制企业所得税，与以前各年不可比。

资料来源：财政部网站。

由表 6–3 可以看出工商税收所占比重是最大的，而农业各税所占比重有所下降。这是因为自 1985 年以来，我国大力发展第三产业，不断进行产业结构调整和升级；后来又取消了农业的部分税种，减轻农业负担，扶持三农发展等。这些政策对财政收入的部门和产业结构都产生了影响。

2. 财政收入的所有制结构

所谓财政收入的所有制结构，是指财政收入作为一个整体，是由不同所有制的经营单位各自上交的利润、税金和费用等部分构成的。研究财政收入的所有制结构是国家制定财政政策、制度，正确处理国家同各种所有制经济之间财政关系的依据。

财政收入按所有制结构分类，包括全民所有制经济收入、集体所有制经济收入、私营经济收入、个体经济收入、外资企业收入、中外合资经营企业收入和股份制企业收入。

我国财政收入始终是以国有经济为支柱的。目前，我国财政收入主要来自全民所有制的国有经济，国有经济上交的财政收入占整个财政收入的 2/3 左右。随着经济体制改革，集体和其他经济成分有了较快发展，提供的财政收入逐年增加，相比之下，国有经济上交的财政收入占整个财政收入的比重有所下降，但仍未失去主导地位。

要想进一步优化财政收入的所有制结构，就需要取消按所有制成分区别课税征税的制度，真正建立按国民待遇原则统一的税制。同时，还要加强对非国有经济的税收征管。

6.3 财政收入规模及其增长

6.3.1 财政收入规模

财政收入规模也就是财政收入的总水平，通常用绝对数如财政收入总额，或用相对数如财政收入占国民生产总值或国民收入的比例来表示。财政收入规模是衡量国家财力和政府在社会经济生活中行使职能范围的重要指标。

财政收入规模标志着政府对社会财富的占有程度，科学合理的财政规模既可以保障国家有效履行其职能，又可以促进国民经济健康有序的发展。从历史上看，保证财政收入持续稳定增长始终是世界各国的主要财政目标，尤其在财政赤字笼罩的现代社会里，谋求财政收入增长更被各国政府所重视。

6.3.2 财政收入规模的测量方法

1. 价值分析法

从社会总产品的价值构成来分析，财政收入实际上是来源于社会总产品中的劳动力投入（V）和新创造价值（M），它代表国民收入的一部分，是财政收入的最高数量限制，即国民收入不可能全部转化为财政收入。如果用 F 表示财政收入，N 表示国民收入，那么它们之间的关系可以表示为：

$$\frac{F}{N} = \frac{M}{N} \times \frac{F}{M}$$

其中，F/M 为财政集中率，它与 M/N 共同决定财政收入规模的上限。当然，从间接角度来说，劳动生产率的高低与劳动者再生产的费用多寡将直接决定 V、M 之间的关系，从而间接决定财政集中率。

2. 现代总量和相对指标分析法

与价值分析法不同的是，现代统计方法采用的是考察财政收入与 GDP 之间的比例关系，主要有以下几个衡量指标：一是财政收入占国民收入的比重；二是中央财政收入占财政总收入的比重；三是财政收入占 GDP 或 GNP 的比重；四是税收收入占 GDP 或 GNP 的比重。

6.3.3 我国财政收入规模的变化趋势

1. 我国财政收入规模的纵向比较

1978—2007 年我国财政收入的规模随着经济的增长而不断增长，发生了翻天覆地的变化。由 1978 年的 1 132.26 亿元到 2007 年的 51 321.78 亿元，扩大了近 45 倍。1978 年以来，在我国财政收入绝对数上升的同时，相对数也经历了一个先降后升的变化过程。降的过程是1978—1995 年，财政收入的相对数从 31.06%下降至 10.27%；上升的过程是从 1995 年开始，一直呈单边上升态势，相对数从 1995 的 10.27%升至 2007 年的 20.57%，整个过程显得比较平稳。2003—2007 年，全国财政收入累计 16 9843 亿元，年均增长 22.1%，比上一个五年提高了 5.2 个百分点。在短短的四年间连续跨越了 3 万亿元、4 万亿元和 5 万亿元，由 2003 年的 21 715.25 亿元到 2007 年的 51 321.78 亿元,增长了 1.4 倍。2008 年,全国财政收入 61 316.9 亿元,比 2007 年增加了 9 995.12 亿元,增长 19.5%,完成预算的 104.8%。2008 年到 2016 年财政收入额一直上涨,但是增长速度呈现下降趋势,2017 年开始略有上升,占 GDP 的比重大约为 20%。

我国 1978—2018 年财政收入的绝对增长和相对增长情况如表 6-4 所示。

表 6-4 我国 1978—2018 年财政收入的绝对增长和相对增长情况

年份	财政收入/亿元	GDP/亿元	比上一年增长/%	财政收入占 GDP 比重/%
1978	1 132.26	3 645.2		31.06
1979	1 146.38	4 062.6	11.45	28.22
1980	1 159.93	4 545.6	11.89	25.52
1981	1 175.79	4 891.6	7.61	24.04
1982	1 212.33	5 323.4	8.83	22.77
1983	1 366.95	5 962.7	12.01	22.93
1984	1 642.86	7 208.1	20.89	22.79
1985	2 004.82	9 098.9	20.2	22.03
1986	2 122.01	10 376.2	14.04	20.45
1987	2 199.35	12 174.6	17.33	18.07
1988	2 357.24	15 180.4	24.69	15.53
1989	2 664.9	17 179.7	13.17	15.51
1990	2 937.1	18 872.9	9.86	15.56
1991	3 149.48	22 005.6	16.60	14.31
1992	3 483.37	27 194.5	23.58	12.81
1993	4 348.95	35 673.2	31.18	12.19
1994	5 218.1	48 637.5	36.34	10.73
1995	6 242.2	61 339.9	26.12	10.18
1996	7 407.99	71 813.6	17.07	10.32
1997	8 651.14	79 715.0	11.00	10.85
1998	9 875.95	85 195.5	6.88	11.59
1999	11 444.08	90 564.4	6.30	12.64
2000	13 395.23	100 280.1	10.73	13.36
2001	16 386.04	110 863.1	10.55	14.78
2002	18 903.64	121 717.4	9.79	15.53
2003	21 715.25	137 422.0	12.90	15.80
2004	26 396.47	161 840.2	17.77	16.31
2005	31 649.29	187 318.9	15.74	16.90
2006	38 760.2	219 438.5	17.15	17.66
2007	51 321.78	270 092.3	23.08	19.00
2008	61 330.35	319 244.6	18.20	19.21
2009	68 518.3	348 517.7	9.17	19.66

续表

年份	财政收入/亿元	GDP/亿元	比上一年增长/%	财政收入占 GDP 比重/%
2010	83 101.51	412 119.3	18.25	20.16
2011	103 874.43	487 940.2	18.40	21.29
2012	117 253.52	538 580.0	10.38	21.77
2013	129 209.64	592 963.2	10.10	21.79
2014	140 370.03	643 563.1	8.53	21.81
2015	152 269.23	688 858.2	7.04	22.10
2016	159 604.97	746 395.1	8.35	21.38
2017	172 592.77	832 035.9	11.47	20.74
2018	183 359.84	919 281.1	10.49	19.95

注：数据来源于中国财政年鉴 2019。

2. 我国财政收入规模的横向比较

从可统筹安排财力角度看，通常讲的财政收入占 GDP 比重是指一般预算收入（包括税收收入和纳入一般预算管理的非税收入）占 GDP 的比重。2003—2007 年，我国政府一般预算收入从 21 715 亿元增长到 51 322 亿元，占 GDP 比重从 16%上升到 20%。其中，税收收入从 20 017 亿元增长到 45 622 亿元，占 GDP 比重从 14.7%上升到 17.7%。2008—2013 年，我国政府一般预算收入从 61 330 亿元增长到 129 210 亿元，占 GDP 比重从 18.2%上升到 21.79%。其中，税收收入从 54 224 亿元增长到 110 531 亿元，占 GDP 比重从 17%上升到 18.6%。2014—2018 年我国政府一般预算收入从 140 370 亿元增长到 183 360 亿元，占 GDP 比重约为 20%。其中，税收收入从 119 175 亿元增长到 156 402 亿元，占 GDP 比重从 18.5%降到 17%。2017 年部分国家政府财政收入占 GDP 比重如表 6—5 所示。

除了一般预算收入以外，我国政府以行政权力和国有资产所有者身份集中的社会资源还包括政府性基金收入、财政专户管理资金收入、社会保险基金收入和土地出让收入等四个部分。

表 6—5　2017 年部分国家政府财政收入占 GDP 比重　　　　　　　单位：%

国家	南非	日本	波兰	捷克	韩国	英国	法国	美国
年份	2017	2017	2017	2017	2017	2017	2017	2017
比重	17.8	12.8	33.6	31.8	27.8	35.2	44.7	19.4
国家	意大利	荷兰	斯里兰卡	加拿大	马来西亚	泰国	老挝	印度
年份	2017	2017	2017	2017	2017	2017	2017	2017
比重	37.9	39.2	13.7	20.0	16.3	19.2	14.5	12.9

数据来源：国际统计年鉴 2019。

6.3.4　影响财政收入规模的因素

1. 经济发展水平对财政收入的影响

一个国家财政收入规模的大小受多种因素影响，但最根本的是取决于经济发展水平。

一个国家的经济发展水平越高，社会产品就越丰富，其国民生产总值和国民收入也就越高，该国的财政收入规模也越大。从世界各国的现实状况来看，发达国家的财政收入规模大于发展中国家，中等收入国家的财政收入规模大于低收入国家，绝对数是如此，相对数也是如此。

2. 生产技术水平对财政收入的影响

生产技术水平也是影响财政收入总量的一个重要因素，它同财政收入之间存在一种正相关的关系。技术进步对财政收入的影响更为直接：19 世纪初一些发达国家经济增长因素中，技术进步所占的比重是 5.2%，到 20 世纪中叶占 40%，20 世纪 70 年代占 60%以上。在我国技术进步对财政收入的影响大于对整个经济的影响。据粗略测算，技术进步对财政收入增长的贡献是其他因素的 2.5 倍，它所创造的国民收入，每百元可提供 50 元财政收入，其他因素仅为 13 元。

3. 收入分配政策对财政收入的影响

收入分配政策是一国政府采取的对收入进行再分配的政策措施。一国政府在收入分配中越是追求公平，政府进行收入再分配的力度就会越大，政府要求掌握的财力就会越多。收入分配政策对财政收入规模的影响主要表现在两个方面：一是收入分配政策决定着剩余产品价值占整个社会产品价值的比例，进而决定财政分配对象的大小；二是分配政策决定财政集中资金的比例。2003—2007 年，我国政府财政收入从 32 605 亿元增长到 77 608 亿元，占 GDP 比重从 24%上升到约 30%。从表 6-5 中可以看出，我国政府财政收入占 GDP 比重不仅低于发达国家平均水平，而且低于发展中国家平均水平。这与我国的 GDP 分配过度向个人倾斜及分配制度不健全都有关系。改革开放以来，我国打破了原来的财政统收制度，但是并没有建立与市场经济相适应的新分配制度，使得国民收入分配过度地向企业和个人倾斜，财政收入占 GDP 的比重下降。改革开放之后的前十几年，财政收入占 GDP 的比例呈较快速度下降趋势，从 1978 年的 31.3%，快速下降到 1995 年的 10.3%。1994 年、1995 年、1996 年这三年，该比例始终低于 11%。但是自 1997 年开始，该比例又呈稳步上升状态，并于 2013 年达到 22.7%。之后几年，该比例逐渐下降到 2018 年的 19.9%。

4. 价格因素对财政收入的影响

财政收入一般表现为货币形态，而且以当年的现行价格水平计算。由于价格变动引起的 GDP 分配的变化也会影响财政收入有所增减。因此，财政收入也分为名义财政收入（不考虑价格变动的影响，以当年物价水平来表示的财政收入）和实际财政收入（剔除价格变动的影响计算出的财政收入）。物价上涨将会导致名义财政收入增加，如果物价的增长率超过了名义财政收入的增长率，那么就会导致实际财政收入下降（又称"虚增"现象）；如果物价上涨幅度低于名义财政收入的增长幅度，那么实际财政收入水平上升。

5. 社会文化因素对财政收入的影响

社会文化因素是影响财政收入规模的因素中最复杂的一个因素。它是通过影响和改变人的行为方式来影响财政收入。现实中在不同的文化条件下存在不同的管理理念，而这种理念差异决定着财政收入的规模。人们在探讨我国税收流失原因时就认为我国属于低信任度社会，人们没有很强的赋税观念，至今还有很多人对"缴税"认识很模糊，他们不知道政府征税是用来为社会提供公共产品、公共服务，认识不到纳税的必要性。

6.4　财政收入原则

6.4.1　财政收入的一般原则

财政收入是政府运用国家强制力在参与社会总价值分配过程中所形成的资金，在筹集的过程中，政府既不能竭泽而渔，也不能因噎废食，而应该遵守一定的客观原则。总体来说，财政收入要保证两个部分：财政收入的足额稳定和财政收入规模的适度合理。

财政收入足额稳定包括两个意义：一是财政收入的足额问题；二是财政收入的稳定问题。财政收入的足额是指政府要筹集足额的资金，以满足政府向社会提供公共产品的财力需要。财政收入额度是由政府提供公共产品的财力需要决定的。同时政府提供公共产品的财力也要受到财政收入的制约，政府既可以通过增加其收入而使财政收入足额，也可以通过减少政府经费支出等使财政收入不足变为足额。财政收入的稳定是指税收收入要相对稳定，把税收同国民生产总值或国民收入的比例稳定在一个适度水平，不宜经常变动，特别不宜急剧变动，以避免税收对经济正常秩序的冲击。税收收入的稳定是一个相对的概念，在经济发生重大变革，政府开支体系结构发生重大调整时，税收收入稳定与平衡就会被打破。但这种稳定的打破也必须受到财政税法规定的制约，不能任意扩大。财政收入的适度是指财税收入取之有度，尤其是税收征收率不能高，要尽可能避免过多征收而伤害企业和个人的积极性，影响经济持续稳定发展，而最终又影响财政收入的增长。

组织财政收入活动也可以看作是公共产品成本的一种分摊活动，在现代经济条件下，经济学家为这种成本分摊提供了两大原则。

1. 效率原则

简单地说，效率就是收益与成本之间的一种对比关系。组织财政收入的效率原则实际包含两个基本的含义：一是指在筹集财政收入的过程中，财政收入的筹集对整个国民经济是有效率的，即它能带来更多的收益，可以更好地配置资源，优化国民经济结构，平衡地区间的经济发展；二是指财政收入的筹集过程是有效率的，筹集成本比较低。总而言之，筹集财政收入要保证其收益最大，成本最小。

2. 公平原则

财政收入主要是为政府供给公共产品时提供财力支持的，而公共产品提供的成本分摊过程中要求有一定的公平性，要将公共产品的供给成本与从中获益的社会成员及其获益程度联系起来。公平原则要求财政收入在筹集的过程中要做到从公共产品中收益多的人多承担财政收入所带来的成本。但是，绝对的公平是很难达到的，因此在筹集财政收入过程中，还要注重支付能力原则。一般认为，现代社会中收入高的人比收入低的人要负担更多的公共产品供给成本是一种较为合理的制度。

6.4.2　我国市场经济条件下的财政收入原则

我国市场经济条件下的财政收入原则如下。

1. 发展经济，广开财源

发展经济、广开财源是我国组织财政收入的首要原则。经济发展是制约财政收入规模的重要因素。随着经济发展，社会财富不断增加，政府可支配的财源也相应增大，财政收入的来源随之扩大。国民收入的规模和增长速度同时也制约着财政收入的规模和增长速度。离开经济的发展，财政收入的组织就会成为无源之水，无本之木。

发展经济，广开财源原则体现了经济与财政的辩证关系。财政对经济具有很强的反作用力，财政收入的大小及使用效率对经济的发展速度和状况产生很深刻的影响，因此要做到增收增支。在当前的市场经济条件下，政府要为市场提供相应的公共服务，以保证经济顺利发展，促进财政的增收。同时，广开财源也要按市场规律办事。广开财源的目的并不仅仅在于尽可能多地筹集财政资金，而且还要追求经济效率损失最小，更好地培育和完善市场，促进经济发展，从而增大财源。

2. 兼顾三者利益和两级利益原则

所谓兼顾三者利益是指财政在处理国民收入分配取得自身收入的过程中，不能只顾财政收入的取得，还应将必要的财力留给单位和个人，以调动和发挥它们的积极性。在市场经济条件下，企业是独立的商品生产者和经营者，是市场活动的主体。因此，财政在从国有企业取得收入时，应摒弃过去那种"切蛋糕"的做法，而应更多地发挥市场的作用，主要通过生产要素的优化配置和市场竞争，使企业和个人获得必要的国民收入份额，以杜绝国家在参与国民收入分配过程中的主观随意性，防止财政过分压缩企业和个人财力的现象发生；同时，通过有序的市场运行，消除企业和个人过分挤占国家财政收入的现象。

兼顾两级利益是指国家财政在处理国民收入分配，并相应取得自身收入的过程中，应该同时兼顾中央级财政和地方级财政的利益关系。按目前的财政管理体制，我国的国家财政是分别由中央预算和地方预算构成的两级财政。两级财政各司其职，也形成各自的利益关系，因此在组织财政收入时应兼顾两级利益关系。

3. "区别对待、合理负担"原则

在市场经济条件下，国家应减少对市场运行的干预。这就要求财政政策应尽可能保持中性，以利于市场机制作用的发挥。目前，财政"区别对待"原则的内容应按照国家产业政策，对不同行业和产品实行区别对待的政策，通过引导市场促使国民经济结构合理化。随着经济市场化程度不断提高和价格改革的推进，应尽可能缩小财政"区别对待"的范围和程度，以减少政府对市场运行过多的干预和阻碍。至于"合理负担"原则，目前主要是对企业和农业生产单位而言的，还未贯彻到个人收入方面。随着改革开放的发展，我国居民个人之间的收入差距逐步扩大，个人的收入结构也日益复杂起来。因此，在我国目前已实行对个人收入征税制度的情况下，必须研究如何在个人收入分配方面贯彻财政的"合理负担"原则。[①]

4. 按"税收价格"来安排和组织财政收入原则

在市场经济条件下，为了避免政府活动对市场有效运行的干预，政府活动的范围只限于那些市场失灵的领域，因而财政支出的范围是有限的。财政组织收入应根据"税收价格"的理论来进行。所谓"税收价格"的理论，就是财政收入要与政府必须承担服务所需的费用相一致。如果财政在组织收入时继续贯彻"越多越好"的原则，那么必然造成过多地将私有部

---

① 刘海滨. 论市场经济条件下财政收入原则的调整 [J]. 财会月刊，1993（9）。

门资源转移到国家财政手中，不利于资源的优化配置。因此，财政组织收入时，应按市场能否有效配置社会资源来确定财政支出范围，并进而确定这类支出的"税收价格"，按照受到市场约束的财政支出来组织和安排财政收入。

6.5　国家非税收入

世界银行关于政府非税收入的定义为，经常性非税收入是政府为公共目的而取得的无须偿还的收入，如罚款、管理费、政府财产经营收入等，以及政府以外的单位自愿和无偿地向政府支付的款项等。经常性非税收入包括政府间拨款、借款、前期贷款收回以及固定资产、股票、土地、无形资产的售卖变现收入，也包括来自非政府部门的以资本形成为目的的赠与收入。综观世界各国政府的非税收入，其一般的构成状况是：政府收费收入、国有资产经营收益、国有资源收入以及政府性基金等。从各国财政收入的结构来看，一般非税收入占全国财政收入的10%～20%，在地方财政收入中，非税收入占的比重相对更高一些。

6.5.1　国有资产收入

1. 国有资产的概念

国有资产是指产权属于国家所有的资产，它是国家依据法律主权取得的或由于资金投入、资产收益及接受馈赠而形成的资产。以生产资料公有制为基础的社会主义国家，国有资产的所有权属于全体人民，政府是其法定代表。国有资产是生产资料公有制的载体，也是社会主义制度存在和发展的物质基础。

2. 国有资产的分类

对国有资产进行分类，是将名目繁多的国有资产按其内在性质和相互关系进行科学、系统的归并和排列。合理的分类有助于加强对国有资产的宏观调控和微观管理，以增加国有资产的收益。较常用的国有资产分类方法主要有：一是按照国有资产的存在形态，可以分为以自然资源为主的国有资产，人类开发、加工、利用形成的国有资产以及经营性的国有资产。二是按照国有资产的形成方式，可以分为国家依据法律、主权取得的资产，国家投资形成的资产，国家接受馈赠形成的资产。三是按照国有资产的自然形态分类，可分为有形资产与无形资产。有形资产是指兼具价值形态和实物形态的资产，无形资产是指不具备实物形态，却能在一定时期里提供收益的某些特殊的国有资产，主要是指所有权归国家所有的知识产权，如发明权、专利权、商标权、版权等。四是按照国有资产的经济用途分类，可以分为经营性资产与非经营性资产。经营性国有资产是指能够经营使用，具有保值、增值，创造经济效益功能的国有资产；非经营性国有资产是指不直接参与生产、流通过程，不具有保值、增值及创造经济效益功能的国有资产。

3. 国有资产与国家财政的关系

国有资产与国家财政之间存在密切关系，国有资产的形成离不开财政的支持，财政代表着国家参与国有资产运营所创利润的分配过程，二者之间存在资金双向流动关系。

从国有资产的资金来源来看，绝大部分国家的国有资产来源于财政投资。各国国有资产的投资途径主要有以下几种：

（1）财政拨款。财政部门在每年的预算支出中安排一定数额的资金，投资于国家的新建、改建、扩建项目，其投资直接形成国有资产。

（2）股份筹资。国家作为国有资产的主要股东，以发行股票的方式为国有资产运营主体筹资，由此形成国有股份制企业。国际上一般认为，在股份制企业中，只要国家股占50%左右，即可视为国有资产。

（3）政府贷款。国家以优惠的条件，由政府基金或政府借款机构提供长期贷款，用以支持国有资产的外延性或内涵性扩大再生产投资。

（4）贷款担保。当国有资产运营主体向商业银行要求贷款，或在国际傻瓜举债时，往往由政府财政部门以其经常性收入做担保，一旦国有资产运营主体无力偿债，政府财政部门将成为最终债务人，为国有资产运营主体清偿债务。此外，国家财政还为某些国有资产运营主体的银行提供利息补贴。

（5）国有资产运营主体自筹资金。国有资产运营主体的折旧基金和利润积累是其自筹资金来源的基本部分。在一定时期内，国有资产运营主体自我积累能力的大小，是与国家参与其税后利润分配的状况有直接关系。

4. 国有资产收入形式

国有资产收入是国家以国有资产所有者身份，以其所拥有的资产取得的收入，国有资产收入是其财政收入的组成部分。

各国财政收入中，国有资产收入所占的比重不同，这取决于两个原因：一是国有资产的规模。在国民经济结构中，国有资产的规模越大，财源基础越雄厚，通常在财政收入中所占的比重就越大。二是国有资产的营运效益。国有资产营运效益是指国有资产的收益和扩大再生产的能力。国有资产在营运中有一定的收益，而不是大范围的亏损经营就可以形成相对稳定的财政收入。如果国有资产在营运中有较大的增值，有余力从事扩大再生产的投资，这就为未来财政收入的稳步增长奠定了基础。

国有资产收入形式取决于国有资产的经营方式，由于非经营性国有资产不具有保值、增值和创造经济效益的功能，所以国有资产收入主要来自经营性国有资产收入和国有资产转让收入。其具体的收入形式如下。

（1）利润上缴收入。利润上缴是经营性国有资产将实现的一部分利润，按预算体制的规定，以各种形式上缴国家财政的利润收入，如利润全额上缴、承包上缴利润、上缴利润递增包干等具体形式。

（2）租赁收入。租赁收入是指国家将国有资产出租给承租人而获得的租赁收入，适用于租赁经营制。租赁经营是实现国有资产所有权与经营权分离的一种有效方式，是国家通过使用权的让渡而取得的一种收益。

（3）股利收入。股利收入是指实行股份制经营的国有资产，按国家所占的股份分配给国家的收入。国际上，国有资产多实行股份制经营，国家与其他股东一样，以股息、红利等形式，按其持有股权的份额参与国有资产利润的分配，这种分配制度规范而稳定。股份制经营的国有资产股本以国家股为主，国家股是指中央、地方有关国有资产管理部门投资形成的股份，主要包括：国有资产中由国家投资形成的固定资产、国拨流动资产和专项拨款；各级政府财政部门、经济主管部门对国有资产的投资入股；原有行政公司统筹资金形成的国有固定资产。国有资产股份制经营是国际通行的资产产权组建形式，这种形式有利于所有权与经营权的分离，有助于规范投资者与经营者之间的关系。

（4）国有资产转让收入。国有资产转让收入是指国家转让国有资产产权的收入和转让国有资产使用权的收入。转让国有资产产权收入，是国家通过对国有资产产权的转让、出售、拍卖、兼并等方式所获得的收入。转让国有资产的产权是国有资产产权重组的重要方式，采用这种方式，有利于将国有资产推向市场，提高其经济效益，同时也有利于国家筹集财力，用于国民经济产业结构的调整和重点建设项目的投资。但是，对具有垄断性质的、关系到国民经济命脉的国有资产产权必须归国家所有，而不能随意实行产权转让。转让国有资产使用权的收入，是国家通过国有资产使用权的转让所取得的收入，主要指对自然资源的开发或开采。自然资源属于国家所有，为有效发挥自然资源的利用价值，国家转让草原、矿藏、河流、石油、森林等资源的使用权，并从转让使用权中获取收益，成为财政收入的来源。

我国以生产资料公有制为主体，国有资产及国有资产运营主体——国有企业与国家财政之间有着密切的关系，是国家财政收入的重要来源。

5. 国有资产的管理

国有资产管理是国家以产权为基础，以提高国有资产运营的经济效益和社会效益为目标，以资产占有者和使用者为对象开展的管理活动。对不同性质的资产，国家规定不同的管理目标。对于投入企业的经营性国有资产的管理，除公益性企业外，以实现资产增值为主要目标；对于行政事业单位占用的非经营性国有资产的管理，以合理配置，防止资产流失，保证资产的有效、节约使用为主要目标；对于土地、海洋、水流、矿产、森林、草原、滩涂等资源性国有资产的管理，以合理有偿开发和综合利用为主，使可再生资源得到补偿和不可再生资源得到开发替代，保护环境，形成良性循环为主要目标的国有资产管理体制。

国有资产管理主要包括国有资产管理体制改革、国有资产的基础管理、国有资产的投入管理、国有资产的运营管理和国有资产的收益分配管理。

1）国有资产管理体制

国有资产管理体制是在中央与地方之间、国家与国有企事业单位之间划分国有资产管理职责、权限、利益的制度。它是国民经济体制的重要组成部分。国有资产管理体制是国民经济管理中产权关系的具体表现形式。国有资产管理体制在运行中需要规范和协调相关利益主体之间各种复杂的经济关系。具体来说，应该处理好四个方面的关系：一是中央政府与地方政府之间的关系，要做到兼顾中央和地方的利益，调动各级政府的积极性，以实现对国有资产的有效管理目标；二是政府内部各部门之间的关系，主要是要解决国有资产产权管理职能部门与行政管理职能部门之间合理分工与密切合作问题；三是政府与企业之间的产权关系，主要是处理好国家终极所有权与企业法人财产权的关系，实现国有资产国家统一所有与企业自主经营相结合，使企业真正成为市场经济主体；四是国有资产管理部门与产权运营机构之间的关系，主要是使国有资产产权管理与产权营运职能分离，以实现国有资产系统内部的政企分开，提高管理效率和营运效益。

2）国有资产管理的主要环节及内容

（1）基础管理。国有资产的基础管理是指国有资产管理部门和机构在国有资产管理基础环境开展的产权管理、统计管理和评估管理等基础性工作。其主要内容有：国有产权界定，清产核资，建立国有资产统计、核算、评价体系等一系列具体管理工作。

（2）投入管理。对生产经营领域投入国有资产的活动可称为国有资产的投资。国有资产投资是国有资产生产经营活动的起点，其内容主要包括投资主体的确定、投资规模和结构的选择、投资项目的监督等。

（3）运营管理。国有资产的运营管理主要是指投入的国有资产形成能力之后，以增值为目标进行的运营国有资产的活动。其内容包括运营方式的选择、经营业绩的考核、经营活动的监督等。

（4）收入分配管理。国有资产收入分配管理是指对国有资产收益的分配、使用等活动的管理，其实质是国家、企业以及职工个人之间的经济利益关系，具体包括经营性国有资产收益分配、非经营性国有资产收益分配和资源性国有资产收益分配的管理。管理内容主要涉及国有资产收益的确认、收益分配的原则以及对企业留利、非营利单位国有资产收益的使用和监督。

6.5.2 政府性收费收入

1. 政府收费的概念和分类

政府收费是政府在提供公共服务、公共设施或实施行政管理的过程中，向受益或管理对象所收取的费用。政府收费体现了一种政府的行为，是非税收入的重要组成部分。

世界各国都普遍采取政府性收费形式以筹措财政资金，所以有不同的分类方法。

（1）按照收费的性质分为规费和使用费。规费是政府为单位、居民个人提供特定服务或实施特定行政管理而收取的工本钱或手续费，包括行政规费和司法规费。使用费是政府向特定公共设施或公共服务的使用或受益者收取的费用，如交通设施费、医疗费用、教育费用、公用电话使用费、文化事业费等。使用费是政府性收费的主要部分，尽管各自对公共设施使用的收费范围、收费项目、收费标准并不相同，但都构成政府主要的收费来源。

（2）按照执行收费权利的主体划分为行政管理性收费、事业服务性收费和专项收费。

（3）按照收费资金的管理渠道分为财政预算内管理的收费、财政预算外专储性收费和征收单位自收自支的收费。

2. 政府性收费的形式特征

（1）强制性。这是指政府性收费体现为国家执行其职能的需要，任何单位和个人在接受政府提供特定的管理或公共服务时，都必须要依照法律、法规，足额交纳费用。同税收一样，政府性收费也具有法律意义上的强制性。

（2）收费与服务供给的对等性。政府性收费体现为受益者与付出者之间有直接的对应关系，这可以从两个方面进行分析。就政府而言，政府收费的目的是为单位或公民提供特定的公共服务，如果政府提供的公共服务不收取任何费用，就很容易造成人们对公共服务的过度消费和使用。人们不需要付出任何费用，却从政府提供的服务中坐享其成，"搭便车"现象的出现，使消费人数超过政府的承担能力，从而产生拥挤成本。适度的收费可以将"搭便车"者排斥在外，政府可以拒绝为不按规则交费或不足额交费的人提供公共服务，避免了拥挤成本。就受益者而言，在完成交费行为时，有权利充分享受政府提供的特定的管理和公共服务，而且在享受特定的管理和公共服务时，有权对政府管理和服务的质量给以评价及必要的监督。

（3）补偿性。在市场经济条件下，除政府性收费外，大量存在的是经营性收费。经营性收费是最讲效率的，不仅要补偿成本，而且要追求利润。政府性收费实质是将市场的交易效率引入公共领域，必然也会涉及交易费用，即收费标准问题。如果政府性收费标准过高，就会失去政府收费的本质，变相成为经营性收费。如果政府性收费标准过低，不仅不能抵补政府提供公共服务的成本开销，而且也会造成拥挤成本。因此，政府性收费必须遵循非营利性原则，收取补偿成本的费用，达到个人边际费用总和等于公共服务的边际成本。

（4）收费主体的多元化。具有收费权力的主体是隶属于政府的各级行政机关和事业单位，收费收入不论是否纳入预算管理，一般都具有专款专用性，与各收费主体的利益直接挂钩，收费越多表明单位可支配的资金也越多。

（5）收费定价的垄断性。政府提供的公共品和服务都具有一定的垄断性，如国防、社会治安等。所以，政府的行政事业服务必然具有垄断性，收费价格常常也是由政府部门单方面决定，消费者对于政府收费的标准基本上没有多少自由裁量的权力。如果科学合理地确定行政事业服务的价格标准时需要探索和研究的。

3. 政府性收费的积极作用

（1）政府性收费有利于提高政府公共服务和管理的质量。政府提供公共服务和管理活动的经费来源有两种：一是征税，二是收费。如果政府提供的公共服务和管理的经费完全依靠政府的拨款，政府就要从税收收入中支付这些费用。这样不仅会增加纳税人的负担，而且会造成政府公共服务和管理活动的供应不足和质量的低劣。如果政府提供的公共服务和管理活动的经费实行政府收费，不仅可以减轻政府的财政负担，而且可以保证资金的供应，使公共服务和管理的供给不断增加。由于受益者在交费后，有权对其享有的公共服务和管理活动的质量进行监督和评价，从而促使国家行政事业单位提高公共服务和管理的质量。

（2）政府性收费有利于弥补"外部效应"。在当代社会，微观主体的一些行为会对其所处的外部环境产生正的或负的外部效应。从外部负效应来看，如果某工厂排放污水对周围的环境带来了污染，却没有采取治理措施，这必然会造成周围环境的恶化。这时，政府可以对该工厂征收排污费，再用这笔费用来治理污染。类似的还有交通违章和事故处理费、各种罚没款等。通过对这类费用的征收可以消除或减轻由市场失灵所带来的"外部负效应"。政府性收费有利于资源的节约使用。资源是有限的，过度消费会导致资源的枯竭，政府采取收费方式，在使用资源时使用者，会考虑到成本问题而选择不进入，从而可以有效地缓解资源紧缺的问题。

（3）政府性收费有利于减少财政压力并形成财政收入。人们对公共产品的需求是在不断增加的，这必然要求有大量的财政资金投入，财政因此而承受着较大的压力。政府性收费依据"谁受益，谁付费"的原则，向直接受益者收取费用，这种筹集财政收入的方式是受益人能够而且愿意接受的，并且在一定程度上弥补了财政收入的不足，有利于改善财政收入的状况。

4. 政府收费的管理

政府收费是政府管制的核心，规范管理政府收费的前提是必须严格区别政府性收费与经营性收费。如果将属于市场行为的收费纳入政府性收费，将造成政企职责不分，导致政府职能弱化和财政资金流失，甚至会促使收费部门利用行政权力与垄断地位肆意收费，出现权力商品化，滋生腐败。所以，应将经营性收费从政府性收费管理范围中分离出去。

目前，对于政府收费管理，国际上通行做法是收费的相关事宜包括收费项目、收费标准、收费范围、收费依据和程序等大都通过立法来确定，立法层次一般集中在中央和省两级。收费项目有的经过全国人大（有的国家是议会）批准，有的经过政府批准，对符合规定设立的收费项目，实行收费目录管理制度和收费公告制度，接受社会监督。

加强收费资金管理，全面落实"收支两条线"制度。政府收费实行票款分离的收缴办法，即单位只开具收费凭证，而由缴费人到指定的银行或专门的收费机构去缴费。这种方式可以增强收费的透明度，有效避免收费单位任意扩大收费范围，随意改变收费标准及坐支费用等行为。对于不能采取票款分离办法的，可以委托单位直接收取，集中上缴国库或预算外资金财政专户的管理办法，同时在单位应当实行开票和收款相分离制度。政府收费应全部纳入财政管理，加强收费资金的预算管理，从根本上切断政府各部门支出与收费的联系。

6.5.3　政府性基金

1. 政府性基金的分类

政府性基金是国家凭借行政权力或政府信誉，依照法律法规并按程序经有关部门审议批准，向单位和个人征收具有专项用途的资金。政府性基金与政府性收费一样，都属于非税收入。设立政府性基金的目的主要是用于经济建设和事业发展，所以政府性基金是具有专项用途的资金，一般实行专款专用。政府基金按范围分类，可分为各种具有专门用途的基金、资金、附加、专项收费和经国务院批准从财政预算内拨款设立的专项资金、基金等；按资金使用分类，可分为工业发展基金、教育事业基金、城市建设基金等；按筹集人分类，可分为附加在税收上征收的基金（如教育费附加、农业税附加等）、附加在价格上征收的基金（如电力建设基金、铁路建设基金、邮电附加等）、以销售收入或事业收费为对象征收的基金（如文化事业建设费等）；按性质分类，可分为社会公益性基金（医疗保险基金、失业保险基金、养老保险基金、残疾人就业基金等）、社会调控性基金（如粮食、副食品基金、棉花价格风险基金等）、政府投资性基金（如电力、铁路、民航基础设施基金）等。

2. 政府性基金的特征

（1）强制性。即政府性基金体现为政府凭借行政权力，依据法律法规而强制征收，单位和个人必须依法、足额缴纳。通常，政府性基金被称为是一种典型的"准税收"。

（2）专用性。即政府性基金是具有专项用途的基金，实行专款专用，严禁挪为他用。政府性基金的资金雄厚，在国家预算中具有相对独立的收支运行渠道，并由专门的机构进行运作。

（3）保值、增值性。即政府性基金的使用不仅是非补偿性的，而且要采取运营式的管理，要在保值的基础上实现增值，不断扩大基金的规模。政府性基金可以进入证券市场或投融资领域，从事风险小、有一定收益的项目。

3. 政府性基金的作用

政府性基金的作用大体可以体现在两个方面：① 政府性基金有利于满足国家经济建设和公益事业发展的需要。从经济建设的需要来看，政府性基金项目中有一部分是专门为经济建设而设立的，如电力基金、铁路建设基金、邮电附加、航空基础设施基金等，都是专门用于国家重点的、基础性的建设项目。这些项目需要的资金数量大，建设周期相对较长，如果只靠每年的预算拨款支持日益增长的经济建设的需要，无疑会增加预算的压力，不能保证资合的充足供应。设立公益事业性的政府基金，一是有助于发挥互助互济精神，人们在缴纳基金的同时，可以从社会得到回报，成为基金的享用者，如在劳动年龄缴纳的养老保险金和到退休后领取的养老金就是典型的例子，其他公益性的基金也在不同程度上起到维护公民权益的作用；二是保证基金的正常支付，促进了基金的有效运营，在保证公益事业需要的基础上，发展社会公益事业。② 政府性基金有利于扩大财政投融资的规模。财政投融资是财政依据信用原则，以投资和融资的方式有偿经营资金的活动。政府性基金是一笔集中性的、数额可观的待用资金，也是国家可动用的一笔资金。就财政角度而言，政府性基金中有相当一部分是社会保险基金，这部分基金有较长的储存时间，当基金在运营中出现收不抵支时，由国家财政予以补充。因此，国家财政在管理社会保险基金时，可以对基金稳定的积累余额部分，纳入财政投融资渠道，进行基金的有效运作。

6.5.4 国家加强对非税收入的管理

近年来，各级财政部门全面清理取消不合法、不合理的收费、基金，切实规范和加强非税收入管理。2008 年，在全国统一停征了个体工商户管理费和集贸市场管理费，涉及金额约 170 亿元；在全国统一取消和停征了 100 项行政事业性收费，涉及金额约 190 亿元；各省、自治区、直辖市取消和停征了 1 207 项省级审批的行政事业性收费，降低了 170 项收费标准，涉及金额约 103 亿元，切实减轻了企业和社会负担。完善预算管理制度，制订了到 2011 年将非税收入全部纳入预算管理的计划。对仍在预算外管理的全国性及中央部门和单位的行政事业性收费，2009 年全部纳入预算管理；对仍在预算外管理的地方审批设立的行政事业性收费，2009 年大部分要纳入预算管理，其余部分在 2011 年前全部纳入预算管理。建立健全政府性基金预算编制制度，推进中央和地方基金预算编制工作，保证基金预算的完整和准确，全面清晰地反映所有基金的收支情况。深化非税收入征管方式改革，全面推进非税收入收缴改革，大部分中央部门实施了改革。地方财政部门在全面清理非税收入项目、取消执收部门和单位收入过渡账户、规范执收行为的基础上，普遍推行了"单位开票、银行代收、财政统管"的非税收入征管制度，大部分省份已建立起比较规范、有效的征管体系，实现了执收执罚行为与资金收缴相分离，增强了执收执罚行为的透明度。研究制定《政府非税收入管理条例》工作取得新进展，湖南、广西等省区制定了非税收入管理的地方性法规，一半以上的省级政府制定非税收入管理办法，增强了非税收入管理的约束力。①

针对上述情况，根据正税清费的原则，通过进一步推进税费改革、规范财政收入秩序、优化财政收入结构，充分发挥税收筹集财政收入的主渠道作用，以增强政府的统筹协调和宏观调控能力，提高财政对政府履行公共服务职能的保障水平。

小 结

1. 财政收入是指政府为了履行其职能，满足其实施公共政策以及提供公共服务的资金

---

① http://www.gdte.cn/showpage.jsp?infoId=200905181308。

需求，依法从国民收入分配中提取和集中的一部分价值物，一般表现为政府部门在一定时期内（一般为一个财政年度）所取得的货币收入。

2. 财政收入按收入形式分类主要包括税收收入、社会保险基金收入、非税收入、债务收入、贷款转贷回收本金收入、转移性收入。

3. 财政收入的所有制结构，是指财政收入作为一个整体，是由不同所有制的经营单位各自上缴的利润、税金和费用等部分构成的。财政收入的所有制结构是国家制定财政政策、制度，正确处理国家同各种所有制经济之间财政关系的依据。

4. 财政收入规模也就是财政收入的总水平，是衡量国家财力和政府在社会经济生活中行使职能范围的重要指标，它受经济发展水平、生产技术水平和收入分配政策等因素的影响。

5. 财政收入要遵循客观原则。总体来说，财政收入要保证两个部分：财政收入的足额稳定和财政收入规模的适度合理。

6. 非税性政府收入主要包括国有资产收入、政府性收费、政府性基金和其他收入。经常性非税收入是政府为公共目的而取得的无须偿还的收入，如罚款、管理费、政府财产经营收入等，以及政府以外的单位自愿和无偿地向政府支付的款项等。经常性非税收入包括政府间拨款、借款、前期贷款收回以及固定资产、股票、土地、无形资产的售卖变现收入，也不包括来自非政府部门的以资本形成为目的的赠与收入。

学习建议

1. 本章重点

财政收入的分类和原则；财政收入规模及其影响因素；国家非税收入的主要内容；国有资产管理的内容

2. 本章难点

财政收入规模的测度方法；财政收入结构分析；政府性收费

核心概念

财政收入　财政收入规模　政府性收费　国有资产　政府性基金　财政收入结构

思考与练习

1. 财政收入的形式有哪些？请列举三种主要的财政收入形式，试比较它们之间的差异。
2. 影响财政收入规模的主要因素有哪些？
3. 简述我国财政收入结构的变化过程。
4. 论述我国非税收入的主要种类及各自的特点。
5. 请结合事实，试述如何对我国的国有资产收入进行管理。

第 7 章

税 收 原 理

学习目标

1. 掌握税收的定义、特点及原则。
2. 熟悉税收的分类、税负转嫁及其方式。
3. 掌握税收制度的构成要素及其相关内容。

税收是一个人们十分熟悉的古老的经济范畴。它从产生到如今，经历了不同的社会形态，有着几千年的历史。奴隶制社会、封建制社会以及资本主义社会都存在税收，社会主义社会也仍然存在税收，并且随着社会的发展，其作用显得日益重要。本章将阐述税收的基本理论，主要说明税收的特征、税收的原则、税收负担及其转嫁、税收分类及税制结构等问题。

7.1 税收与税收制度

7.1.1 税收的定义与特征

1. 税收的定义

税收是政府为了满足社会公共需要，凭借政治权力，强制、无偿地取得财政收入的一种形式。

对于税收的定义，可从以下几个方面来理解：

（1）税收是国家取得财政收入的一种重要手段。从最直观的角度来看，税收是国家的一种财政收入，或者说是国家取得财政收入的一种工具、一种手段。国家要行使职能必须有一定的财政收入作为保障。国家取得财政收入的手段，可以多种多样。税收在不同的历史时期，在各种不同的国家里都普遍存在，并且在国家财政收入中占有重要的地位。税收是大部分国家取得财政收入的主要形式。我国自 1994 年税制改革以来，税收收入占财政收入的比重基本都维持在 90% 以上，说明税收是目前我国政府取得财政收入的最主要手段。

（2）国家征税的目的是满足社会公共需要。国家在履行其公共职能的过程中必然要有一定的公共支出。国家通过征税来满足国家提供公共产品的需要，其中包括政府弥补市场失灵、促进公平分配等的需要。同时，国家征税也要受到所提供公共产品规模和质量的制约。

（3）国家征税凭借的是政治权力。国家通过征税，将一部分社会产品由纳税人所有转变为国家所有，因此征税的过程实际上是国家参与社会产品的分配过程。国家与纳税人之间形成的这种分配关系与社会再生产中的一般分配关系不同，涉及两个基本问题：一是分配的主体；二是分配的依据。税收分配是以国家为主体所进行的分配，而一般分配则是以生产要素的所有者为主体所进行的分配；税收分配是国家凭借政治权力进行的分配，而一般分配则是基于生产要素所进行的分配。国家通过制定法律征税，纳税人则依照法律纳税，不依法纳税就会招致法律制裁。国家机器（如警察、法庭、监狱等）的存在，保证了法律的实施。总之，税收是国家在国家机器的保证下，通过法律体现国家意志，强制地取得财政收入，从而参与社会的分配。

（4）国家征税必须借助法律形式进行。国家向纳税人征税，是将一部分社会剩余产品或一部分既得利益从纳税人所有转变为国家所有。然而，在这种经济利益的转移过程中，其总量与结构都是不能随意改变的，必须按照事先确定的标准，由国家与纳税人双方共同遵守，违反这种约定要受到一定的惩罚，出现争议要有公平的解决方式。这样，将征税仅仅视为一种经济利益的转移就不够了。而借助法律，通过规定税收权利义务的方式可以提供一种行为模式。如果作为法律主体的国家或纳税人不履行法定义务或不适当地行使法定权力，法律将以强制手段予以追究，出现纠纷或争议也可以用诉讼这种规范的法律形式予以解决，从而保证法律调整机制的实现。因此，税收所反映的分配关系要通过法的形式才得以实现。

2. 税收的特征

税收特征，亦称"税收形式特征"，是指税收分配形式区别于其他财政分配形式的质的规定性，是税收本质属性的外在表现，是区别税与非税的外在尺度和标志，是一切社会形态下税收的共性。税收的特征通常概括为税收"三性"，即无偿性、强制性和固定性。

（1）无偿性。税收的无偿性是指国家征税以后，其收入就成为国家所有，对具体纳税人既不需要直接偿还，也不付出任何直接形式的报酬，纳税人从政府支出所获利益通常与其支付的税款不完全成一一对应的比例关系。税收的无偿性特征是从直观的角度对具体的纳税人来说的。税收这个特征，是国家财政支出的无偿性决定的。从税收的产生来看，国家为了行使其职能，需要大量的物质资料，而国家机器本身又不进行物质资料的生产，不能创造物质财富，只能通过征税来取得财政收入，以保证国家机器的正常运转。这种支出只能是无偿的，国家拿不出任何东西来偿还公民缴纳的税收。税收的无偿性，使得国家可以把分散的资金财力集中起来统一安排使用。这种无偿的分配可以贯彻国家的政策，改变国民收入使用额的构成和比例，正确处理积累和消费的比例关系；同时也能改变财产分配状况，在阶级存在的情况下，改变阶级占有财富的状况。

（2）强制性。税收的强制性指税收是国家凭借政治权力，通过法律形式对社会产品进行的强制性分配，而并非纳税人的一种自愿交纳，纳税人必须依法纳税，否则会受到法律制裁。国家征税的方式之所以是强制的，就是由于税收的无偿性这种特殊分配形式决定的。国家征税就必然要发生社会产品所有权或支配权的单方面转移，国家得到这部分社会产品的所有权，纳税人失去了对这部分社会产品的所有权。特别是这种所有权或支配权的单方面转移又是无偿的，国家征税以后，既不向纳税人支付任何报酬，也不直接归还纳税人。所有这些就决定了国家征税只能凭借政治权力，把分散在不同所有者手里的一部分社会产品无偿集中起来，满足国家行使其职能的需要。具体来看，中国宪法规定公民有纳税的义务，并且在刑法一百二十一条中规定："违反税收法规偷税、抗税情节严重的，除按照税收法规补税并且可以罚款外，对直接责任人员，处三年以下有期徒刑或者拘役。"税收的强制性是国家的权力在税收上的法律体现，是国家取得税收收入的根本前提。它也是与税收的无偿性特征相对应的一个特征。正因为税收具有无偿性，才需要通过税收法律的形式规范征纳双方的权利和义务，对纳税人而言依法纳税既是一种权利，更是一种义务。

（3）固定性。税收的固定性是国家财政收入的需要。国家的存在、国家机器的正常运转以及国家行使其职能，对于财政收入的需要是固定的，国家要维持国家机关以及国家机器正常运行需要大量的物质资料；国家用在这些方面的支出一天也不能缺少，国家必须有稳定可靠的收入来源。税收的固定性是指税收是国家通过法律形式预先规定了对什么征税及其征收比例等税制要素，并保持相对的连续性和稳定性。即使税制要素的具体内容会因经济发展水平、国家经济政策的变化而进行必要的改革和调整，但这种改革和调整也总是要通过法律形式事先规定，而且改革调整后要保持一定时期的相对稳定。税收固定性对国家和纳税人都具有十分重要的意义。对国家来说，可以保证财政收入的及时、稳定和可靠，可以防止国家不顾客观经济条件和纳税人的负担能力，滥用征税权力；对于纳税人来说，可以保护其合法权益不受侵犯，增强其依法纳税的法律意识，同时也有利于纳税人通过税收筹划选择合理的经营规模、经营方式和经营结构等，降低经营成本。

税收三性是一个完整的统一体，它们相辅相成、缺一不可。其中，无偿性是核心，强制性是保障，固定性是对强制性和无偿性的一种规范和约束。

7.1.2　税收制度的含义与税收制度要素

1. 税收制度的含义

税收制度简称"税制"，是在税收分配活动中税收征纳双方所应遵守的行为规范的总和。其内容主要包括各税种的法律法规以及为了保证这些税法得以实施的税收征管制度和税收管理体制。其中，各税种的法律法规是税收制度的核心内容。

从法律角度讲，一个国家在一定时期内、一定体制下以法定形式规定的各种税收法律、法规的总和即为税法体系。但从税收工作角度讲，税法体系往往被称为税收制度，即一个国家的税收制度是指在既定的管理体制下设置的税种以及与这些税种的征收、管理有关的，具有法律效力的各级成文法律、行政法规、部门规章等的总和。换句话说，税法体系就是通常所说的税收制度（简称税制）。

一个国家的税收制度，可按构成方法和形式分为简单型税制及复合型税制。简单型税制主要是指税种单一、结构简单的税收制度；复合型税制主要是指由多个税种构成的税收制度。

在现代社会中，世界各国一般都采用多种税种并存的复合型税制。一个国家为了有效取得财政收入或调节社会经济活动，必须设置一定数量的税种，并规定每种税的征收和缴纳办法，包括对什么征税、向谁征税、征多少税以及何时纳税、何地纳税、按什么手续纳税、不纳税如何处理等。

因此，税收制度的内容主要有三个层次。一是构成税种的要素，包括：纳税人、征税对象、税目、税率、纳税环节、纳税期限、减税免税等。二是构成税种的税收制度，包括所得税（直接税），如企业（法人）所得税、个人所得税，也包括流转税（间接税），如增值税、消费税、营业税及其他一些税种，如财产税（房地产税、车船税）、关税、社会保障税等。

三是规范税款征收程序的法律法规，如税收征收管理法等。

税收制度是税收本质的具体体现。税收的本质是国家凭借政治权力对社会剩余产品进行分配的一种特定的分配关系，这种分配关系要得以实现，必须通过具体的、外在化的税收制度予以落实。税收制度正是通过税收构成要素的设置，使得国家和社会经济主体的分配关系确定下来，从而使税收的本质规定性得以具体体现。

国家税收制度的确立，要根据本国的具体政治经济条件。所以，各国的政治经济条件不同，税收制度也不尽相同，具体征税办法也各有千秋、千差万别。就一个国家而言，在不同的时期，由于政治经济条件和政治经济目标不同，税收制度也有着或大或小的差异。

2. 税收制度要素

税收制度由各种税收要素构成，税收要素的具体规定性决定了税收的具体形式。税收制度的构成要素主要包括以下几个方面的内容。

1）纳税义务人

纳税义务人简称"纳税人"，是税法中规定的直接负有纳税义务的单位和个人，也称"纳税主体"。无论征收什么税，其税负总要由有关的纳税人来承担。每一种税都有关于纳税义务人的规定，通过规定纳税义务人落实税收任务和法律责任。纳税义务人一般分为自然人和法人两种。自然人，指依法享有民事权利并承担民事义务的公民个人。例如，在我国从事工商业活动的个人，以及工资和劳务报酬的获得者等，都是以个人身份来承担法律规定的民事责任及纳税义务。法人，指依法成立能够独立地支配财产，并能以自己的名义享受民事权利和承担民事义务的社会组织。例如，我国的国有企业、集体企业、合资企业等，都是以其社会组织的名义承担民事责任的，法人同自然人一样，负有依法向国家纳税的义务。

实际纳税过程中与纳税义务人相关的概念如下。

（1）负税人。纳税人与负税人是两个既有联系又有区别的概念。纳税人是直接向税务机关缴纳税款的单位和个人，负税人是实际负担税款的单位和个人。纳税人如果能够通过一定途径把税款转嫁或转移出去，纳税人就不再是负税人。否则，纳税人同时也是负税人。造成纳税人与负税人不一致主要是由于价格和价值背离引起税负转移或转嫁。我国出现价格与价值背离有两种情况：一种是国家为了调节生产、调节消费，有计划地使一些商品的价格与价值背离，把一部分税收负担转移到消费者身上，例如，对烟、酒、化妆品等采取的高价高税政策即属于这种情况；另一种情况是在市场经济条件下，商品价格随着市场供求关系的变化而自由波动，当某些商品供不应求时，纳税人可以通过提高价格把税款转嫁给消费者，从而使纳税人与负税人不一致。

（2）代扣代缴义务人。代扣代缴义务人是指有义务从持有的纳税人收入中扣除其应纳税款并代为缴纳的企业、单位或个人。对税法规定的扣缴义务人，税务机关应向其颁发代扣代缴证书，明确其代扣代缴义务。代扣代缴义务人必须严格履行扣缴义务。对不履行扣缴义务的，税务机关应视情节轻重予以适当处置，并责令其补缴税款。例如，《个人所得税法》规定：个人所得税以所得人为纳税义务人，以支付所得的单位或个人为扣缴义务人。在两处以上取得工资、薪金和没有扣缴义务人的，纳税义务人应当自行申报纳税，即实行支付单位源泉控制和纳税人自行申报两种办法。实行单位源泉扣缴办法的，以向个人支付应纳税收入的单位为扣除义务人，其应纳的个人所得税，由支付单位按规定税率计算扣缴。

（3）代收代缴义务人。代收代缴义务人是指有义务借助与纳税人的经济交往而向纳税人收取应纳税款并代为缴纳的单位，主要有受托加工单位，生产并销售原油、重油的单位等。代收代缴义务人不同于代扣代缴义务人。代扣代缴义务人直接持有纳税人的收入，可以从中扣除纳税人的应纳税款；代收代缴义务人不直接持有纳税人的收入，只能在与纳税人的经济往来中收取纳税人的应纳税款并代为缴纳。

（4）代征代缴义务人。代征代缴义务人是指因税法规定，受税务机关委托而代征税款的单位和个人。通过由代征代缴义务人代征税款，不仅便利了纳税人税款的缴纳，有效地保证了税款征收的实现，而且对于强化税收征管，有效地杜绝和防止税款流失有明显作用。

（5）纳税单位。纳税单位是指申报缴纳税款的单位，是纳税人的有效集合。所谓"有效"，就是为了征管和缴纳税款的方便，可以允许在法律上负有纳税义务的同类型纳税人作为一个纳税单位，填写一份申报表纳税。例如，个人所得税，可以单个人为纳税单位，也可以夫妇俩为一个纳税单位，还可以一个家庭为一个纳税单位；公司所得税可以每个分公司为一个纳税单位，也可以总公司为一个纳税单位。纳税单位的大小通常要根据管理上的需要和国家政策来确定。

2）课税对象

课税对象又称征税对象，是税法中规定的征税的目的物，是国家据以征税的依据。通过规定课税对象，解决对什么征税这一问题。每一种税都有自己的课税对象，否则这一税种就失去了存在的意义。凡是列为课税对象的，就属于该税种的征收范围；凡是未列为课税对象的，就不属于该税种的征收范围。例如，我国增值税的课税对象是货物和应税劳务在生产、流通过程中的增值额；所得税的课税对象是企业利润和个人工资、薪金等项所得；房产税的课税对象是房屋等。总之，每一种税首先要选择确定它的课税对象，因为它体现着不同税种征税的基本界限，决定着不同税种名称的由来以及各个税种在性质上的差别，并对税源、税收负担问题产生直接影响。

课税对象作为税收的最基本要素之一，在税收制度中具有非常重要的作用：① 课税对象是一种税区别于另一种税的最主要标志。就是说，税种的不同最主要是起因于课税对象的不同。正是由于这一原因，各种税的名称通常都是根据课税对象确定的，如增值税、所得税、房产税、车船使用税等。② 课税对象体现着各种税的征税范围，它体现着征税的最基本界限。③ 其他要素的内容一般都是以课税对象为基础确定的，如国家开征一种税，所以要选择这些单位和个人作为纳税人，而不选择其他单位和个人作为纳税人，其原因是这些单位和个人拥有税法或税收条例中规定的课税对象，或者是发生了规定的课税行为。可见，纳税人同课税对象相比，课税对象是第一性的。凡拥有课税对象或发生了课税行为的单位和个人，才有可能成为纳税人。又如税率这一要素，也是以课税对象为基础确定的。税率本身表示对课税对象征税的比率或征税数额，没有课税对象也就无从确定税率。此外，纳税环节、减税免税等，也都是以课税对象为基础确定的。

与课税对象相区别的有一个基本概念——税源。税源是指税款的最终来源，或者说税收负担的最终归宿。税源的大小体现着纳税人的负担能力。纳税人缴纳税款的直接来源是一定的货币收入，而一切货币收入都是由社会产品价值派生出来的。在社会产品价值中，能够成为税源的只能是国民收入分配中形成的各种收入，如工资、奖金、利润、利息等。当某些税种以国民收入分配中形成的各种收入为课税对象时，税源和课税对象就是一致的，如对各种所得课税。但是，很多税种其课税对象并不是或不完全是国民收入分配中形成的各种收入，如营业税、消费税、房产税等。可见，只是在少数的情况下，课税对象同税源才是一致的。对于大多数税种来说两者并不一致，税源并不等于课税对象。课税对象是据以征税的依据，税源则表明纳税人的负担能力。

与课税对象相关的有两个基本概念是计税依据和税目。

（1）计税依据。又称税基，是指税法中规定的据以计算各种应征税款的依据或标准。正确掌握计税依据，是税务机关贯彻执行税收政策、法令，保证国家财政收入的重要方面，也是纳税人正确履行纳税义务，合理负担税收的重要标志。

课税对象与计税依据的关系是：课税对象是指征税的目的物，计税依据则是在目的物已经确定的前提下，对目的物据以计算税款的依据或标准；课税对象是从质的方面对征税所作的规定，而计税依据则是从量的方面对征税所作的规定，是课税对象量的表现。

（2）税目。税目是课税对象的具体化，反映具体的征税范围，代表征税的广度。不是所有的税种都规定税目，有些税种的征税对象简单、明确，没有另行规定税目的必要，如房产税、企业所得税等。但是，从大多数税种来看，一般课税对象都比较复杂，如消费税、营业税等，且税种内部不同课税对象之间又需要采取不同的税率档次进行调节。这样就需要进一步地对课税对象进行划分，作出具体的界限规定，这个规定的界限范围，就是税目。

划分税目能进一步明确征税范围。凡列入税目的都征税，未列入的不征税。

3）税率

税率是指应纳税额与课税对象之间的比例，是计算税额的尺度，也是衡量税负轻重与否的重要标志，是国家税收制度的核心，体现国家的税收政策。我国税率的设计，主要是根据国家的经济政策和财政需要，产品的盈利水平和我国生产力发展不平衡的现状，以促进国民经济协调发展为目标，兼顾国家、部门、企业的利益关系，做到合理负担，取之适度。不同税种之间，税率的设计原则并不完全一致，但总的设计原则是一致的，即税率的设计要体现国家政治、经济政策，如消费税税率设计原则之一是体现国家消费政策，限制某些商品的消费。另外，税率的设计要保持公平、简化的性质，如增值税只设了基本税率、低税率和零税率三档税率。

税率是一个总的概念，在实际应用中可分为两种形式：一种是按绝对量形式规定的固定征收额度，即定额税率，它适用于从量计征的税种；另一种是按相对量形式规定的征收比例，这种形式又可分为比例税率和累进税率，它适用于从价计征的税种。

（1）比例税率。比例税率是指对同一征税对象或同一税目，不论数额大小只规定一个比例，都按同一比例征税，税额与课税对象成正比例关系。在具体运用中，比例税率又可分为产品比例税率、行业比例税率、有幅度的比例税率。

比例税率的基本特点是税率不随课税对象数额的变动而变动。这就便于按不同的产品设计不同的税率，有利于调整产业（产品）结构，实现资源的合理配置。同时，课税对象数额越大，纳税人相对直接负担越轻，从而在一定程度上推动经济的发展，符合税收效率原则。但是，从另一个角度看，上述情况有悖于税收公平的原则，不能针对不同的收入水平实施不同的税收负担。这表明比例税率调节纳税人收入的能力不及累进税率，这是它的不足。比例税率的另一个优点是计算简便，其道理是显而易见的。

（2）累进税率。累进税率，是指同一课税对象，随数量的增大，征收比例也随之增高的税率，表现为将课税对象按数额大小分为若干等级，不同等级适用由低到高的不同税率，包括最低税率、最高税率和若干等级的中间税率，一般多在收益课税中使用。它可以更有效地调节纳税人的收入，正确处理税收负担的纵向公平问题。按照税率的累进依据的性质，累进税率分为"额累"和"率累"两种。额累是按课税对象数量的绝对额分级累进，如所得税一般按所得额大小分级累进。率累是按与课税对象有关的某一比率分级累进，如我国 1984 年开征的资源税即按销售利润率的高低分级累进。额累和率累按累进依据的构成又可分为"全累"和"超累"。例如，额累分为全额累进和超额累进，率累分为全率累进和超率累进。全累是对课税对象的全部数额，都按照相应等级的累进税率征税。超累是对课税对象数额超过前级数额的部分，分别按照各自对应的累进税率计征税款。两种方式相比，全累的计算方法比较简单，但在累进分界点上税负呈跳跃式递增，不够合理；超累的计算方法复杂一些，但累进程度比较缓和，因而比较合理。

全额累进税率，是以课税对象的全部数额为基础计征税款的累进税率。它有两个特点：一是对具体纳税人来说，在应税所得额确定以后，相当于按照比例税率计征，计算方法简单。二是税收负担不合理，特别是在各级征税对象数额的分界处负担相差悬殊，甚至会出现增加的税额超过增加的课税对象数额的现象，不利于鼓励纳税人增加收入。

超额累进税率，是分别以课税对象数额超过前级的部分为基础计算应纳税的累进税率。采用超额累进税率征税的特点：一是计算方法比较复杂，征税对象数量越大，包括等级越多，计算步骤也越多。二是累进幅度比较缓和，税收负担较为合理。特别在征税对象级次分界点上下，只就超过部分按高一级税率计算，一般不会发生增加的税额超过增加的征税对象数额的不合理现象，有利于鼓励纳税人增产增收。三是边际税率和平均税率不一致，税收负担的透明度较差。

超额累进税率是各国普遍采用的一种税率。为解决超额累进税率计算税款比较复杂的问题，在实际工作中引进了"速算扣除数"这个概念，通过预先计算出的速算扣除数，即可直接计算应纳税额，不必再分级分段计算。采用速算扣除数计算应纳税额的公式为：

$$应纳税额 = 应税所得额 \times 适用税率 - 速算扣除数$$

速算扣除数是为简化计税程序而按全额累进税率计算超额累进税额时所使用的扣除数额，反映的具体内容是按全额累进税率和超额累进税率计算的应纳税额的差额。采用速算扣除数方法计算的应纳税额同分级分段计算的应纳税额，其结果完全一样，但方法简便得多。通常，速算扣除数事先计算出来后，附在税率表中，并与税率表一同颁布。

超率累进税率，是指以课税对象数额的相对率为累进依据，按超累方式计算应纳税额的税率。采用超率累进税率，首先需要确定课税对象数额的相对率，如在对利润征税时以销售利润率为相对率，对工资征税时以工资增长率为相对率；然后再把课税对象的相对率从低到高划分为若干级次，分别规定不同的税率。计税时，首先按各级相对率计算出应税的课税对象数额，然后按对应的税率分别计算各级税款，最后汇总求出全部应纳税额。现行税制中的土地增值税即采用超率累进税率计税。

超倍累进税率，是指以课税对象数额相当于计税基数的倍数为累进依据，按超累方式计算应纳税额的税率。采用超倍累进税率，首先必须确定计税基数，然后把课税对象数按相当于计税基数的倍数划分为若干级次，分别规定不同的税率，最后分别计算应纳税额。计税基数可以是绝对数，也可是相对数。如果是绝对数，因为超倍累进税率实际上是超额累进税率，所以可以把递增倍数换算成递增额；如果是相对数，因为超倍累进税率实际上是超率累进税率，所以可以把递增倍数换算成递增率。

（3）定额税率。定额税率又称固定税额，这种税率是根据课税对象计量单位直接规定固定的征税数额。课税对象的计量单位可以是重量、数量、面积、体积等自然单位，也可以是专门规定的复合单位。例如，现行税制中的土地使用税、耕地占用税分别以"平方米"和"亩"这些自然单位为计量单位；资源税中的天然气则以"千立方米"这一复合单位为计量单位；消费税中的汽油、柴油分别以"升"为计量单位。按定额税率征税，税额的多少只同课税对象的数量有关，同价格无关。当价格普遍上涨或下跌时，仍按固定税额计税。定额税率适用于从量计征的税种。

定额税率在表现形式上可分为单一定额税率和差别定额税率两种。在同一税种中只采用一种定额税率的，为单一定额税率；同时采用几个定额税率的，为差别定额税率，如地区差别定额税率、分类分项定额税率等。

定额税率的基本特点：税率与课税对象的价值量脱离了联系，不受课税对象价值量变化的影响。这使它适用于对价格稳定、质量等级和品种规格单一的大宗产品征税的税种。同时对某些产品采用定额税率，有助于提高产品质量或改进包装。但是，如果对价格变动频繁的产品采用定额税率，由于产品价格变动的总均势是上升的，因此产品的税负就会呈现累退性。从宏观上看，将无法保证国家财政收入随国民收入的增加而持续稳步地增长。

4）减税与免税

这是对某些纳税人或课税对象的鼓励或照顾措施。减税是从应征税款中减征部分税款，免税是免征全部税款。减税、免税规定是为了解决按税制规定的税率征税时所不能解决的具体问题而采取的一种措施，是在一定时期内给予纳税人的一种税收优惠，同时也是税收的统一性和灵活性相结合的具体体现。正确制定并严格执行减免税规定，可以更好地贯彻国家的税收政策，发挥税收调节经济的作用。世界各国的税收法规中都有减税、免税的规定，我国的税收制度也有很多减免税的规定，如困难性减免、鼓励性减免、投资性减免等。关于减免税的具体规定，有些是在税法、税收条例或者实施细则中规定的，有些则是后来所作的补充规定。减免税的管理权限是由税收管理体制决定的。对于国家在税收管理体制中已经作出的决定，各级政府和财税部门都必须严格执行，不得乱开减免税口子，越权减免国家税收。

减税、免税是减轻税负的措施。与之相对应，税收附加和税收加成是加重纳税人员负担的措施。其中，税收附加也称为地方附加，是地方政府按照国家规定的比例随同正税一起征收的列入地方预算外收入的一种款项。例如，教育费附加只能用于发展地方教育事业。税收附加的计算方法是以正税税款为依据，按规定的附加率计算附加额。税收加成是指根据税制规定的税率征税以后，再以应纳税额为依据加征一定成数和税额。加征一成相当于纳税额的10%，加征成数一般规定在一成至十成。税收加成实际上是税率的延伸，但因这种措施只是针对个别情况，所以没有采取提高税率的办法，而是以已征税款为基础再加征一定的税款。例如，《个人所得税法》规定，对劳务报酬所得畸高的，可以实行加成征收，具体办法由国务院规定。

无论是税收附加还是税收加成，都增加了纳税人的负担。但这两种加税措施的目的是不同的。实行地方附加是为了给地方政府筹措一定的机动财力，用于发展地方建设事业；实行税收加成则是为了调节和限制某些纳税人获取的过多的收入或者是对纳税人违规行为进行的惩罚性措施。

5）纳税环节

纳税环节是指税法上规定的课税对象从生产到消费的流转过程中应当缴纳税款的环节。纳税环节有广义和狭义之分。广义的纳税环节指全部课税对象在再生产中的分布情况。例如，资源税分布在生产环节，商品税分布在流通环节，所得税分布在分配环节等。狭义的纳税环节是指应税商品在流转过程中应纳税的环节，具体指每一种税的纳税环节，是商品课税中的特殊概念。商品经济条件下，商品从生产到消费要经过许多环节。例如，工业品一般要经过产制、批发和零售环节；农产品一般要经过产制、收购、批发和零售环节。这些环节都存在商品流转额，都可以成为纳税环节。但是，为了更好地发挥税收促进经济发展、保证财政收入的作用，以及便于征收管理，国家对不同的商品课税往往确定不同的纳税环节。按照纳税环节的多少，可将税收课征制度划分为两类：一次课征制和多次课征制。

6）纳税期限

纳税期限是纳税人向国家缴纳税款的法定期限。国家开征的每一种税都有纳税期限的规定。合理确定和严格执行纳税期限，对于保证财政收入的稳定性和及时性有重要作用。不同性质的税种以及不同情况的纳税人，其纳税期限也不相同。

我国现行税制的纳税期限有三种形式：① 按期纳税，即根据纳税义务的发生时间，通过确定纳税间隔期，实行按期纳税。按期纳税的纳税间隔期分为 1 天、3 天、5 天、10 天、15 天和 1 个月，共 6 种期限。纳税人的具体纳税间隔期限由主管税务机关根据情况分别核定。以 1 个月为一期纳税的，自期满之日起 10 天内申报纳税；以其他间隔期为纳税期限的，自期满之日起 5 天内预缴税款，于次月 1 日起 10 天内申报纳税并结清上月税款。② 按次纳税，即根据纳税行为的发生次数确定纳税期限，如车辆购置税、耕地占用税以及临时经营者，个人所得税中的劳务报酬所得等均采取按次纳税的办法。③ 按年计征，分期预缴或缴纳，如企业所得税按规定的期限预缴税款，年度结束后汇算清缴，多退少补。房产税、城镇土地使用税实行按年计算、分期缴纳，这是为了对按年度计算税款的税种及时、均衡地取得财政收入而采取的一种纳税期限。分期预缴一般是按月或按季预缴。

7.2　税收的分类

世界各国的税收制度不同，不仅税种的名称各异，而且所设立的税种数量也不相同，税收分类实质上是税种的分类，即按照一定的标准把性质相同或相近的税种划归为一类，以同其他税种加以区别。科学合理的税收分类，既有助于分析各种税制的结构，研究各类税种的特点、性质、作用和它们之间的内在联系，发挥税收的杠杆作用，又有助于分析税源的分布和税收负担的状况以及税收对经济的影响。

7.2.1　按征税客体分类

按征税客体分类是世界各国常用的主要的分类方法，也是一种最基本的税收分类方法，因为税收制度的核心要素是征税客体，所以不同税种以征税客体作为相互区别的主要标志，并以此规定税名。由于不同的税种因征税客体不同，作用也就不同，只有按征税客体分类，才能充分把握税收的具体作用，并据此制定体现国家政策意图的税收制度。中国和西方国家的税制基本上都是以征税客体作为分类标准。因此，按征税客体分类是一种最重要的税收分类方法，也是最能反映现代税制结构的分类方法。以下着重介绍这种税收分类方法。

1. 商品税

商品税又称流转税，是指以商品或劳务的交易额为征税对象课征的税种。商品税的经济前提是存在商品的交换和劳务的提供，其计税依据是商品或劳务的交易额，可采用销售额、增值额，也可采用营业收入额，从而形成了不同的税种，如关税、增值税、营业税等；在征税方式上，既有对应税商品普遍征收的一般销售税，如增值税，也有对某些特定商品课征的货物税，如消费税。这些税种是在生产、流通或服务领域，按纳税人取得的销售收入或营业收入征收的，不受成本费用的影响。我国现行税制中的商品税主要包括增值税、营业税、消费税、关税等，这类税种的特点是与商品生产、流通、消费有密切联系。对什么商品征税，税率多高，对商品经济活动都有直接的影响，易于发挥对经济的宏观调控作用。商品税属于间接税，具有税源稳定、征收及时便利、税负隐蔽等特点。目前，商品税是我国的主体税种。

2. 所得税

所得税，是指对纳税人的净所得（纯收益或纯收入）为征税对象课征的税种。所得税的特点是：第一，通常以纯所得为征税对象；第二，通常以经过计算得出的应纳税所得额为计税依据；第三，纳税人和实际负担人通常是一致的，因而可以直接调节纳税人的收入。

所得税的计税依据是应纳税所得，它以利润为主要依据，但不是直接意义上的会计利润，更不是收入总额。因此在计算所得税时，计税依据的计算涉及纳税人的成本、费用的各个方面，使得所得税计税依据的计算较为复杂。而且企业所得税在征收过程中，为了发挥所得税对经济的调控作用，也会根据调控目的和需要，在税制中采用各种税收激励或限制措施，因而使所得税的计算更为复杂。

我国现行税制中的所得税主要包括企业所得税和个人所得税等。对所得课税能使税收收入比较准确地反映国民收入的增减变化情况，并且征纳双方的关系比较明确，税收的增减变动对物价也不会产生直接影响，有利于更好地发挥税收的调节作用。对所得课税往往受到经济波动和企业经营管理水平的影响，因而不能保证财政收入的稳定性，另外其稽征技术也比较复杂，核实应税所得额的难度较大。所得税主要是在国民收入形成后，对生产经营者的利润和个人的纯收入发挥调节作用，可以直接调解纳税人收入，发挥其公平税负、调节分配关系的作用。所得税属于直接税，税负不易转嫁，在采用累进税率时，税负具有弹性，具有"内在稳定器"的特征。

3. 资源税

资源税是以自然资源为课税对象征收的一种税。目前我国开征的资源税，是指对我国境内从事应税矿产品开采和生产盐的单位和个人课征的一种税种，属于对自然资源占用课税的范畴，包括资源税、土地增值税和城镇土地使用税。为了保护和合理使用国家自然资源而征税，可以体现国家对资源产品的特定调控意图。

从自然资源的所有权关系分析，如果应税资源非国家所有，则国家单纯凭借政治权力对资源的征税，属于严格意义上的税；反之，如果应税资源属于国家所有，对这类资源采取征税形式，那么资源税具有资源有偿分配性质。一般来说，国家可以凭借对自然资源的所有权向资源的开发经营者收取占用费或租金，也可以凭借政治权力征税。资源税的征收是国家政治权力和所有权的统一，它一方面体现了税收强制性、固定性的特征，另一方面又体现了对国有资源的有偿占用性。

现代资源税按征收目的不同，可分为一般资源税与级差资源税两类。一般资源税是对占用、开发国有自然资源者普遍征收的一种资源税，其特点是对占用、开发自然资源的单位或个人，不论其所占用的资源质量优劣、取得的收入多寡，一律平等对待，无差别地普遍征收。级差资源税是对占用、开发国有自然资源者因资源条件差异而获得的级差收入征收的一种资源税，其特点是对占用、开发自然资源的单位或个人，视其资源质量优劣及取得的收入多寡，确定差别税收负担，对占用优等资源、收入丰厚者确定较高的税负，反之确定较低的税负，而对占用、开发劣等资源者则免予征税。就课税目的而言，课征一般资源税的目的主要在于体现国有资源有偿占用原则；课征级差资源税的目的则侧重于调节因资源条件差异而给纳税人带来的收入——资源级差收入，以利于企业之间平等竞争。而筹集财政资金和促进自然资源合理开发利用则是两种不同类型资源税的共同征收目的。实际上，在税收实践中，资源税往往是既对占用、开发国有自然资源者普遍征收，又根据资源条件差异对不同纳税人采用差别税收负担，兼具一般资源税和级差资源税的性质。

我国的现行资源税开征于 1984 年，是以调节资源级差收入、促进企业平等竞争和保护自然资源为主要目的而设置的一个税种。资源税的开征，为构建我国的资源占用课税体系奠定了基础，对于完善我国的税制结构，拓宽税收的调节领域，全面发挥税收的职能作用具有重要意义。资源税开征以来，经过不断改进，其课征范围逐渐扩大，计征方法日趋完善，已经成为我国现行税制体系中的一个重要税种。

4. 财产税

财产税是对纳税人所拥有的财产课征的税种。作为课税对象的财产包括不动产和动产两类。不动产指的是不能移动或移动后会损失其经济价值的财产，如土地和地上附着物；动产指的是除不动产以外的，各种可能移动的财产，包括有形动产和无形动产，有形动产如车辆、船舶等，无形动产如股票、债券、银行存款等。

财产税既可以调节社会成员的财产收入水平，避免私人财产过分集中的现象产生，又可以为地方财政提供稳定的收入来源。财产税具有征税范围固定、税负难以转嫁的特征。但是由于财产税在收入上弹性小，课征范围难以普及到纳税人的全部财产，一般来说各国的财产税并不是对所有的财产都征税，而只是选择某些特定的财产进行征税，其中主要是以对不动产征税为主。又由于财产税采取从价征收，估价工作极为困难，所以世界各国的税制中都没有将其作为主体税种，只是税制结构中的辅助税种。我国现行税制中的房产税、车船税、契税等都属于财产税。

5. 行为税

行为税是指以纳税人的某种特定经济行为作为征税对象课征的税种。行为税是为了贯彻国家某项政策的需要而开征的。行为税具有课税对象单一、税源分散、税种灵活的特点。开征行为税，主要是为了加强对某些特定行为的监督、限制和管理，或者是对某些特定行为的认可，从而实现国家政治上或经济上的特定目的或管理上的需要，同时也可开辟财源，增加财政收入。我国现行税制中的车船使用税、印花税、城市维护建设税等都属于行为税。

7.2.2 其他分类

1. 按税收负担能否转嫁分类

按照税收负担的最终归宿，即税负能否转嫁为标准，税收可分为直接税和间接税。直接税是指由纳税人直接负担税款，税负不易转嫁的税种，如所得税、财产税等。这类税种大都设置在分配环节，是对收入、利润或财产占有与财产转移所课征的税，与价格没有直接的联系，纳税人缴纳了税款后，难以将税收负担转嫁给他人，因此直接税的纳税人与负税人往往是一致的。间接税是指纳税人能将税负转嫁给他人负担的税种，主要是对商品流转额征收的各种税，如营业税、消费税、增值税等。这类税种的课税对象与商品的价格紧密地联系在一起，纳税人向国家缴纳了税款后，有可能通过提高商品的销售价格将税负转嫁给购买者，也有可能通过降低原材料的进价或压低工资把税负转嫁给原材料提供者或工人。在这种情况下，间接税的纳税人和负税人往往是不一致的，纳税人虽依法履行了纳税义务，但最终却没有或没有全部负担税款；负税人虽不负有纳税义务，但却是税负的最终承担者。

2. 按计税依据不同分类

按照计税依据不同，税收可分为从价税和从量税。从价税是指以征税对象及其计税依据的价格或金额为标准，按一定比例计征的税种。这类税一般实行比例税率或累进税率。从价税是现代税收的基本税种，它包含大部分流转税和所得税。从量税是指以征税对象的重量、面积、数量、件数等数量作为计税依据的税种，这类税一般实行定额税率。比较而言，从价税更适应商品经济的要求，同时也有利于贯彻国家税收政策，因而我国大部分税种都采用从价税这一计税方法。

3. 按税收与价格关系不同分类

按照税收与价格关系不同，税收可分为价内税和价外税。

价内税是指税金作为价格组成部分的税种，即税含在价中，税款是商品价格的一个组成部分，如消费税等。价内税的计税依据称为含税价格。价内税的优点在于税金包含在商品价格内，容易为人们所接受；税金随商品价格的实现而实现，有利于及时组织财政收入；税额随商品价格的提高而增加，使税收收入有一定的弹性；计税简便，征收费用低。但价内税易发生商品价格与价值背离的情况，造成价格失真，并易发生税负转嫁。

价外税是指税金作为价格附加的税种。价外税的计税依据称为不含税价格。价外税的优点是价税分离，税金明确，税额不受价格变动的限制，收入较稳定，税负与纳税人的利益不直接挂钩，从而有利于促进企业降低生产成本、提高产品质量；有利于引导社会经济活动达到预期的目标。但价外税容易导致税负不合理现象，一般认为，价外税比价内税更容易转嫁。我国现行的增值税就属于价外税。

4. 按税种的隶属关系分类

按照税种的隶属关系即管理和受益权限的不同，税收可分为中央税、地方税和中央和地方共享税三类。

（1）凡属由中央政府统一征收管理、其收入归中央支配的税种为中央税。它属于中央财政固定收入，一般包括维护国家权益和实施宏观调控所必需的税种划为中央税。

（2）凡属由各级地方政府负责征收管理、其收入归地方政府支配的税收为地方税。地方税主要由与地方经济利益密切相关，且适合地方征管的税种组成，充实地方税税种，增加地方税收收入，有利于地方因地制宜地发挥当地的经济优势。

（3）凡由中央和地方按照一定比例分配后归属各自支配使用的税种为中央和地方共享税。共享税主要是指那些同国民经济直接相关的主要税种，具有能够兼顾中央和地方利益，调节中央与地方财政收支平衡功能的税种。

2018年3月13日，十三届全国人大一次会议关于国务院机构改革方案明确指出改革国税地税征管体制，将省级和省级以下国税地税机构合并，具体承担所辖区域内的各项税收、非税收入征管等职责。国税地税机构合并后，实行以国家税务总局为主与省（区、市）人民政府双重领导管理体制。

7.3　课　税　原　则

7.3.1　税收原则的提出

税收原则是财政学界长期以来一直关注的重要问题。税收原则是一个国家在设计税收制度时应遵循的基本准则，是判断税收制度是否合理的标准，制定科学的税收原则，始终是设计税收制度的核心问题。它反映一定时期、一定社会经济条件下的治税思想，其发展演变既可反映经济理论和财政思想的演变过程，更能够反映出各个历史阶段的时代要求。

1. 亚当·斯密的税收原则

从历史上看，首先比较明确提出税收原则的经济学家，是英国重商主义前期的托马斯·霍布斯、重商主义后期的威廉·配第、詹姆斯·斯图亚特以及德国新官房学派代表 J.尤斯蒂等，他们的观点对后人的理论产生了重要影响。从某种程度上说，把税收原则首先明确化、系统化的第一人是古典政治经济学派的创始人亚当·斯密，他在1776年发表的《国民财富的性质和原因的研究》（简称《国富论》）中，专篇论述了财政税收问题，使财政学从此以后成为一门独立的经济学科，也正是在这本著作里，斯密提出了著名的税收四原则：平等、确实、便利、最小征收费用等。这些原则为财政学界对税收原则的深入研究奠定了基础。

（1）平等原则，即个人为了支持政府，应该按照各自的能力，也就是以个人在国家保护之下所获得的收益为比例，向国家缴纳税收。亚当·斯密的平等原则，包含三层意思：一是取消免税特权。因为当时欧洲各国，贵族僧侣享有免税特权，国家税收都是由中产阶层及中产阶层以下的国民负担，税负分配极不公平。二是主张对于自然形成的财富分配形态（即各个人既得的财富与利益相互间的比例），不能因为国家征税而变更其分配比例，对于经济发展所需要的资本形成或储蓄，也不能因为征税受到阻碍和限制，即税收应该采取中立的态度，不应干涉社会财富的分配问题，在这种条件下，征税应采用比例税率。三是主张按照负担能力的一定比例纳税。这里所谓的能力是指各个国民在国家保护之下所获得的利益而言，这种利益即表现为各个人的收入。

（2）确实原则，即国民应该缴纳的税收，必须明确规定，不可含混不清，征税者不可肆意征收。换句话说，凡是关于纳税的时间、地点、手续和税款等都要事先规定明确，不能随意变更，使纳税人明了，也避免税务人员上下联手，致使纳税义务人蒙受额外的损失。亚当·斯密曾经说过"不确实的税收，其危害程度，较不公平的税收还严重"。可以看出，亚当·斯密所强调的确实原则，实质上是说明征税要以法律为准绳，其目的在于能使纳税人知道应缴哪些税，应缴多少税，应如何缴税，同时也可以防止税吏贪赃枉法。

（3）便利原则，即税收的课征，应站在纳税人的立场上来考虑其适当的缴纳时间、缴纳地点以及简便的缴纳方法，换句话说就是一切均以便利纳税人为依据，征税时间上，应当在纳税人收入丰裕的时候征收，因为这时国家既可以及时取得税收，纳税人又不会感到纳税困难；征纳方法上，应力求简便易行，不使纳税人感到手续烦琐；征纳地点上，税务机关应设在交通便利的场所，使纳税人纳税方便；征纳形式上，宜采取货币缴纳，不宜采取实物缴纳，以免纳税人因运输货物而增加纳税费用。

（4）最小征收费用原则，是指在征收任何一种税的过程中，国家的收入额与纳税人所缴纳的数额之间的差额越小越好，即在征税既定税收收入的前提下，尽可能将征纳双方的征纳费用减少到最低限度。税务部门的征管费用包括税务征管机关的办公费、设备购置费、专用发票印刷费以及征管人员的工资和津贴等，统称为税收成本。税收成本可视为负税收，税收成本占税收收入的比例是衡量税收征管效率的重要标志。

亚当·斯密提出的税收四原则，对于资产阶级税收原则理论的发展，起着承前启后的桥梁作用，他首先继承了前人所提出的税收标准，并将它们系统化、具体化、明确化，从而发展了税收原则理论；从亚当·斯密的上述税收原则来看，他提出了按比例纳税思想、税制效率思想，并初步认识到税收与收入再分配的关系、税收与经济活动的关系。因此，亚当·斯密税收原则理论又为今后资产阶级税收原则理论的发展奠定了基础，后人在论述税收原则时，基本上是围绕亚当·斯密的四原则进行补充和发展的。

2. 瓦格纳的税收原则

当资本主义由自由竞争发展到垄断时期，社会矛盾日益突出。继亚当·斯密之后，英、法、德等国的经济学家，如西斯蒙第、穆勒、萨伊、赫尔德、诺曼等又相继提出了许多课税原则，试图从不同角度对亚当·斯密的课税原则予以补充。其中，发展得最为完备的当属德国社会政策学派的代表人物阿道夫·瓦格纳，在其代表著作《财政学》中提出社会政策的财政理论。他反对自由主义经济政策，认为国家对经济活动具有积极的干预作用，应谋求修正收入分配不公的现象。在这种指导思想下，提出了他的"四项九端原则"。

（1）财政政策原则，是指课税能充足而灵活地保证国家经费开支需要的原则。因此，他又具体提出了充分和弹性两条具体原则：① 充分原则，即税收收入必须能充分满足财政的需要；② 弹性原则，即税收收入必须能充分适应财政收支的变化。

（2）国民经济原则，是指国家征税不能阻碍国民经济的发展。他认为税收不可危及税源，在可能的范围内，应尽量促进资本的形成，促进国民经济的发展。因此，他又具体提出税源选择和税种选择两条具体原则：① 税源选择原则，即税源选择要有利于保护资本即税本。一般而言，可以作为税源的有所得、资本和财产三项，他主张以所得为税源而尽量避免对财产和资本的课税，以免损及税本，阻碍国民经济的发展。② 税种选择原则，即税种的选择应必须考虑税负转嫁问题，应将税负的归宿点落在应该承担税负的人身上，因为谁负担税收，要比谁缴纳税收更为重要，应尽量选择难以转嫁或转嫁方向明确的税种。

（3）社会公正原则，是指税收负担应普遍和平等地分配给各个阶级、阶层和纳税人，它具体分为普遍原则和平等原则。① 普遍原则是对一切有收入的国民都要普遍征税，不能因身份、地位等而有所区别，对所有人一视同人，排除各类区别对待措施等更为全面的公平税收思想。当然，征税的普遍性也不是绝对的，国家出于政治、经济、国际交往等方面的考虑，给予某些特殊的纳税人以免税照顾，并不违背这一原则；对这一原则的灵活运用，如对外交使节的税收豁免待遇几乎是一种国际惯例。② 平等原则是指社会上的所有人都应当按其能力的大小纳税，应采累进税率，收入多的多纳税，收入少的少纳税，没有收入的免税，对财产所得和不劳所得加以重课，此谓平等，以符合社会政策的目的。

（4）税务行政原则，是指税法的制定与实施都应当便于纳税人履行纳税义务。它具体分为确实原则、便利原则、最小征收费用原则。这三项原则要求纳税的时间、地点、方式及数量等应预先规定清楚；纳税手续尽量简便，以方便纳税人；征税费用和纳税成本应力求节省。

综上所述，不难看出，阿道夫·瓦格纳在其税收政策原则中阐明的一些思想对以后的税收原则理论发展有很大影响。

7.3.2　税收原则的现代观点

在现代税收原则中，税收公平原则和税收效率原则是两个最重要的税收原则。

1. 税收公平原则

税收公平原则是指国家征税应使纳税人承受的负担与其经济状况相适应，并使纳税人之间的负担水平保持均衡。

税收应以公平为本。在现代经济学看来，任何经济活动的目标都是追求公平与效率以及二者的最佳结合，税收也是如此。公平是税收的基本原则和税制建设的目标，古今中外税收的实践表明，税收公平与否往往是检验税制和税收政策好坏的标准。

税收公平原则包括经济公平原则和社会公平原则两项内容。① 经济公平是指在市场经济条件下，经济环境的平等（主要是竞争环境的平等或者机会均等）和国家税收在社会各成员之间的合理分配。可见，税收的经济公平包括机会平等和税收负担合理分配两层意思。② 社会公平包括两个层次的含义：一是政府应利用课税机制达到社会有序发展的目标，通过公平税负，实现收入的公平分配，力图以最小代价达到经济社会稳定的发展；二是在一国（地区）内全体社会成员之间所享有的经济福利不能悬殊，收入和经济福利差距不能过大。税收社会公平的核心是强调社会对个人间收入差距的合理调节，其调节力度或社会公平的判断是社会成员对收入差距的可承受度。社会公平是以伦理公平为基础，同时又是对经济公平进行必要的修正，所以从本质上来说，社会公平是更高层次的公平。

2. 税收效率原则

税收效率是指以尽量小的税收成本取得尽量大的税收收益。征税不仅应是公平的，而且应是有效率的。这里的税收效率包括两层含义：一是税收的行政效率，即征税过程本身的效率，即较少的征收费用、便利的征收方法等；二是税收的经济效率，即征税对经济运转效率的影响，宗旨是征税必须有利于促进经济效率的提高，也就是有效地发挥税收的经济调节功能。征税过程本身必须有效率，必须以尽可能少的征收费用获得尽可能多的税收收入，征收费用与税收收入的比值越小越好。通过征税促进经济效率的提高是更高层次的税收效率。

税收作为一种重要的再分配工具，可以在促进资源配置合理化、刺激经济增长等方面发挥作用，但也可能扭曲资源配置格局，阻碍经济发展。如果税收起的是前一种作用，就是有效率的；如果税收起的是后一种作用，就是无效率的。税收是否有效率必须结合经济运行本身的效率来考察。假如经济运转本身已是高效率的，税收活动就应以不干扰经济运转为有效率；假如经济运转是低效率甚至无效率的，税收效率则体现在它对经济运转的影响和干预上。从长时期的、全面的经济运转过程的考察结果表明，经济运转本身具有极限效率的情况极为少见，不仅在市场经济国家总是存在所谓市场失灵的问题，而且在计划经济国家也会有计划失误和生产者积极性不高的情况，因而税收干预总是大有可为的。就我国的情况而言，随着经济体制改革的深入，税收的经济杠杆作用越来越受到重视，它在调节生产、流通和消费等方面的功能日益强化，并在实践中促进了经济效率的提高。中央关于经济体制改革的决定已明确指出，充分运用税收等经济手段调节宏观和微观经济，是我国经济体制改革的重要内容，说明我国政府已经把提高税收效率置于十分重要的地位。

税收公平原则与税收效率原则是一对矛盾。从总体上讲，税收的公平与效率是互相促进、互为条件的统一体。首先，效率是公平的前提。如果税收活动阻碍了经济发展，即便是公平的，也是没有意义的。真正的公平必须融合效率的要求，必须是有效率的公平。其次，公平是效率的必要条件。尽管公平必须以效率为前提，但失去了公平的税收也不会是高效率的。因为税收不公平必然会挫伤企业和个人的积极性，甚至会导致社会矛盾，所以使社会生产缺乏动力和活力，自然也就无效率可言。真正和税收效率必须体现公平的要求，至少必须是大体公平的。当然，税收的公平与效率的统一并不是绝对的。公平原则强调量能负担，可能干扰生产和消费决策，影响经济发展，破坏税收效率；而效率原则强调税收应尽量避免对经济产生干扰，实现资源有效配置和经济增长，这就有可能拉开贫富之间差距，从而破坏公平原则。处理好公平与效率之间的矛盾，对一国经济的发展、社会的稳定具有重要意义。在处理这个矛盾时，要兼顾公平的需要和效率的提高，既要考虑经济的稳定发展，又要考虑到贫富之间差距不能过分拉大，不能片面追求效率或片面追求公平，要兼顾公平与效率；或侧重公平，兼顾效率；或侧重效率，兼顾公平，应据各国国情来决定。

7.4 税负转嫁

7.4.1 税负转嫁与归宿的定义

税负转嫁是指在商品交换过程中，纳税人通过提高销售价格或压低购进价格的方法，将税负转移给购买者或供应者的一种经济现象。

税负转嫁可能发生，也可能不发生，它使得最初纳税的人不一定是最终的实际承担者。从最初纳税的人到最终的负担者，税收可能经过很多次的转移。在发生税负转嫁的情况下，纳税人不再是实际的负税人。纳税人与负税人分离必然会产生国民收入在名义纳税人与实际负税人之间的再分配问题。即由于发生税负转嫁，一部分人的可支配收入实际上是增加了，而另一部分人的可支配收入实际上是减少了，因此税负转嫁的实质是国民收入的再分配问题。

税负转嫁机制的特征：① 税负转嫁是和价格的升降直接联系的，而且价格的升降是由税负转嫁引起的。② 税负转嫁是各经济主体之间税负的再分配，即经济利益的再分配，税负转嫁的结果不会导致国家税收的减少，但必然导致纳税人与负税人的不一致。③ 税负转嫁是纳税人的一般行为倾向，是纳税人的主动行为，因为课税是对纳税人的经济利益的侵犯，在利益机制的驱动下，纳税人必然千方百计地将税负转移给他人，以维护和增加自身的利益。

依据转嫁的程度，税负转嫁可分为全部转嫁和部分转嫁。全部转嫁是指纳税人通过税负转移程序，把全部税收负担转移给负税人。部分转嫁是指纳税人通过税负转移程序，只把部分税收负担转移给负税人。

与税负转嫁密切相关的一个概念是税收归宿。税收归宿一般是指税收负担的最后承受者，即处于转嫁中的税负的最终落脚点。税负转嫁往往不是一次性的，如同一笔税款，厂家转嫁给批发商，批发商转嫁给零售商，零售商再转嫁给消费者，从而形成一个经济过程。但税负转嫁也并不是无穷尽的，总存在一个不可能再转嫁而要自己负担税款的阶层，如消费者，这一阶层即为税收归宿。税收归宿是一种理论抽象，如果分析具体的企业、个人之间的税负转嫁过程，它等同于负税人。

每种税以及不同税种在不同的经济条件下，其转嫁的方式、转嫁的过程是不一样的。不论怎样，每项税最终总是要由一定的人来负担。一旦最终的负税人确定了，税负转嫁过程也就完结了，税负归宿问题也就解决了。

7.4.2 税负转嫁的实现形式

由于市场经济活动的复杂性以及税收本身各税种之间的差异，税负转嫁的实现形式归纳起来大致有以下几种。

1. 前转

前转又称为顺转，指纳税人通过抬高销售价格将税负转嫁给购买者。在商品经济条件下，前转是税负转嫁的最典型和最普通的形式，很多税种都与商品或商品价格密切相关，大量的税收以价内税或价外税的方式课征。作为从事特定经营活动的纳税人，往往可以抬高已税商品的价格并把这类商品销售出去，从而把该商品所负税收转移给下一个环节的经营者或消费者。如果加价的额度等于税款，称之为充分转嫁；如果加价额度大于税款，则不仅实现了税负转嫁，纳税人还可以得到额外的利润，称之为超额转嫁；如果加价的额度小于税款，则纳税人自身仍要负担部分税收，称之为不完全转嫁。

2. 后转

后转又称为逆转，指在纳税人无法实现前转时，通过压低进货的价格将税负转嫁给商品的供货商的方式，后转一般发生在生产要素的课税上。例如，零售商可以通过压低进货价格而将税负向后转嫁给批发商，同样批发商也可以转嫁给制造商，制造商再通过压低原材料和劳动力的价格，把税收负担转嫁给原材料和劳动力的供应者。后转是一种比较被动的税负转嫁方式。

3. 混转

在现实生活中，往往是前转和后转并行，即一种商品的税负通过提高销价转移一部分，又通过压低进价转移一部分，这种转嫁方式被称为混转或散转。混转的原因主要是由于商品价格的提高无法全部消化所纳税款所致。在现实的市场活动中，税负不管是前转还是后转，其转嫁的方式和程度要取决于许多经济因素和经济条件，以及纳税人的转嫁税负的意图和行为，其结果是有时可以把税负全部转嫁出去，有时则只能转嫁部分税负。这样，对于一个纳税人而言，前转和后转可以兼而有之。例如，零售商应纳税款无法全部通过产品价格的提高转嫁给消费者，他就会将一部分税负后转给批发商，使消费者和批发商各承担一部分税负。

4. 消转

消转，指纳税人对其所纳税款，既不向前转嫁，也不向后转嫁，而是通过改善经营管理或改进生产技术等方法，补偿纳税的损失，使纳税后的利润水平与纳税前的利润水平大体保持一致，即纳税人通过发展生产和经济效益提高自行消化税收负担。严格地说，从税收转嫁的本意上说，消转并不成为一种税负转嫁方式。因为税收负担并没有转嫁给他人，但它在分析企业的税收对策时，还是具有重要意义的。

5. 税收资本化

税收资本化，指生产要素购买者将所购买的生产要素未来应纳税款，通过从购入价中预先扣除的方法，向后转移给生产要素的出售者的一种形式。税收资本化主要发生在某些能够增值的资本品的交易中，最突出的例子就是对土地、房屋、有价证券交易的课税。税收资本化是将累计应缴税款做一次性的转移，实质上是税负后转的一种特殊形式。

7.5　税收制度的发展

7.5.1　税收制度的历史演进

税收制度的发展是指构成税制的各个税种的演变和主体税种的交替的历史过程。自人类社会有了国家，就开始了征税的历史。从古到今，各国开征的税种不胜枚举，但可以将它们归纳为直接税和间接税两大类，两类税种本身以及主体税种的更替经历了一个漫长的演进过程。

1. 简单（或古老）的直接税制

世界上最先出现的是以原始而古老的直接税为主体的税收制度，这些税按外部标志直接课征，十分简单粗陋。对人课征的税种，有人头税、灶税、户税等，如我国古代对未成年儿童课征的"口赋"，对成年人课征的"算赋"，以及对应服役者课征的"更赋"，即属于此类。对物课征的税种，有土地税、房屋税、车马税等，我国古代的"田赋""马口钱""间架税"等即是这类税收的代表。同时，也有间接税作为辅助税种。最早的间接税也是很简单的，由于当时商品经济还不发达，间接税的课征范围很窄，一般只在有市场活动的地点或对参与交换的产品课征，如我国古代的"关市之赋"、盐税、茶税、渔税和西方国家的市场税、人市税等即属此类。

2. 从简单的直接税制发展到间接税制

随着自然经济逐渐解体和商品生产与商品交换的日益发展，自由职业随之出现，社会纯收益的分配比较分散，而商品的流转环节大量增加，税源比较分散。对货物及交易等课征间接税（如营业税、销售税、国内消费税或称货物税以及关税等）既可以满足财政收入的需要，又可以利用税负转嫁，把税负转嫁不知不觉地转嫁到广大劳动人民身上。新兴的资产阶级便利用商品市场日益发展的条件，大力推行间接税，以取代古老的直接税。

3. 从间接税制发展到现代直接税制

到了现代社会，由于大工业的发展、分工与协作的扩大和经济关系的国际化，商品课税与社会生产和消费又产生了矛盾。在国内，它干扰了市场的运行并造成分配不公；在国际上，它表现为保护关税，阻碍资金、劳动力和商品的自由竞争和流动。因而，实行市场经济的发达国家转而发展现代直接税——所得税和财产税，它们逐步取代商品课税而构成主体税种。

7.5.2　税制制度发展的新趋势

目前，统观世界上税制结构的模式，以所得税为主体的模式，为一些经济发达的资本主义国家所采用，如美国、英国、日本等；以商品税为主体的模式，为大多数发展中国家以及法国等国家的税制结构。近年来，世界上一些国家的税制模式发生了较大的变化，一些以所得税为主体税种的国家，纷纷削减所得税的比重，并在降低所得税的同时，为了平衡国家预算，又从扩大流转税上找出路。而在这些国家消减所得税的同时，一些以流转税为主体的国家也纷纷消减流转税的比重。从现代社会多种多样的税收体系来看，税收制度的建立更大程度上依赖于各国的国情，尤其是生产力发展水平。

经过 1994 年税制改革和多年来的逐步完善，我国已经初步建立了适应社会主义市场经济体制需要的税收制度，对于保证财政收入，加强宏观调控，深化改革，扩大开放，促进经济与社会的发展，起到了重要的作用。

2003 年，党的十六届三中全会通过了《完善社会主义市场经济体制若干问题的决定》（简称《决定》），明确了要分步实施税收制度改革。《决定》确定了八个方面的改革内容：改革出口退税制度；统一各类企业税收制度；增值税由生产型改为消费型；完善消费税，适当扩大税基；改进个人所得税；实施城镇建设税费改革；在统一税政前提下，赋予地方适当的税政管理权；创造条件逐步实现城乡税制统一。一般的看法认为，这标志着进入新世纪之后我国新一轮税制改革的开始，可以说 2003 年以来我国税制改革取得了突破性进展。

总体来说，我国目前的税制结构基本符合了我国社会主义初级阶段的经济发展水平，呈现出发展中国家税制结构的基本特征。它既保证了我国财政支出的需要，也对经济发挥了一定的调节作用。但是，这一税制结构也存在一些问题：首先，流转税比重过高，所得税比重太低。其次，个别税种的建设存在不少缺陷。比如个人所得税的个人申报制以及一刀切的扣除方式等，严重影响了该税种在收入分配方面的作用。这些问题都将成为我国今后税制改革的方向。因此，我国未来税制改革的任务是，适当降低流转税的比重，提高所得税的地位，并通过有关具体税种的改革，最大限度地实现税收制度的公平、效率以及财政收入等目标，为国家财政支出提供可靠的财力保障，为宏观经济的正常运转，缓解贫富差距，实现和谐社会提供合理的制度环境和有效的调节工具。

小　结

1. 税收是国家取得财政收入的一种重要手段，国家征税的目的是满足社会公共需要，国家征税凭借的是政治权力，国家征税必须借助法律形式进行。

2. 税收制度的构成要素主要包括纳税义务人、课税对象、计税依据、税目、税率、减税和免税、纳税环节、纳税期限。税收制度的发展是指构成税制的各个税种的演变和主体税种的交替的历史过程。

3. 税率在实际应用中可分为两种形式：一种是定额税率，另一种是按相对量形式规定的征收比例。减税、免税是对某些纳税人或课税对象的鼓励或照顾措施。

4. 中国税种一般按税收客体分为商品税、所得税、资源税、财产税和行为税五大类。按照税收负担的最终归宿，即税负能否转嫁为标准，税收可分为直接税和间接税；按照计税依据不同，税收可分为从价税和从量税；按照税收与价格的关系不同，税收可分为价内税和价外税；按照税种的隶属关系即管理和受益权限的不同，税收可分为中央税、地方税和中央和地方共享税三类。

5. 税收原则是一个国家在设计税收制度时应遵循的基本准则。亚当·斯密提出了著名的税收四原则：即平等、确实、便利、最小征收费用。瓦格纳提出"四项九端"税收原则：财政政策原则、国民经济原则、社会公正原则和税务行政原则，以税收作为重要的政策工具，极大地丰富了税收原则理论。在现代税收原则中，公平与效率是两个最重要的税收原则。

6. 税负转嫁是指在商品交换过程中，纳税人通过提高销售价格或压低购进价格的方法，将税负转移给购买者或供应者的一种经济现象。由于市场经济活动的复杂性以及税收本身各税种之间的差异，税负转嫁的实现有多种形式。

学习建议

1. 本章重点：
税收的特点；税收制度的内容；税收的原则；税收转嫁原则；税种的分类

2. 本章难点：
税收转嫁的方式及影响；税收原则

核心概念

税收　税收原则　效率原则　公平原则　税制结构　税负转嫁　税制要素　纳税人　税收客体
税率　累进税率　减税　免税

思考与练习

1. 什么是税收？国家征税的基本依据是什么？

2. 税收的特征有哪些？

3. 税收原则有哪些？现代税收的核心原则是什么？

4. 税负转嫁有哪些类型？影响税负转嫁的因素有哪些？

5. 税收制度的基本要素有哪些？

6. 税收的经济调节职能在税收制度要素中如何得到体现？

7. 结合现实，试阐述我国今后的税制改革及其对税制结构可能产生的影响。

我国现行主要税种

1. 掌握增值税和消费税的概念、特点及计税原理。
2. 掌握企业和个人所得税的概念及征税原则。
3. 熟悉我国的关税制度及相关内容。
4. 了解财产课税和其他税种的设置。

　　一国税制通常由多个税种组成，而每一个税种的设置都离不开三方面的内容，即对什么征税、征多少税以及由谁缴纳。因此，税制有三个基本要素，即纳税人、征税对象和税率。此外，具体的税法经常还包括起征点和免征额、违章处理等内容。本章将就我国现行税收制度中的若干主要税种进行逐一介绍。

8.1　商　品　课　税

8.1.1　增值税

1. 增值税概述

1）增值税的概念

　　增值税是对单位和个人生产经营过程中取得的增值额为课税对象征收的一种税。对增值税概念的理解，关键是要理解增值额的含义。

　　增值额是指企业或者其他经营者从事生产经营或者提供劳务，在购入的商品或者取得劳务的价值基础上新增加的价值额。可以从以下四个方面理解：

　　（1）从理论上讲，增值额是指生产经营者在生产经营过程中新创造的价值。增值额相当于商品价值 $C+V+M$（C 是商品生产过程中所消耗的生产资料转移价值；V 是工资，是劳动者为自己创造的价值；M 是剩余价值或盈利，是劳动者为社会创造的价值）中的 $V+M$ 部分，在我国相当于净产值或国民收入部分。

　　（2）就一个生产单位而言，增值额是这个单位商品销售收入额或者经营收入额扣除非增值项目（相当于物化劳动，如外购的原材料、燃料、动力、包装物、低值易耗品等）价值后的余额。这个余额，大体上相当于该单位活劳动创造的价值。

（3）就一个商品的生产经营全过程来讲，不论其生产经营经过几个环节，其最后的销售总额，应等于该商品从生产到流通的各个环节的增值额之和。这个特点对消除重复征税、对产品的出口退税等均产生了重要的影响。

（4）从国民收入分配角度来看，增值额 $V+M$ 在我国相当于净产值，包括工资、利润、利息、租金和其他属于增值性的收入。

实行增值税的国家，据以征税的增值额都是一种法定增值额，并非理论上的增值额。所谓法定增值额是指各国政府根据各自的国情、政策要求，在增值税制度中人为地确定的增值额。法定增值额可以等于理论上的增值额，也可以大于或小于理论上的增值额。造成法定增值额与理论增值额不一致的一个重要原因是各国在规定扣除范围时，对外购固定资产的处理办法不同。实行增值税的国家之所以都在本国税制中规定法定增值额，主要原因是：第一，开征任何一种税都是为政府的经济政策和财政政策服务的，增值税也不例外。因此，各国征税的增值额可以由政府根据政策的需要来确定。例如，有些国家为鼓励扩大投资、加速固定资产更新，对外购固定资产价款允许在纳税期内一次扣除；有些国家考虑到财政收入的需要，规定外购固定资产的价款一律不准扣除，从而使增值额相应扩大。第二，只有规定法定增值额，才能保证增值税计算的一致性，从而保证增值税税负的公平合理。

2）增值税的计税原理

增值税的计税原理是通过增值税的计税方法体现出来的。增值税的计税方法是以每一生产经营环节上发生的货物或劳务的销售额为计税依据，然后按规定税率计算出货物或劳务的整体税负，同时通过税款抵扣方式将外购项目在以前环节已纳的税款予以扣除，从而完全避免了重复征税。该原理具体体现在以下几个方面：① 按全部销售额计算税款，但只对货物或劳务价值中新增价值部分征税。② 实行税款抵扣制度，对以前环节已纳税款予以扣除。③ 税款随着货物的销售逐环节转移，最终消费者是全部税款的承担者，但政府并不直接向消费者征税，而是在生产经营的各个环节分段征收，各环节的纳税人并不承担增值税税款。

3）增值税的特点与优势

各国推动增值税实施的主要依据和动因来自两个方面：

（1）增值税的特点。① 保持税收中性。根据增值税的计税原理，流转额中的非增值因素在计税时被扣除。因此，对同一商品而言，无论流转环节的多与少，只要增值额相同，税负就相等，不会影响商品的生产结构、组织结构和产品结构。② 普遍征收。从增值税的征税范围来看，对从事商品生产经营和劳务提供的所有单位和个人，在商品增值的各个生产流通环节向纳税人普遍征收。③ 税收负担由商品最终消费者承担。虽然增值税是向企业主征收，但企业主在销售商品时又通过价格将税收负担转嫁给下一生产流通环节，最后由最终消费者承担。④ 实行税款抵扣制度。在计算企业主应纳税款时，要扣除商品在以前生产环节已负担的税款，以避免重复征税。从世界各国来看，一般都实行凭购货发票进行抵扣。⑤ 实行比例税率。从实行增值税制度的国家来看，普遍实行比例税制，以贯彻征收简便易行的原则。⑥ 实行价外税制度。在计税时，作为计税依据的销售额中不包含增值税税额，这样有利于形成均衡的生产价格，并有利于税负转嫁的实现。这是增值税与传统的以全部流转额为计税依据的一个重要区别。

（2）增值税的优点。增值税的优点是由增值税的特点决定的。① 能够平衡税负，促进公平竞争。增值税具有不重复征税的特点，能够彻底解决同一种货物由全能厂生产和由非全能厂生产所产生的税负不平衡问题。因为，从一个企业来看，增值税税负的高低不受货物结构中外购协作件所占比重大小的影响；从一项货物来看，增值税不受该货物所经历的生产经营环节多少的影响。就是说，一种货物无论是由几个、十几个，甚至几十个企业共同完成，还是自始至终由一个企业完成，货物只要最终销售价格相同，那么该货物所负担的增值税税负也相同。从而彻底解决了同一货物由全能厂生产和由非全能厂生产所产生的税负不平衡问题。增值税能够平衡税负的这种内在合理性使得增值税能够适应商品经济的发展，为在市场经济下的公平竞争提供良好的外部条件。② 既便于对出口商品退税，又可避免对进口商品征税不足。世界各国为保护和促进本国经济的发展，在对外贸易上可以采取奖出限入的经济政策。而流转税是由消费者负担的，出口货物是在国外消费的，因此各国对出口货物普遍实行退税政策，使出口货物以不含税价格进入国际市场。在这种政策下，传统的流转税按全部销售额征税，由于存在重复征税，在货物出口时，究竟缴了多少税是很难计算清楚的。这样，在出口退税工作中就不可避免地存在两个问题：一是退税不足，影响货物在国际市场的竞争力；二是退税过多，形成国家对出口货物的补贴。实行增值税则可以避免上述问题。③ 在组织财政收入上具有稳定性和及时性。征税范围的广阔性，征收的普遍性和连续性，使增值税有着充足的税源和为数众多的纳税人，从而使通过增值税组织的财政收入具有稳定性和可靠性。④ 在税收征管上可以互相制约，交叉审计，避免发生偷税。和增值税实行税款抵扣的计税方法相适应，各国都实行凭发票扣税的征收制度，通过发票把买卖双方连为一体，并形成一个有机的扣税链条从而使买卖双方在纳税上形成了一种利益制约关系。

4）增值税的类型

增值税按照对外购固定资产处理方式的不同，可划分为生产型增值税、收入型增值税和消费型增值税三种类型。

（1）生产型增值税。生产型增值税是指计算增值税时，不允许扣除任何外购固定资产的价款，作为课税基数的法定增值额除包括纳税人新创造价值外，还包括当期计入成本的外购固定资产价款部分，即法定增值额相当于当期工资、利息、租金、利润等理论增值额和折旧额之和。从整个国民经济来看，这一课税基数大体相当于国民生产总值的统计口径，故称为生产型增值税。此种类型的增值税对固定资产存在重复征税，而且越是资本有机构成高的行业，重复征税就越严重。这种类型的增值税虽然不利于鼓励投资，但可以保证财政收入。2009年以前我国增值税属于此类型。

（2）收入型增值税。收入型增值税是指计算增值税时，对外购固定资产价款只允许扣除当期计入产品价值的折旧费部分，作为课税基数的法定增值额相当于当期工资、利息、租金和利润等各增值项目之和。从整个国民经济来看，这一课税基数相当于国民收入部分，故称为收入型增值税。此种类型的增值税从理论上讲是一种标准的增值税，但由于外购固定资产价款是以计提折旧的方式分期转入产品价值的，且转入部分没有逐笔对应的外购凭证，故给凭发票扣税的计算方法带来困难，从而影响了这种方法的广泛采用。

（3）消费型增值税。消费型增值税是指计算增值税时，允许将当期购入的固定资产价款一次全部扣除，作为课税基数的法定增值额相当于纳税人当期的全部销售额扣除外购的全部生产资料价款后的余额。从整个国民经济来看，这一课税基数仅限于消费资料价值的部分，故称为消费型增值税。此种类型的增值税在购进固定资产的当期因扣除额大大增加，会减少财政收入。但这种方法最宜于规范凭发票扣税的计算方法，既便于操作，也便于管理，所以是三种类型中最简便，同时也是最能体现增值税优越性的一种类型。

我国从2009年1月1日起实行消费型增值税，这至少将产生三个方面的积极效应。

第一，从经济的角度来看，实行消费型增值税有利于鼓励投资，特别是民间投资，有利于促进产业结构调整和技术升级，有利于提高我国产品的竞争力。

第二，从财政的角度来看，实行消费型增值税虽然在短期内将导致税基的减少，对财政收入造成一定的影响，但是有利于消除重复征税，有利于公平内外资企业和国内外产品的税收负担，有利于税制的优化；从长远看，由于实行消费型增值税将刺激投资，促进产业结构的调整，对经济的增长将起到重要的拉动作用，财政收入总量也会随之逐渐增长。

第三，从管理的角度来看，实行消费型增值税将使非抵扣项目大为减少，征收和缴纳将变得相对简便易行，从而有助于减少偷逃税行为的发生，有利于降低税收管理成本，提高征收管理的效率。

2. 我国现行增值税制度

按照我国现行增值税法（条例）的规定，增值税是对在我国境内销售货物或者提供加工、修理修配劳务以及进口货物的企业单位和个人，就其货物销售或提供劳务的增值额和货物进口金额为计税依据而课征的一种流转税。

1）纳税人

凡在我国境内销售货物或者提供加工、修理修配劳务以及进口货物的单位或个人，为增值税的纳税人。参照国际惯例，我国将纳税人按照经营规模和会计核算制度健全与否划分为小规模纳税人和一般纳税人。

小规模纳税人是指年销售额在规定标准以下，并且会计核算不健全，不能按规定报送有关税务资料的增值税纳税人。所称会计核算不健全是指不能正确核算增值税的销项税额、进项税额和应纳税额。小规模纳税人的认定标准是：① 从事货物生产或提供应税劳务的纳税人，以及以从事货物生产或提供应税劳务为主，并兼营货物批发或者零售的纳税人，年应征增值税销售额（以下简称年应税销售额）在50万元以下的；② 对上述规定以外的纳税人，年应税销售额在80万元以下的；③ 年应税销售额超过小规模纳税人标准的其他个人按小规模纳税人纳税；④ 非企业性单位、不经常发生应税行为的企业可选择小规模纳税人纳税。

一般纳税人是指应税销售额超过规定的小规模纳税人标准的企业和企业性单位。增值税一般纳税人必须向税务机关办理认定手续，以取得法定资格。

2）课税对象

增值税的课税对象包括在我国境内销售货物和提供加工、修理修配劳务以及进口货物，即不仅包括货物的生产、批发、零售和进口商品，而且包括提供加工、修理修配，同时对视同销售货物行为、混合销售行为和兼营非应税劳务行为。

3）税率

我国增值税采用比例税率，根据应税行为一共分为13%，9%，6%三档税率及3%的征收率。另对除国务院另有规定外的出口货物，适用零税率。从2018年5月1日起，国务院将制造业等行业增值税税率从17%降至16%，将交通运输、建筑、基础电信服务等行业及农产品等货物的增值税税率从11%降至10%。根据自2019年4月1日起执行的《关于深化增值税改革有关政策的公告》。增值税一般纳税人发生增值税应税销售行为或者进口货物，原适用 16%税率的，税率调整为 13%；原适用 10%税率的，税率调整为 9%。

4）应纳税额的计算

目前，我国增值税应纳税额的计算方法可分为一般纳税人应纳税额的计算，小规模纳税人应纳税额的计算，进口货物应纳税额的计算。

一般纳税人在计算增值税应纳税额时，采用的计税方法是国际通行的购进扣税法，即先按当期销售额和适用税率计算出销项税额（这是对销售全额的征税），然后对当期购进项目已经缴纳的税款（所含税款）进行抵扣，从而间接计算出对当期增值额部分的应纳税额。其计算公式为：

$$当期应纳税额=当期销项税额-当期进项税额$$
$$=当期销售额\times适用税率-当期进项税额$$

小规模纳税人应纳税额的确定采用简易方法计算，即按照销售额乘以规定的征税率计算，不得抵扣进项税额。其计算公式为：

$$小规模纳税人应纳税额=销售额\times征税率$$

纳税人在进口货物时，按照组成计税价格（在没有实际销售价格时，按照税法规定计算出作为计税依据的价格）和规定的税率计算应纳税额，不得抵扣任何税额。其计算公式为：

$$应纳税额=组成计税价格\times税率$$
$$=关税完税价格+关税+消费税$$

8.1.2　消费税

1. 消费税概述

1）消费税的概念

消费税是指对消费品和特定的消费行为按消费流转额征收的一种商品税。消费税可分为一般消费税和特别消费税，前者主要指对所有消费品包括生活必需品和日用品普遍课税，后者主要指对特定消费品或特定消费行为如奢侈品等课税。消费税以消费品为课税对象，在此情况下，税收随价格转嫁给消费者负担，消费者是间接的纳税人，实际的负税人。

2）消费税的特点

一般来说，消费税的征税对象主要是与居民消费相关的最终消费品和消费行为。与其他税种比较，消费税具有如下几个特点。

（1）征税项目具有选择性。各国目前征收的消费税实际上都属于对特定消费品或消费行为征收的税种。尽管各国的征税范围宽窄有别，但都是在人们普遍消费的大量消费品或消费行为中有选择地确定若干个征税项目，在税法中征收的具体品目采用正列举，征税界限清晰，征税范围有限。我国 1994 年实行的税制中，消费税主要包括了特殊消费品、奢侈品、高能耗消费品、不可再生的资源消费品以及税基宽广、消费普遍、不影响人民群众生活水平，但又具有一定财政意义的普通消费品，共计有 11 个税目。为适应我国目前产业结构、消费水平和消费结构以及节能、环保等方面的要求，从 2006 年 4 月 1 日起，消费税的征收范围进行了有增有减的调整。调整后的消费税税目共计 14 个。

（2）征税环节具有单一性。消费税是在生产（进口）、流通或消费的某一环节一次征收，而不是在消费品生产、流通或消费的每个环节多次征收，即通常所说的一次课征制。这样，既可以减少纳税人的数量，降低税款征收费用和税源流失的风险，又可以防止重复征税。

（3）征收方法具有多样性。消费税的计税方法比较灵活。为了适应不同应税消费品的情况，消费税在征收方法上不力求一致，有些产品采取从价定率的方式征收，有些产品则采取从量定额的方式征收。在具体操作上，对一部分价格差异较大，且便于按价格核算的应税消费品，依消费品或消费行为的价格实行从价定率征收；对一部分价格差异较小，品种、规格比较单一的大宗应税消费品，依消费品的数量实行从量定额征收。由于两种方法各有其优点和缺点，因此目前对有些产品在实行从价定率征收的同时，还对其实行从量定额征收。

（4）税收调节具有特殊性。消费税属于国家运用税收杠杆对某些消费品或消费行为特殊调节的税种。这一特殊性表现在两个方面：一是不同的征税项目税负差异较大，对需要限制或控制消费的消费品规定较高的税率，体现特殊的调节目的；二是消费税往往同有关税种配合实行加重或双重调节，通常采取增值税与消费税双重调节的办法，对某些需要特殊调节的消费品或消费行为在征收增值税的同时，再征收一道消费税，形成一种特殊的对消费品双层次调节的税收调节体系。

（5）消费税具有转嫁性。消费税是对消费应税消费品的课税。凡列入消费税征税范围的消费品，一般都是高价高税产品。因此，消费税无论采取价内税形式还是价外税形式，也无论在哪个环节征收，消费品中所含的消费税税款最终都要转嫁到消费者身上，由消费者负担，税负具有转嫁性。消费税转嫁性的特征，要较其他商品课税形式更为明显。

3）消费税的立法意义

消费税的征收具有较强的选择性，是国家贯彻消费政策、引导消费结构从而引导产业结构的重要手段，因而在保证国家财政收入，体现国家经济政策等方面具有十分重要的意义，具体表现在以下方面。

（1）调节消费结构，引导消费方向。消费税的课征范围只限于国家限制的少数商品，而对列入其征税范围的商品，国家还要根据一定时期的消费政策，分别确定高低不同的税率，以体现国家调节消费的意图。

（2）稳定财政收入。消费税是以应税消费品的销售额或销售数量及组成计税价格为计税依据，税额会随着销售额的增加而不断增长，同时只要消费品实现销售，也就产生缴纳消费税的义务。因此，消费税对及时、足额地保证财政收入，起着重要的作用。

（3）缓解社会分配不公。由于个人生活水平的高低很大程度体现在其支付能力上，因此通过对某些奢侈品或特殊消费品征收消费税，立足于从调节个人支付能力的角度间接增加某些消费者的税收负担，体现了收入多者多缴税的政策精神。

2. 我国现行消费税制度

我国现行消费税是对在我国境内从事生产、委托加工和进口应税消费品的单位和个人就其应税消费品征收的一种税。它选择部分消费品征收，因而属于特别消费税。简单地说，消费税是对特定的消费品和消费行为征收的一种税。

（1）纳税人。现行消费税条例规定，在我国境内生产、委托加工和进口应税消费品的单位和个人，为消费税纳税义务人。

（2）课税对象。消费税的课税对象为生产、委托加工和进口的应税消费品，具体包括14个税目：烟，酒及酒精，化妆品，贵重首饰及珠宝玉石，鞭炮、焰火，成品油，汽车轮胎，摩托车，小汽车，高尔夫球及球具，高档手表，游艇，木制一次性筷子，实木地板。

（3）税率。消费税税率是消费税税制的中心环节，具体体现国家的产业政策和消费政策，反映纳税人的负担程度，关系到国民经济相关部门之间以及国家、集体、个人三者之间的经济利益。因此，正确制定消费税的税率有着十分重要的意义。

消费税的税率有两种形式：一种是比例税率，另一种是定额税率。消费税税率形式的选择，主要是根据课税对象的具体情况来确定的，对一些供求基本平衡、价格差异不大、计量单位规范的消费品，选择计税简便的定额税率，有利于简化征纳手续，稳定税收负担，如黄酒、啤酒、成品油等。对一些供求矛盾突出、价格差异较大、计量单位不规范的消费品，选择税价联动的比例税率，如烟、白酒、化妆品、鞭炮、焰火、汽车轮胎、贵重首饰及珠宝玉石、摩托车、小汽车等。

一般情况下，对一种消费品只选择一种税率形式，但为了更有效地保全消费税税基，对一些应税消费品如卷烟、白酒，则采用定额税率和比例税率双重征收形式。

消费税在执行过程中，根据客观情况的变化会进行部分调整。例如，自 2006 年 4 月 1 日起，石脑油、溶剂油、润滑油、燃料油暂按应纳税额的 30%征收消费税；航空煤油暂缓征收消费税。但为促进以石脑油为原料的国产乙烯芳烃类产品与进口同类产品的公平竞争，从 2008 年 1 月 1 日起，对石脑油、溶剂油、润滑油和燃料油恢复全额征收消费税。自 2008 年 1 月 1 日起至 2010 年 12 月 31 日止，进口石脑油和国产的用作乙烯、芳烃类产品原料的石脑油免征消费税。生产企业直接对外销售的石脑油应按规定征收消费税。

（4）应纳税额的计算。按照现行消费税法的基本规定，消费税应纳税额的计算主要分为从价计征、从量计征和从价从量复合计征三种方法。

在从价计征计算办法下，应纳税额等于应税消费品的销售额乘以适用税率。其计算公式为：

$$应纳税额=应税消费品的销售额\times适用税率$$

在从量计征计算办法下，应纳税额等于应税消费品的销售数量乘以定额税率。其计算公式为：

$$应纳税额=应税消费品数量\times定额税率$$

在从价从量复合计征计算方法下，应纳税额等于应税消费品的销售数量乘以定额税率再加上应税消费品的销售额乘以比例税率。其计算公式为：

$$应纳税额=应税消费品数量\times定额税率+应税消费品的销售额\times比例税率$$

8.1.3 关税

1. 关税概述

1）关税的概念

关税是海关依法对进出境货物、物品征收的一种税。从以下几个方面，可以加深对关税概念的理解。

（1）关税是一种税收形式。关税与其他税收的性质是一样的，征税主体都是国家。不同的是其他税收主要是由税务机关征收，而关税是由海关征收。

（2）关税的征税对象是货物和物品。关税只对有形的货品征收，对无形的货品不征关税。

（3）关税的征税范围是进出关境的货物和物品。所谓关境，又称"关税领域"或"海关境域"，是国家海关法全面实施的领域。通常情况下，一国关境与国境是一致的，包括国家全部的领土、领海、领空。但当某一国家在国境内设立了自由港、自由贸易区等，这些区域就进出口关税而言处在关境之外，这时该国家的关境小于国境，如我国。根据《中华人民共和国香港特别行政区基本法》和《中华人民共和国澳门特别行政区基本法》，香港和澳门保持自由港地位，为我国单独的关税地区，即单独关境区。单独关境区是不完全适用该国海关法律、法规或实施单独海关管理制度的区域。当几个国家结成关税同盟、组成统一的关境、实施统一的关税法令和统一的对外税则时，这些国家彼此之间货物进出国境不征收关税，只对来自或运往其他国家的货物进出共同关境时征收关税，这些国家的关境大于国境，如欧洲联盟。

2）关税的特点

关税作为独特的税种，除了具有一般税收的特点以外，还具有以下特点：

（1）征收的对象是进出境的货物和物品。关税是对进出境的货物和物品征税，在境内和境外流通不进出关境的货物和货品不征关税。

（2）关税是单一环节的价外税。关税的完税价格中不包括关税，即在征收关税时，是以实际成交价格为计税依据，关税不包括在内。但海关代为征收增值税、消费税时，其计税依据包括关税在内。

（3）有较强的涉外性。关税只对进出境的货物和物品征收。因此，关税税则的制定、税率的高低，直接会影响到国际贸易的开展。随着世界经济一体化的发展，世界各国的经济联系越来越密切，贸易关系不仅反映简单经济关系，而且成为一种政治关系。这样，关税政策、关税措施也往往和经济政策、外交政策紧密相关，具有涉外性。正是"涉外性"才使得关税对进出口贸易产生巨大的影响作用。对货物征收关税，势必会提高纳税人的经营成本，从而对商品出入境后的销售利润产生直接的影响。纳税人要么提高商品的售价，维持赢利水平，但会导致销售额下降；要么维持商品售价不变，使商品销售额保持不变，但又会导致赢利水平的下降。对进出口的非贸易品征收关税，同样也会使纳税人携带行李物品或邮寄物品的经济负担加重。因此，关税税种的设置、税率的调整和征收办法的改变等，都会影响到国际贸易往来和商品流通。

3）关税的作用

关税的作用是贯彻对外经济贸易政策的重要手段。它在调节经济、促进改革开放方面，在正确保护民族企业生产、防止国外的经济侵袭、争取关税互惠，促进对外贸易发展、增加国家财政收入方面，都具有重要作用。

（1）维护国家主权和经济利益。对进出口货物征收关税，表面上看似乎只是一个与对外贸易相联系的税收问题，其实一国采取什么样的关税政策直接关系到国与国之间的主权和经济利益。历史发展到今天，关税已成为各国政府维护本国政治、经济权益，乃至进行国际经济斗争的一个重要武器。我国根据平等互利和对等原则，通过关税复式税则的运用等方式，争取国际的关税互惠并反对他国对我国进行关税歧视，促进对外经济技术交往，扩大对外经济合作。

（2）保护和促进本国工农业生产的发展。一个国家采取什么样的关税政策，是实行自由贸易，还是采用保护关税政策，是由该国的经济发展水平、产业结构状况、国际贸易收支状况以及参与国际经济竞争的能力等多种因素决定的。国际上许多发展经济学家认为，自由贸易政策不适合发展中国家的情况。相反，这些国家为了顺利地发展民族经济，实现工业化，必须实行保护关税政策。我国作为发展中国家，一直十分重视利用关税保护本国的"幼稚工业"，促进进口替代工业发展，关税在保护和促进本国工农业生产的发展方面发挥了重要作用。

（3）调节国民经济和对外贸易。关税是国家的重要经济杠杆，通过税率的高低和关税的减免，可以影响进出口规模，调节国民经济活动。例如，调节出口产品和出口产品生产企业的利润水平，有意识地引导各类产品的生产，调节进出口商品数量和结构，可促进国内市场商品的供需平衡，保护国内市场的物价稳定，等等。

（4）筹集国家财政收入。从世界大多数国家尤其是发达国家的税制结构分析，关税收入在整个财政收入中的比重不大，并呈下降趋势。但是，一些发展中国家，其中主要是那些国内工业不发达、工商税源有限、国民经济主要依赖于某种或某几种初级资源产品出口，以及国内许多消费品主要依赖于进口的国家，征收进出口关税仍然是它们取得财政收入的重要渠道之一。我国关税收入是财政收入的重要组成部分。

2. 我国现行关税制度

（1）纳税人。进口货物的收货人、出口货物的发货人、进出境物品的所有人，是关税的纳税义务人。

（2）课税对象。我国关税的课税对象是准许进出境的货物和商品。货物是指贸易性商品；物品是指入境旅客随身携带的行李物品、个人邮寄物品、各种运输工具上的服务人员携带进口的自用物品、馈赠物品以及其他方式进境的个人物品。

（3）税率。我国现行的关税的税率分为进口税率、出口税率和暂定税率。

8.2 所 得 课 税

8.2.1 企业所得税

1. 企业所得税概述

1）企业所得税的概念

我国现行企业所得税是对我国境内的企业取得的生产经营所得和其他所得为征税对象所征收的一种税。企业所得税是国家参与企业利润分配的重要手段。在我国现行税制中，企业所得税是仅次于增值税的第二大税种。

2007年3月16日，中华人民共和国第十届全国人民代表大会第五次会议通过了新的《中华人民共和国企业所得税》，自2008年1月1日起施行。随后，2007年11月28日，国务院第197次常务会议通过新的《中华人民共和国企业所得税法实施条例》，自2008年1月1日起施行。2018年12月29日第十三届全国人民代表大会常务委员会第七次会议通过第十三届全国人民代表大会常务委员会第七次会议决定修改。将第五十一条第一款中的"非居民企业在中国境内设立两个或者两个以上机构、场所的，经税务机关审核批准"修改为"非居民企业在中国境内设立两个或者两个以上机构、场所，符合国务院税务主管部门规定条件的"。

2）企业所得税的特点

企业所得税是以企业的生产经营所得为计税基数，与其他税种相比，具有以下显著特点：

（1）征税范围广。在中华人民共和国境内，企业和其他取得收入的组织都是企业所得税的纳税人，都要依照税法的规定缴纳企业所得税。企业所得税的征税对象包括生产经营所得和其他所得。前者通常是指企业从事产品生产、交通运输、商品流通、劳务服务和其他营利事业等取得的所得；后者通常是指提供资金或财产取得的所得，包括利息、股息、红利、租金、转让资产收益和特许权使用费等所得。因此，企业所得税具有征收上的广泛性。

（2）税负公平。企业所得税对企业，不分所有制，不分地区、行业和层次，实行统一的比例税率。在普遍征收的基础上，能使各类企业税负较为公平。由于企业所得税是对企业的经营净收入亦称为经营所得征收的，所以企业一般都具有所得税的承受能力，而且企业所得税的负担水平与纳税人所得多少直接关联，即"所得多的多征，所得少的少征，无所得的不征"，因此企业所得税是能够较好体现公平税负和税收中性的一个良性税种。

（3）税基约束力强。企业所得税的税基是应纳税所得额，即纳税人每个纳税年度的收入总额减去准予扣除项目金额之后的余额。其中，准予扣除的项目主要是指成本和费用，包括工资支出、原材料支出、固定资产折旧和无形资产摊销等。所得税的计税涉及纳税人财务会计核算的各个方面，与企业会计核算关系密切。为了保护税基，企业所得税明确了收入总额、扣除项目金额的确定以及资产的税务处理等内容，使应税所得额的计算相对独立于企业的会计核算，体现了税法的强制性与统一性。

（4）纳税人与负税人一致。企业所得税属于企业的终端税种，纳税人缴纳的所得税一般不易转嫁，而由纳税人自己负担。在会计利润总额的基础上，扣除企业所得税后的余额为企业生产经营的净利润。

3）企业所得税的作用

企业所得税在组织财政收入、促进社会经济发展、实施宏观调控等方面具有重要的职能作用。企业所得税调节的是国家与企业之间的利润分配关系，这种分配关系是我国经济分配制度中最重要的一个方面，是处理其他分配关系的前提和基础。企业所得税的作用主要体现在三个方面：

（1）促进企业改善经营管理活动，提升企业的盈利能力。由于企业所得税只对利润征税，往往采用比例税率，因此对大多数企业来说承担相同的税负水平。相对于累进税率，采用比例税率的企业所得税更有利于促使企业改善经营管理，努力降低成本，提高盈利能力和水平。

（2）调节产业结构，促进经济发展。所得税的调节作用在于公平税负、量能负担，虽然世界各国的法人所得税往往采用比例税率的形式，在一定程度上削弱了所得税的调控功能。但在税制设计中，世界各国往往通过各项税收优惠的实施，发挥政府在对纳税人投资、产业结构调整、环境治理等方面的调控作用。

（3）为国家建设筹集财政资金。税收的首要职能就是筹集财政收入。随着我国财政收入的分配向企业和居民的倾斜，随着经济的发展和企业盈利水平的提高，企业所得税占全部税收收入的比重越来越高，将成为我国税制的主体税种之一。

2. 我国现行企业所得税制度

1）企业所得税的纳税人

凡在我国境内，企业和其他取得收入的组织（以下统称企业）为企业所得税的纳税人，依法缴纳企业所得税。企业所得税的纳税人分为居民企业和非居民企业。这里，居民企业是指依法在中国境内成立，或者依照外国（地区）法律成立但实际管理机构在中国境内的企业。非居民企业是指依照外国（地区）法律成立且实际管理机构不在中国境内，但在中国境内设立机构、场所的，或者在中国境内未设立机构、场所，但有来源于中国境内所得的企业。

2）课税对象

企业所得税的课税对象是指企业的生产经营所得、其他所得和清算所得。居民企业就来源于中国境内、境外的所得缴纳企业所得税。非居民企业在中国境内设立机构、场所的，以及发生在中国境外但与其所设机构、场所有实际联系的所得，缴纳企业所得税。非居民企业在中国境内未设立机构、场所的，或者虽设立机构、场所但取得的所得与其所设机构、场所没有实际联系的，应当就其来源于中国境内的所得缴纳企业所得税。

3）税率

企业所得税的税率为25%。自2008年1月1日起，原享受低税率优惠政策的企业，在新税法施行后5年内逐步过渡到法定税率。其中：享受企业所得税15%税率的企业，2008年按18%税率执行，2009年按20%税率执行，2010年按22%税率执行，2011年按24%税率执行，2012年按25%税率执行。原执行24%税率的企业，2008年起按25%税率执行。

按照国家相关法律文件规定适用15%企业所得税率并享受企业所得税定期减半优惠过渡的企业，应一律按照过渡税率来计算的应纳税额实行减半征税，即2008年按18%税率计算的应纳税额实行减半征税，2011年按24%税率计算的应纳税额实行减半征税税率并享受国发〔2007〕39号文件规定企业所得税定期减半优惠过渡的企业，2008年及以后年度一律按25%税率计算的应纳税额实行减半征税。

非居民企业在中国境内未设立机构、场所的，或者虽设立机构、场所但取得的所得与其所设机构、场所没有实际联系的，其来源于中国境内的所得，适用税率为20%，目前减按10%的税率征收企业所得税。符合条件的小型微利企业，减按20%的税率征收企业所得税。

4）企业所得税应纳税额的计算

企业所得税应纳税额的基本计算公式为：

应纳税额＝收入总额－不征税收入－免税收入－各项扣除－允许弥补的以前制度亏损

8.2.2 个人所得税

1. 个人所得税概述

1）个人所得税的概念

个人所得税是以个人（自然人）取得的各项应税所得为征税对象所征收的一种税。个人所得税是世界各国普遍开征的一个税种，它在调节收入分配、缓解贫富悬殊、促进社会稳定、增加财政收入等方面的作用也得到了公认。它也被称为经济调节的"内在稳定器"。

作为征税对象的个人所得，有狭义和广义之分。狭义的个人所得，仅限于每年经常、反复发生的所得。广义的个人所得，是指个人在一定期间内，通过各种来源或方式所获得的一切利益，而不论这种利益是偶然的，还是临时的，是货币、有价证券的，还是实物的。目前，包括我国在内的世界各国所实行的个人所得税，大多以这种广义解释的个人所得概念为基础。根据这种理解，可以将个人取得的各种所得分为毛所得和净所得、非劳动所得和劳动所得、经常所得和偶然所得，自由支配所得和非自由支配所得、交易所得和转移所得、应收所得和实现所得、名义所得和实际所得、积极所得和消极所得等。

2）个人所得税的特点

个人所得税是世界各国普遍征收的一个税种，我国个人所得税主要有以下特点：

（1）实行分类征收。世界各国的个人所得税制大体可分为三种类型：分类所得税制、综合所得税制和混合所得税制。这三种税制各有所长，各国可根据本国具体情况选择、运用。我国现行个人所得税采用的是分类所得税制，即将个人取得的各种所得划分为 11 类，分别适用不同的费用减除规定、不同的税率和不同的计税方法。实行分类课征制度，可以广泛采用源泉扣缴办法，加强源泉控管，简化纳税手续，方便征纳双方。同时，还可以对不同所得实行不同的征税方法，便于体现国家的政策。

（2）累进税率与比例税率并用。分类所得税制一般采用比例税率，综合所得税制通常采用累进税率。比例税率计算简便，便于实行源泉扣缴；累进税率可以合理调节收入分配，体现公平。我国现行个人所得税根据各类个人所得的不同性质和特点，将这两种形式的税率综合运用于个人所得税制。其中，对工资、薪金所得，个体工商户的生产、经营所得，对企事业单位的承包经营、承租经营所得，采用累进税率，实行量能负担。对劳务报酬、稿酬等其他所得，采用比例税率，实行等比负担。

（3）费用扣除额较宽。各国的个人所得税均有费用扣除的规定，只是扣除的方法及额度不尽相同。我国本着费用扣除从宽、从简的原则，采用费用定额扣除和定率扣除两种方法。对工资、薪金所得，按照一定法人标准减除费用，实际上等于对绝大多数的工资、薪金所得予以免税或只征很少的税款，也使得提供一般劳务、取得中低劳务报酬所得的个人大多不用负担个人所得税。

（4）计算简便。我国个人所得税的费用扣除采取总额扣除法，免去了对个人实际生活费用支出逐项计算的麻烦；各种所得项目实行分类计算，并且具有明确的费用扣除规定，费用扣除项目及方法易于掌握，计算比较简单，符合税制简便原则。

（5）采取课源制和申报制两种征纳方法。依据《中华人民共和国个人所得税法》规定，对纳税人的应纳税额分别采取由支付单位源泉扣缴和纳税人自行申报两种方法。对凡是可以在应税所得的支付环节扣缴个人所得税的，均由扣缴义务人履行代扣代缴义务；对于没有扣缴义务人的，个人在两年以上取得工资、薪金所得的以及个人所得超过国务院规定数额（年所得 12 万元以上）的，由纳税人自行申报纳税。此外，对其他不便于扣缴税款的，亦规定由纳税人自行申报纳税。

3）个人所得税的作用

（1）调节收入分配，体现社会公平。随着经济的发展，我国人民的生活水平不断提高，一部分人已经达到较高的收入水平。因此，有必要对个人收入进行适当的税收调节。在保证人们基本生活费用支出不受影响的前提下，高收入者多纳税，中等收入者少纳税，低收入者不纳税，以此缓解社会分配不公的矛盾，在不损害分配效率的前提下体现社会公平，保持社会稳定。

（2）扩大聚财渠道，增加财政收入。目前我国个人所得税收入占全部税收收入的比重不断提高，成为国家筹集财政收入的渠道之一。随着经济的发展，居民的收入水平还将继续提高，个人所得税占全部税收收入的比重还将继续提高，最终将发展成为我国具有活力的一个主体税种。

（3）增强纳税意识，树立义务观念。由于历史的原因和计划经济体制的影响，我国公民的纳税意识普遍较为淡薄，义务观念也比较缺乏。通过个人所得税税法宣传，税收的管理和税款的缴纳，源泉扣缴和自行申报制度实施，使公民在纳税过程中逐步树立公民必须依法履行纳税义务的观念。

2. 我国现行个人所得税制度

2018 年 8 月 27 日，全国人大常委会关于修改个人所得税法的决定草案提请十三届全国人大常委会第五次会议审议。依据决定草案，基本减除费用标准拟确定为每年 6 万元，即每月 5 000 元，3% 到 45% 的新税率级距不变。2018 年 8 月 31 日，修改个人所得税法的决定通过，基本减除费用标准调至每月 5 000 元，2018 年 10 月 1 日起实施。

1）纳税人

个人所得税的纳税义务人，包括中国公民、个体工商户以及在中国有所得的外籍人员（包括无国籍人员）和香港、澳门、台湾地区同胞。依据住所和居住时间两个标准，可分为居民纳税人和非居民纳税人。凡在中国境内有住所，或者无住所而在中国境内居住满 1 年的个人，为居民纳税人。居民纳税人应就其从境内境外取得的全部所得缴纳个人所得税。凡在中国境内无住所又不居住或者无住所而在境内居住不满 1 年的个人，为非居民纳税人。非居民纳税人应当就其从中国境内取得的所得缴纳个人所得税。

2）课税对象

个人所得税以个人取得的各项所得为课税对象，具体征税项目包括工资、薪金所得；个体工商户的生产、经营所得；对企事业单位的承包经营、承租经营所得；劳务报酬所得；稿酬所得；特许权使用费所得；利息、股息、红利所得；财产租赁所得；财产转让所得；偶然所得以及经国务院财政部门确定征税的其他所得。

3）税率

① 综合所得（工资、薪金所得，劳务报酬所得，稿酬所得，特许权使用费所得），适用 7 级超额累进税率，按月应纳税所得额计算征税。该税率按个人月工资、薪金应税所得额划分级距，最高一级为 45%，最低一级为 3%，共 7 级。

② 经营所得适用 5 级超额累进税率。适用按年计算、分月预缴税款的个体工商户的生产、经营所得和对企事业单位的承包经营、承租经营的全年应纳税所得额划分级距，最低一级为 5%，最高一级为 35%，共 5 级。

③ 比例税率。对个人的利息、股息、红利所得，财产租赁所得，财产转让所得，偶然所得和其他所得，按次计算征收个人所得税，适用 20% 的比例税率。

8.3 其他课税

8.3.1 财产课税

财产税虽然是一个古老的税种，但因其独特的财政收入功能和调节财富分配的作用，一直在各国税制体系中占有一席之地，并在一些国家的地方税制中居于主体税地位。财产税的种类很多，依据不同标准有不同的分类方法。

根据经济合作与发展组织（OECD）拟订的国际税收协定范本的标准，财产税大体分为三类：一是不动产税，指土地、房屋、建筑物等不动产在产权不发生转移的情况下，对因让渡不动产的使用权而取得的收益所征的税，如土地税、房屋税等；二是财产转移税，是对出售资产取得的收益和对转移财产征收的税，如资本利得税、遗产税和赠与税；三是财产净值税，或称财富税，是对财产的产权人或使用人不论其是否取得收益，依据财产价值课征的税。

财产税根据征税范围不同，还可以分为一般财产税和个别财产税。一般财产税是对纳税人的全部财产实行合并计税，个别财产税则是对纳税人的各项财产单独征税。

1）一般财产税

一般财产税以美国最具代表性，征税对象主要是不动产、企业设备、存货、机动车等。财产税在美国基本上属于地方性税种，各地税率高低不等，最低的税率在 3%以下，最高税率超过 10%。税基主要是财产的评估价值。

2）个别财产税

个别财产税包括土地税、房屋税，以及以土地、房屋为主要课税对象的不动产税，其中土地税在世界上比较普遍。虽然各国土地税的具体税名各异，但根据税基不同，主要分为两大类：

（1）财产性质的土地税，以土地的数量或价值为税基。具体税种如实行从量计征的地亩税，以及实行从价计征的地价税。1987 年前，中国台湾省曾经征收过地亩税，地价税现仍然保留。

（2）收益性质的土地税，以土地的收益额（或所得额）为税基。又可以分为两种情况：一种是以土地每年的总收入减除种子、耕作及其他农业投入品等生产费用、管理费用后的总收入为税基，按比例税率计税，其费用采取定率扣除方法，印度的土地税采用这种征税办法；另一种是对转让所有权或使用权的土地，以土地销售价与进价之间的差额，或租赁的实际收入为税基计税。后一种土地税在有些国家被称为土地增值税，世界上征收土地增值税的国家或地区不多。

3）财产净值税

财产净值税在欧洲一些国家，如荷兰、德国、瑞典、瑞士、丹麦、挪威等较为流行。其征税范围通常包括：不动产，如建筑物、土地；有形动产，如宝石、汽车、船艇；无形资产，如股票、债券、票据、银行存款等。财产净值税的税基是纳税人的全部财产价值减除未偿还的负债（扣除他人对资产的未到期的债权额），即应税财产净值。各国税率不尽相同，有的采用比例税率，一般不超过 1%；有的实行累进税率，但最高税率也只有 2%左右。

4）财产转移税

在财产转移税中，资本利得税、遗产税和赠与税居于重要地位。

（1）资本利得税是对股票、债券、土地及其他不动产等资本性资产，因买卖或交换而发生的增值所得征收的一种财产税，亦具有所得税的性质。各国的资本利得征税制度较为复杂。从征税范围来看，多数国家将公司的资本利得并入公司所得税一起征收，对个人资本利得则单独课税；有些国家将个人资本利得并入一般财产税或不动产税中计税；还有些国家甚至不征资本利得税。从征税对象来看，资本利得和普通所得的划分大多是以获得资产的目的不同为标准，有些国家则笼统规定出售不动产、股票、债券的收益为资本利得。税率在各国间的差别较大，总的来说是资本利得的税负要低于一般所得税负担水平。

（2）遗产税是以财产所有人身故后遗留的财产为课税对象，向财产继承人征收的一种财产税。按照征收方式不同，可以分为三种类型：① 总遗产税。即不论继承人多少及其与死者的亲疏关系，按分配、继承前的遗产总额，实行累进课征。但通常规定有起征点，并允许在遗产总额中扣除死者的负债、丧葬费、慈善及配偶遗赠，以及其他法定免税项目。美国、英国、新加坡、南非等国就采用这种遗产税。② 分遗产税。即根据继承人分得的遗产课税，故也称"继承税"。一般采用累进税率，其税负轻重往往与继承人之间的亲疏关系有关。目前，采用这种遗产税的国家比较多，如日本、德国、法国、保加利亚、波兰等。③ 总分遗产税，或称混合遗产税制，先对遗产总额征税，再对继承人分得的遗产征税。加拿大、意大利、伊朗、菲律宾、爱尔兰等国采用此类税制。

（3）赠与税是对财产所有人生前赠与他人的财产征收的一种财产税。征税目的主要是防止财产所有人为逃避死后的遗产税而在生前以赠与方式将财产转移给其亲友。赠与税实际上是与遗产税相配套的一个辅助税种，因此一些国家实行遗产税和赠与税并行的税收制度，有的国家则将两税合并征收。

8.3.2 资源课税

资源税是对在我国境内从事应税矿产品开采和生产盐的单位和个人课征的一种税，属于对自然资源占用课税的范畴。

对资源占用行为课税不仅为当今许多国家广泛采用，而且具有十分悠久的历史。我国对资源占用课税的历史至少可以追溯到周代，当时的"山泽之赋"就是对伐木、采矿、狩猎、捕鱼、煮盐等开发、利用自然资源的生产活动课征的赋税。此后，我国历代政府一直延续了对矿业资源、盐业资源等自然资源开发利用课税的制度。

1984 年我国开征资源税时，普遍认为征收资源税主要依据的是受益原则、公平原则和效率原则三方面。从受益方面考虑，资源属国家所有，开采者因开采国有资源而得益，有责任向所有者支付其地租；从公平角度来看，条件公平是有效竞争的前提，资源级差收入的存在影响资源开采者利润的真实性，或偏袒竞争中的劣者，或拔高竞争中的优胜者，故级差收入以归政府支配为好；从效率角度分析，稀缺资源应由社会净效率高的企业来开采，对资源开采中出现的掠夺和浪费行为，国家有权采取经济手段促其转变。这些解释从一个侧面说明了开征资源税的意义和必要性。为适应国家税制改革的需要，国务院于 1993 年 12 月颁布新的《中华人民共和国资源税暂行条例》（简称《资源税暂行条例》），从 1994 年 1 月 1 日起实施。2019 年 8 月 26 日，第十三届全国人民代表大会常务委员会第十二次会议通过《中华人民共和国资源税法》，自 2020 年 9 月 1 日起施行。1993 年 12 月 25 日国务院发布的《中华人民共和国资源税暂行条例》同时废止。

征收资源税的最重要理论依据是地租理论。由于矿产等资源具有不可再生性的特征，以及国家凭对自然资源的所有权垄断，使资源产生地租。矿产资源的地租表现为矿产资源的租金，矿产资源的租金体现了矿产资源的价值。这种价值不是矿产企业在开采矿产资源过程中的"劳动凝结"，而是矿产资源无以复加的使用价值的"国家所有权垄断"的体现。任何单位和个人未经国家允许，都不可能实施矿产资源的开采经营权，也不可能基于法律的规定取得矿产资源的所有权。所以，任何单位和个人取得的是矿产资源开采权，实际上是国家对矿产资源所有权的部分让渡。

在当今经济社会条件下，政府对资源占用行为课税的动机除基于财政原因之外，主要是为了运用税收经济杠杆调节纳税人的收入，为企业间开展公平竞争创造外部条件，并诱导纳税人节约、合理地开发利用自然资源，以促进经济社会可持续发展。

8.3.3　行为课税

行为税是以纳税人的特定行为作为课税对象的税收。在税收分类方法上，通常将那些不属于商品税、所得税、财产税和资源课税的其他税种，都归于行为税。

行为税的主要特点是：① 它在征税对象的选择上范围广泛而灵活，既可以广集财政收入，又可以用于体现国家的政策。② 它包括的税种较多，各个税种的具体课税对象差异甚大，故这类税种的征税制度和办法也有很大不同。③ 大多数行为税是国家根据一定时期的需要，尤其是为限制某种特定行为而开征的，因此除印花税、屠宰税等税负较轻、长期征收的税种之外，其他一些行为税的税负一般比较重，税源不够稳定。④ 此类税收的税源零星，征收范围有限、征收管理难度较大，所以行为税大多为地方税，在一国税制体系中作为辅助税种而存在。

现代税制理论认为，行为税的设置应当力求简化、方便纳税人。根据需要和可能，可征可不征，应当尽可能不征，或用其他手段来代替；可多征可少征，应当少征，避免行为税过滥过重而出现"苛捐杂税"。

我国实行以商品税为主体的税制体系。在全部税种中，增值税、消费税、营业税和资源税 4 个税种（不包括关税）的收入占全部税收收入的 75% 左右。所得税、财产税和行为税 3 类税收的税种虽然比较多，但收入比重不高。

$$小\qquad结$$

1. 增值税是对在我国境内销售货物或者提供加工、修理修配劳务以及进口货物的企业单位和个人，就其货物销售或提供劳务的增值额和货物进口金额为计税依据而课征的一种流转税。增值税的计税方法是以每一生产经营环节上发生的货物或劳务的销售额为计税依据，然后按规定税率计算出货物或劳务的整体税负，同时通过税款抵扣方式将外购项目在以前环节已纳的税款予以扣除，可以避免重复征税。

2. 消费税是指对消费品和特定的消费行为按消费流转额征收的一种商品税。消费税的征收具有较强的选择性，是国家贯彻消费政策、引导消费结构从而引导产业结构的重要手段，因而在保证国家财政收入，体现国家经济政策等方面具有十分重要的意义。

3. 关税是一种税收形式。关税的征税对象是货物和物品。关税只对有形的货品征收，对无形的货品不征关税。关税的征税范围是进出关境的货物和物品。

4. 企业所得税是对我国境内的企业取得的生产经营所得和其他所得为征税对象所征收的一种税。企业所得税在组织财政收入、促进社会经济发展、实施宏观调控等方面具有重要的职能作用。个人所得税是以个人（自然人）取得的各项应税所得为征税对象所征收的一种税。个人所得税是世界各国普遍开征的一个税种，它在调节收入分配、缓解贫富悬殊、促进社会稳定、增加财政收入等方面的作用也得到了公认。

5. 财产税可以分为三类，即不动产税、财产转移税和财产净值税。资源税属于对自然资源占用课税的范畴。行为税是以纳税人的特定行为作为课税对象的税收。在税收分类方法上，通常将那些不属于商品税、所得税、财产税、资源课税的其他税种，都归于行为税。

学习建议

1. 本章重点

增值税的概念及征收方式；我国消费税的特点；个人所得税的纳税义务

2. 本章难点

消费税的税额计算；企业所得税的征收

核心概念

增值税　企业所得税　个人所得税　行为税　消费税　财产税

思考与练习

1. 什么是增值税？我国开征的增值税有哪些特点？

2. 我国消费税的税率是如何确定的？简述消费税税额的计算方法。

3. 简述企业所得税的特点及作用。

4. 我国个人所得税对纳税人及其纳税义务是如何规定的？

5. 结合补充阅读材料，试阐述你对污染税的认识。

第 9 章

政 府 债 务

📖 **学习目标**

1. 理解并掌握政府债务概念及其内涵。
2. 把握政府债务的种类。
3. 了解政府债务的负担与效应。
4. 理解政府债务风险的含义及其管理与控制。

除了税收之外，举债是政府获取收入的又一重要来源。本章首先探讨政府债务的概念及其分类，随后揭示政府债务的负担与效应问题，最后在分析政府债务风险的基础上，阐述政府债务风险的管理与控制方法。

9.1 政府债务的概念及其分类

9.1.1 政府债务的概念及其特征

债是指按照约定的条件，在当事人之间产生的特定的权利义务关系，享有权利的人是债权人，负有义务的人是债务人。政府债务是指政府作为债务人，与债权人发生的权利义务关系。由于政府债务主体的公共性，因此也将政府债务称作为"公债"。

公债是一个特殊的财政范畴，是一种非经常性的财政收入，与税收相比，它具有以下特征。

（1）有偿性。政府债务性收入的最大特征就是有偿性。政府举债，到期不但要还本，还要付息。而税收则具有无偿性，它既无须偿还，也无须付出任何报酬。

（2）自愿性。公债券的发行和认购建立在认购者自愿的基础上，是否认购、认购多少，完全由认购人自主认定。税收则具有强制性，只要税法规定其为纳税人，无论是否愿意，都要照章纳税，否则就要受到法律制裁。

（3）灵活性。公债券的发行与否、采用何种方式发行、发行多少，一般由政府视具体情况而定，既不具有时间上的连续性，也不具有发行数额上的固定性。而税收则按照法律规定的标准征收，在征税前就预先规定了征税对象和征收比率。

邓子基等学者认为，对政府债务概念的界定，有必要分别从会计学和公共风险的视角加以考察。本节沿用邓子基教授关于政府债务的概念界定与阐述。

在会计学意义上，政府债务是指政府由于过去事项引起的现时义务，该义务的履行预期会导致政府资源的流出，这种流出既可以体现为经济利益，也可以体现为服务形式。由此可知，第一，政府债务是由过去的交易或者事项形成的，与过去交易或事项无关的，不属于政府债务。也就是说，如果某项义务需要由未来发生的事项引起，则不属于政府债务的范畴。第二，政府债务是现时义务，即现行条件下政府已经承担的义务，而不是未来义务或者不确定的义务。第三，政府债务的履行预期会导致政府资源的流出，而且流出的金额能够比较可靠地进行计量。第四，用于履行债务的政府资源既可以表现为经济利益，也可以表现为服务。

政府是一个代表社会公众利益的公共组织，与本质上追求自身利益的私人组织有着显著的区别。尤其是在债务风险的承担方面，政府需应对的是公共风险，即社会公众共同面对的风险，而不仅仅是由单个主体（包括个人、家庭和企业等）所面临的私人风险。这使得我们有必要突破会计学意义上的政府债务概念，而从更为广阔的经济社会的视角考虑之。

相对于私债而言，公共风险的外部性较强，其风险收益和成本由社会公众共同承担。同时，公共风险的化解显现出两个特征：第一，公共风险的化解具有受益上的非排他性。比如，向问题银行注资增强银行体系的稳定性，所有企业和居民都可以从稳定的金融环境中获益，无法将谁排除在外。第二，公共风险的化解具有消费上的非竞争性。比如，当金融环境变得稳定时，新增一个消费者不会影响到既有者的效用水平，因而产生额外的成本。由此可见，化解公共风险无异于提供纯公共产品。这意味着，公共风险的化解一般不能通过市场机制加以解决，而需要由政府来承担这一职责。而政府承担和化解公共风险，将导致财政资源的流出，不管这种流出是现时还是将来可能产生的义务。在此背景下，政府债务得以产生。

政府承担的现时义务体现为政府的直接债务。直接债务在得到履行之前，在任何情况下都存在，不会因将来某个事项的发生与否而改变。根据政府的现时义务是否得到法律或者合同的确认，可以将其区分为显性直接债务和隐性直接债务。

政府承担的未来义务体现为政府的间接债务，也称或有债务（contingent debt），这种债务是否转化为现实，取决于将来某个事项是否发生。同样地，根据政府的未来义务是否得到法律或者合同的确认，又可将其区分为显性或有债务和隐性或有债务。

据此，从政府作为公共风险的承担者和化解者的角度出发，政府债务可以区分为显性直接债务、隐性直接债务、显性或有债务和隐性或有债务等。而会计学意义上的政府债务概念，基本上等同于公共风险视角下的政府显性直接债务。因此，公共风险视角下的政府债务包含了会计学意义上的政府债务，同时还包含了更多的债务内容。

9.1.2　政府债务的分类

政府债务按照不同的标准可以有不同的分类方法。不同的分类方法代表着对政府债务结构的不同描述，也是分析与评价政府债务的基本要求。

1. 内债和外债

内债是政府在本国境内发行的公债，其认购主体是国内法人和本国公民，债权人为金融机构、机关团体、企业和居民个人，其发行与偿还一般以本国货币为计量单位。外债是本国政府在境外举借的债务。债权人可以是外国政府、国际金融组织、外国银行、外国企业、团体组织和个人，通常以债权国通货为计量单位，也可以以双方同意的第三国通货作为计量单位。

2. 国家借款和发行债券

国家借款是最原始的举债形式，它具有手续简便、成本费用较低等优点，因此现代国家在举借外债和向本国中央银行借债时仍主要采用这一方式。但借款通常只能在应债主体较少的条件下进行，不具有普遍性。而发行债券具有普遍性、法律保证性以及持久性等特点，应用范围较广，效能较高，因此政府对公众和企业的借债主要采用发行债券的方式。发行债券的主要缺陷是成本较高，需要有发达的信用。

3. 短期公债、中期公债和长期公债

短期公债多指 1 年以内到期的公债，其特点是周期短、流动性强，近似货币。中期公债一般指 1 年以上 10 年以内的债券，它与短期公债和长期公债相配合，有利于吸收资金，既可以用来弥补财政赤字，又可以作为重点建设资金的来源。长期公债是指期限在 10 年以上的公债，一般用于特大的经济建设项目或应付突发事件。18 世纪时，英国还发行过一种统一公债（consols），又称永久公债或无期公债，它不规定到期时间，所有人无权要求清偿，但可按期取得利息。政府在财力允许和愿意偿还公债的时候，可以按照市场价格购回公债券，以清偿债务。现在各国已不发行这种公债了。

4. 可转让公债和不可转让公债

可转让公债，也称上市公债，是指能够在证券市场上自由流通买卖的公债。认购者可以根据资金需求和市场行情随时兑现公债或转让给他人，从而满足投资者的流动性要求，降低其机会成本，因此特别受欢迎。不可转让公债，是指不能在证券市场上自由买卖的公债，只能由政府到期还本付息，由于其流动性差，投资的机会成本比较高，所以推销余地不大，在公债中所占比重较低。

5. 其他分类方法

按公债发行性质的差异，可以分为强制公债和自愿公债；按公债利率的确定方式，可以分为固定利率公债、市场利率公债和保值公债；按公债的计量单位，可以分为货币公债、实物公债、折实公债等。

9.2　政府债务的负担与效应

9.2.1　政府债务的负担及其归宿

对政府债务负担问题的理论分析，主要是考察债务在隔代人群之间是否存在负担转移及负担转移的大小问题。一般认为，后代人无论偿还债务还是要发新债还旧债，都有未来纳税人向债券持有者转移支付的问题，因为即使是发新债还旧债，也必须向新债券持有者支付利息。因此，后代人看来必须承受债务负担。然而，债务的法定负担落在后代，仅此一点，并不意味着后代人承受实际负担。和税的归宿一样，举债时启动的一系列事件，可以使经济归宿大大不同于法定归宿。

1. 政府债务负担的经济归宿

对政府债务资金的使用形成政府支出，用于提供各种公共物品与劳务，政府债务资金使用的受益者就是公共物品和劳务的消费者。各社会成员之间受益大小不同，不同的消费者对公共物品或服务的主观效用评价也不同。因此，相对于各社会成员而言，由谁来负担偿债资金就直接影响到政府债务负担的形成和分配。

如果政府发行短期公债，且公债资金使用提供的是短期的消费性公共物品和劳务，那么公共物品的受益者与未来偿还公债而承担税负的纳税人就基本上是同一代人，这等于是公共物品的消费者为了自己的消费付费，只不过不是用当期的税收支付，而是用延期了的税收支付。那么，政府债务负担的问题也就是债务资金使用的收益归宿与为其还本付息而征税的税负归宿问题。

在理想的情况下，政府债务资金使用的收益归宿应该与税负归宿一致，即按照税收的受益原则征税，政府债务的受益者就是本息的支付者，个人按其受益大小来承担成本。此时，政府债务对收入分配的影响是中性的。但在实际中，税收不可能完全按照受益原则来征收，由于公共物品对社会成员而言基本上是平等受益的，而在量能付税的情况下，税负的分配在量上却不是均等的，因此可以说，用公债融资扩大的公共物品供应在以税收偿还的条件下，具有同税收一样的收入再分配效应。

当政府债务资金用于投资性支出时，政府债务是否会产生负担，则取决于公共投资的效率。如果公共投资是有效率的，则公共投资的得益，能够偿还公债的利息。此时，债券的持有者到期收回本金和利息，其经济利益未受损，债务资金的使用者——公共部门因此而获得了利润。在这种情况下，政府债务不给任何一方造成负担。

如果公共部门将公债收入用于低效率的公共投资，那么将出现收不抵支，无法偿还公债利息的情况，其结果与提供消费性的公共物品类似。

如果公债券的发行导致货币供给的增加，引发通货膨胀，这实际上是一种"通货膨胀税"，即向货币持有者按照货币持有量征收比例税。每一个货币持有者都会承担货币贬值带来的损失，而债权人更会因本金和利息的贬值而受到更大的损失。因此，政府债务负担是由所有的货币持有者来负担的，而政府债务持有人的负担相对更大一些。

2. 政府债务负担的代际转移与归宿

从政府债务偿还的角度看，发行长期公债和不断借新债还旧债或者拖延债务期限，公债的还本负担将拖延至后代人。如果公债使当代人受益，使下代人受损，那么公债造成了代际负担。因为，政府通过发行公债而不是通过税收来提供公共物品和劳务，当代纳税人并未因此而减少个人收入，却获得了公共物品和劳务提供带来的好处。购买公债的人虽然减少了现时的收入却取得以后还债的收入，并得到公债利息作为放弃现实消费换取以后消费得到的补偿，所以政府举债当代人没有负担。但公债必须还本付息政府需要增加税收支付公债利息，年复一年，最终政府债务的负担落在了后代纳税人身上。

　　从政府债务资金的使用及效果角度，政府债务代际负担的形成及影响最终仍取决于其用途及使用效果。若政府债务用于本期公共物品的提供形成经常性支出，本期又不准备偿还这笔债务而以发新债还旧债的方式将偿债责任推向未来，那么未来社会的某一代人最终将要承担债务。这样做便产生了一般意义上的代际负担。如果是用于公共部门的投资性支出，那么它是否会造成代际负担将取决于公共部门与私人部门的投资收益率的大小。若由政府债务所支持的公共企业部门投资的收益率高于它所排挤的私有企业部门投资的收益率，则政府债务不仅不会给后代造成负担，还会提高未来社会的福利。反之，若其所支持的投资项目的收益率低于它所排挤的私有企业部门投资的收益率，若干年后用于公共投资所形成的资产显然要少于私有企业投资所形成的资产，这就减少了未来社会可得的资产，从而降低了后代的福利。在极端的情况下，公共企业部门投资不仅没有收益，而且还会发生亏损，则在未来社会可继承的资产将大大小于将资金投资于私有部门所形成的资产。在这种情况下，政府债务显然给后代造成了超额的负担。

　　可见，政府债务是否造成代际负担要取决于投资的效率。一般来说，若政府债务将资金从效率低的部门引向效率高的部门，那么后代就会受益；反之，政府债务将使后代受损。因此，政府债务的效率界限同时也是鉴别它是否会造成代际负担的界限。

9.2.2　政府债务的效应分析

1. 勒纳的观点

　　假定政府向其本国公民举债，那么这种债务就是内债。在勒纳看来，内债并不给后代带来负担，后代人仅仅是相互欠债。偿债时，收入要从一组公民手中（他们不持有债券）转到另一组公民手里（债券持有者）。但是，从后代人整体的消费水平保持不变的意义上说，他们的境况并没有恶化，如一位 18 世纪名为梅伦的学者指出的那样，这仅仅是"右手欠左手的债而已"。

　　一国向国外举债以维持正常开支时，情况就大不相同了，这种债务被称为外债。假定把从国外借来的钱用于目前消费，这样后代必然要承担负担，因为他们的消费水平将要下降，所以下降幅度等于必须向国外债权人偿付的贷款本金加应计利息。另外，如果贷款用于资本积累，结果就要取决于该投资项目的生产率了。如果投资的边际收益大于外债的边际成本，那么债务与资本支出合在一起，实际上使后代的境况改善了；如果该项目的收益小于其边际成本，则后代的境况就会变坏了。

　　内债不给后代带来负担的观点，在 20 世纪 40 年代和 50 年代的经济学界中占支配地位，但现在人们普遍认为，事情并不那么简单。

2. 交叠世代模型

　　在勒纳模型中，"一代人"包括某一既定时间内所有活着的人。"一代人"的一个更为合理的定义，可能指大约同时出生的所有人。如果使用这一概念，在任何既定时间内，都有几代人同时并存，而这正是交叠世代模型所考虑的。一个简单的交叠世代模型分析可以表明，债务负担如何在代与代之间转移。

　　假定人口由数量相同的"青年人""中年人""老年人"构成，每一代的延续时间为 20 年。在 20 年的期间内每个人的收入都为固定的 1.2 万美元，不存在私人储蓄，每个人都把他们的全部收入消费掉。预计这种状况将永远持续下去。1988—2008 年三代人代表的收入水平如表 9–1 所示。

表 9–1　交叠世代模型[①]

		1988—2008 年		
		青年人	中年人	老年人
（1）收入/美元		12 000	12 000	12 000
（2）政府借款/美元		−6 000	−6 000	
（3）政府提供的消费/美元		4 000	4 000	4 000
		⋮	⋮	⋮
			第 2008 年	
		⋮	⋮	
	青年人	↓	↓	
		中年人	老年人	
（4）政府征税以偿债/美元	−4000	−4 000	−4 000	
（5）政府偿还债务/美元		+6 000	+6 000	

现在假定政府决定借款 12 000 美元以应付公共消费，该贷款将在 2008 年偿还，只有青年人和中年人愿意贷款给政府，老年人不愿意的原因是可能 20 年后他们已不在人世，无法得到偿还。假定该款项的一半由青年人贷出，另一半由中年人贷出，因而所有这两代人的消费在 1988—2008 年都将减少 6 000 美元，如表 9–1 中的第 2 行所示。但是政府拿到贷款后，为每个人提供的消费是相等的，各人都得到 4 000 美元，这如表 9–1 中第 3 行所示。

截至 2008 年，1988 年的老年人有的已经离开人世，原来的中年人变成了老年人，原来的青年人变成了中年人，新的一代青年人成长起来了。政府要筹资 12 000 美元偿还债务，具体做法是向每个人课征 4 000 美元的税，如表 9–1 中第 4 行所示。政府收到税款后，就要求其债权人，即现在的中年人和老年人（表 9–1 中的第 5 行）还款了（为简化起见，假定利率为零，因而政府必须偿还的只有本金。如果引入一个正利率，不会对主要结论产生影响）。

从表 9–1 可以得出下列结论：

第一，由于有举债和与之相应的课税政策，1988—2008 年老年人一代比如果没有这些政策时的终生消费水平提高了 4 000 美元。

第二，1988—2008 年中青年两代的终生消费水平没有增加，也没有减少。

第三，2008 年青年一代的终生消费比没有该项债务和相应的税收政策时，低 4 000 美元。

实际上，有 4 000 美元从 2008 年的青年人手中转到 1988 年的老年人手中。诚然，2008 年的债务偿还，也涉及一个那时人们之间的转移问题。但是，那时的青年人是在转移的出钱一方，因为他们要为他们从未受益过的债务付出偿金。请注意，勒纳模型的关键问题是内债和外债的区别，而这种区别在这里是无关紧要的。即使所有债务都是内债，它仍然给后代带来了负担。

当然，表 9–1 的模型的限制条件是极为严格的——没有私人储蓄，没有经济增长，也没有人们对政府财政政策在经济方面做出的反应。但是，即使在更为复杂的模型中，代与代之间债务的负担转移，仍是确实存在的。

---

① 曾繁正. 财政管理学 [M]. 北京：红旗出版社，1998：287.

3. 含有"挤出效应"的模型

上述讨论的代际模型都没有考虑这样一个事实，即政府的债务政策可以影响人们的经济决策，而这种决策的改变对由谁承担债务负担是有影响的。相反，假定这些代际模型为偿还债务而课征的税对工作和储蓄行为都没有影响。但是如果课税对这些决策有扭曲作用，就确实会产生实际成本。

当政府开始实施一个项目时，无论它以税收还是以借款来筹资，都会导致资源流出私人部门。通常的假定是，以税筹资时流出的资源主要减少消费。另外，在政府借债时，就会与那些想把这笔钱投资于自己的项目上的私人和企业争资金。因此，人们一般假定债务主要影响的是私人投资。如果这些假定条件是正确的，在其他条件不变时债务财政的结果是留给后代较少的资本存量。因此，后代的生产率和实际收入就会比没有债务财政时低。这样，即使在勒纳模型中债务也是一个负担，其运行机制是减少资本形成。

在这一分析中，私人投资因政府举债而减少的假定起着关键作用，这有时被称为挤出假说：当政府取走可用于投资的资源时，私人投资就会被挤出。挤出现象是因利率的变动而引起的。政府增加其信贷需求时，作为信贷价格的利率就必然上升。利率一旦上升，私人投资的代价变得昂贵，因而会减少下来。这样说来，检验挤出假说似乎相对容易，只要考察利率和政府赤字（占国民生产总值的比重）的历史关系即可。如果这两个变量是正相关的，就有助于证明挤出假说，反之则相反。

不幸的是，事情因其他变量也影响利率而变得复杂了。例如，在经济衰退期间，存在投资下降从而利率也下降的趋势，但同时经济不景气也会导致较少的税收收入，在其他条件不变时还有增大赤字的倾向。因此，数据可能表明在利率与赤字之间存在一种反向关系，虽然这根本没有涉及挤出问题。和通常情况一样，问题是要找出赤字对利率的独立的影响，然而这是非常困难的。1984 年巴思、艾登和拉塞克在对于这个问题进行若干计量经济研究后，发现的结论是相互矛盾的。

虽然计量经济研究的证据是模糊的，但至少存在一定程度的挤出效应的理论是很有说服力的，因而大部分经济学家都同意巨额赤字会导致一定程度的资本存量的减少，但是不清楚资本存量减少的确切程度，因而也不清楚后代福利降低的确切程度。

4. 自愿的代际转移

巴罗认为，在政府借款时，"年老"一代的成员认识到他们后代的境况将要恶化。再假定老一代关心后代的福利，因而不愿意降低后代的消费水平。对此，老年人能做些什么呢？一方面可以认为，干脆增加其遗产，使增加额足以抵补未来应缴纳的额外的税。这样做，私人能把政府债务政策造成的代际影响消除掉，从而使政府筹资的形式变得完全无关紧要。

巴罗关于政府财政政策无关紧要的挑战性假说引起了很多争论，有些人拒绝接受这种观点，认为它是建立在难以置信的假定之上的。关于目前赤字对未来税收负担的影响的资料很难得到，即使得到这种资料进行正确的分析，并进而据此确定最优遗产额就能合理的吗？另外，在代与代之间也许不存在那么多的利他主义行为。

另一方面可以认为，对于这一理论的最终检验不是看它的假定是否合理，而在于他的预测结果能否为数据所证实，人们已经试着对巴罗假说进行不少计量经济方面的检验。博斯金和科特里科夫分析的出发点是下述观点：如果该假说是正确的，那么总消费就不应决定于老年人得到的收入的比例。也就是说，如果把收入从青年人转向老年人（或反之），总消费不应发生变化。这种转移所改变的只是遗产规模，而不会影响支出的数额。

博斯金和科特里科夫运用 1947—1984 年的年度数据，估算了一个回归方程，方程的因变量是总消费，老年人得到的收入比例是自变量之一。他们发现，老年人得到的收入比例，确实对总消费具有统计意义上重要的和正的影响，这一发现与巴罗的假说不一致。

当然，消费函数中还应有些什么样的"其他"解释变量并不清楚，不同的合理假定也会导致不同的结论。因此，不能把博斯金和科特里科夫的研究作为对巴罗观点的确切否定。但是，似乎有许多证据表明虽然代际利他主义行为确实存在，但它还不足以使债务政策成为无关紧要的东西。

总之，债务的负担问题，实质上是一个代际关系背景下税收的归宿问题。和许多其他归宿问题一样，债务的负担是难以弄清的。首先，甚至连"负担"应如何定义都不是清楚的。一种可能性是以一组同龄人的终生消费的状况来衡量它；另一种可能性是以某一时点上所有活着的人可能的消费来衡量。即使选定了一个定义，负担的存在还要取决于对若干问题的答案。它是内债还是外债、各种经济决策如何受债务政策的影响、举债得来的款项用于什么项目，人们已经开始对这些决策进行了实际考察，但迄今尚未得出一致的意见。

9.3   政府债务的限度与风险

9.3.1   政府债务的限度

由于债务存在负担问题，因此政府债务的发行总有一定的限度。政府债务的限度一般指公债规模的最高额度或公债的适度规模问题。由于受各种因素的制约，因此单纯从公债规模的绝对数还无法明确表明公债规模是否合理，只有采用相对指标才更具有现实意义。公债规模的评价指标主要有债务负担率、债务依存度和偿债率等三个指标。

1. 债务负担率

债务负担率，是指当年公债累计余额（历年发行的公债尚未兑付的余额）占国内生产总值（GDP）的比重。它是衡量公债规模的宏观指标，不仅揭示一国公债负担的情况，而且也反映公债规模增长与 GDP 增长的相互关系。债务负担率用公式表示为：

债务负担率=（公债累计余额/GDP）×100%

关于债务负担率，国际上尚未有一个公认的标准。欧盟的《马斯特里赫特条约》规定，加入欧元体系的国家必须将政府的财政赤字占 GDP 的比重控制在 3%以下，政府债务占 GDP 的比重控制在 60%以内。一般来说，发达国家的债务负担率最多不超过当年 GDP 的 45%，发达国家财政收入占 GDP 的比重较高（一般为 45%左右），所以公债余额大体上相当于当年的财政收入总额。

2. 债务依存度

债务依存度，是指当年公债发行额占当年财政支出的比重，表明财政支出依赖债务收入来安排的程度，其经济含义是国家财政支出的每 100 元中有多少钱是靠发行公债来实现的。

当公债的发行量过大，债务依存度过高时，表明财政支出过分依赖债务收入，财政处于脆弱的状态，并对财政的未来发展构成潜在的威胁。因为公债毕竟是一种有偿性的收入，国家财政支出主要还应依赖于税收，债务收入只能是一种补充性收入。因此公债规模的合理性主要可以根据这一指标来判断。

债务依存度一般有两种计算口径。

（1）国家财政债务依存度，反映公债总规模的大小。用公式表示为：

国家财政债务依存度=（当年公债发行额/国家财政支出）×100%

（2）中央财政债务依存度，反映公债的发行主体之一——中央政府的债务负担情况。用公式表示为：

中央财政债务依存度=（当年公债发行额/中央财政支出）×100%

关于债务依存度，国际上存在较模糊的安全控制线。一般认为，国家财政债务依存度应为15%～20%，中央财政债务依存度不超过25%～35%。但由于各国的财政体制不同，财政集中的国民收入份额不同，年度之间的财政政策也不同，某一年度的债务负担情况不能反映一个国家的总体状况，因此目前大多数国家不用债务依存度来衡量该国公债的负担情况与规模。

3. 偿债率

偿债率，是指当年的公债还本付息额占当年国家财政收入的比重，表明当年财政收入中用于偿还债务的份额，可直接反映一国政府的债务清偿能力。偿债率用公式表示为：

偿债率=（当年公债还本付息额/当年国家财政收入）×100%

发达国家的这一指标一般为10%左右。除了这一指标，同时还有一个指标是中央财政偿债率，即公债的还本付息支出占中央财政收入的比例。

9.3.2　政府债务的风险及其管理

政府债务风险是指政府债务与其资产在规模和结构上不匹配，使得政府债务的可持续性和经济社会发展受到损害的一种可能性。20世纪90年代以前，出于弥补政府赤字的需要，政府债务管理只是作为货币政策的延伸，仅仅被视为一项与通货膨胀融资相并列的选择。20世纪90年代之后，越来越多的国家开始将债务管理作为一项独立的公共政策，并在成本-风险权衡的基础上赋予其独立的政策目标。2000年以来，政府债务管理领域系统引入了资产负债管理办法，这一方面使得政府债务管理超越纯粹债务组合的孤立成本-风险分析，转入对政府资产和负债财务属性的匹配分析，从而更加贴近财政风险管理的实质与核心；另一方面使得政府资产与负债的内涵都得到很大扩展，极大地开拓了政府债务管理的手段和领域。

对于政府债务风险的分析，可以沿着四个层次展开[①]：

第一层次，政府债务与资产存量的对比，以判断政府债务风险是扩散还是收敛。如果呈现扩散特征，则进入第二层次的分析。

第二层次，政府债务增量与资产增量的对比，以发现债务风险扩散的程度。如果扩散程度很大，超出现有的财政能力，则进入第三层次的分析。

第三层次，政府债务与经济总规模的对比，以判断债务风险是否处于可控的范围之内。如果债务风险处于失控的境地，则进行第四层次的分析。

① 邓子基. 财政学［M］. 3版. 北京：高等教育出版社，2008：165。

第四层次，政府债务与无形资源的对比，以判断财政风险是否会演变为政治危机和社会危机。

9.3.3 政府债务风险的防范与控制

政府债务风险管理的目标，不在于完全消除债务，而在于通过风险消除、风险转移、风险化解等手段，有效控制政府债务的规模和结构，使资产和负债结构趋于合理，以实现经济的平稳、健康、可持续发展。

风险管理一般包括风险消除、风险分担、残余风险处置三个环节。对于政府债务而言，风险消除与风险分担的主要目标在于通过制度建设，从源头上控制风险，从规模上减少风险。残余风险处置则是针对无法消除或转移的系统性风险，设计相应的风险管理应急机制加以化解。为此，需要构建政府债务管理的基础制度，以便为制度建设和残余风险处置提供基础性数据资料。具体来说，政府债务管理基础制度的构建，主要包括以下四个方面。

1. 传统政府会计和预算改革

传统政府会计和预算一般采用收付实现制，它在财政风险管理方面显示出多方面的不足。首先，基于收付实现制的传统预算的时间跨度偏短。在仅实行年度预算的国家预算周期为 1 年，即使在建立中期财政框架的国家预算周期也只有 3～5 年。这容易导致政府出现在不同时段之间转移债务风险的机会主义行为。其次，收付实现制导致对现时交易的测量不完全或者不准确。许多情况下，当作出承诺并且实际使用资源时，并没有同时发生现金支付。再次，在收付实现制下，缺乏关于资产债务存量及其变化的信息。例如，政府固定资产的折旧，在收付实现制下通常不会反映，从而导致资产到期重置的风险被隐藏起来。最后，收付实现制下政府对支出的延期确认可能造成隐藏的风险逐渐累积，直至达到非常剧烈的程度。

鉴于收付实现制在政府债务风险管理方面所存在的局限性，可以考虑在政府会计与预算中分阶段引入权责发生制，以全面反映政府债务风险信息。

2. 编制财政风险预算

财政预算所依据的一些估计结果和经济预测常常面临各种风险，这包括宏观经济预测与项目估计的假设和参数发生变化的影响以及具体支出承诺的成本不确定性。最好的做法是在政府的预算文件中包括有关财政风险的说明，以便评估预算的可行性，确保预算的有效施行。财政风险预算从动态的角度分析政府面临的各种不确定性可能给财政带来的冲击，以此来预测财政风险的发展趋势和财政的可持续性。

3. 建立完整的政府财务报告制度

财政资产负债管理是一种可以有效监督、控制和预测财政风险的重要手段。而编制和公布政府广义的资产负债表是财政资产负债管理的重要内容，政府的资产债务表应当反映政府的全部债务，并披露对政府全部金融和实物资产的登记情况。国际货币基金组织在《提高财政事务透明度的准则》中指出：财务报表公布时，年度财政预算应说明或有债务、税式支出、准财政行为的性质及其财政重要性。

4. 建立政府债务风险的预警评价系统

衡量政府债务风险状况必须选择与债务运行紧密相关的统计指标，建立一个能够综合反映政府债务运行的政府债务风险预警指标体系（如表 9-2 所示），对政府的债务运行状况进行定性描述和定量分析，实现政府债务风险预警的信息化。这种预警指标体系综合反映了政府显性直接债务和隐性或有债务所引致的风险。不同国家的政府可以根据具体情况，首先，选择不同的风险指标组合，在此基础上建立相应的地方债务风险评价因素集合，并根据相应的理论模型和历史经验，对各个风险评价因素赋予相应的权重；然后，把各个风险因素的计算值进行风险加权，得出地方债务风险综合评判结果。

表 9-2　政府债务风险预警指标体系

指标		定　义	与债务风险的相关性
反映显性直接风险的指标	债务依存度	当年债务发行额/（当年财政支出+当年债务还本付息额）	+
	偿债率	当年还本付息额/（当年财政收入+当年债务发行额）	+
	负债率	年末债务余额/当年 GDP	+
	赤字率	当年赤字额/当年 GDP	+
	借新还旧率	当年债务偿还额/当年债务发行额	+
	债务备抵率	年末城镇后备额/年末债务余额	+
	外债占比	年末政府外债余额/年末债务余额	+
	债务违约率	当年债务违约额/当年债务到期额	+
	逾期债务率	当年逾期债务总额/年末债务总额	+
	短期债务占比	年末短期债务余额/年末债务余额	+
中期预警指标		中期预警指标是将传统的年度指标扩展到中期框架（3～5 年）	
反映隐性或有债务风险的指标	分析调整：隐性直接负债	在未来 n 年内可能要求兑现的风险（r）加权隐性直接负债（风险权数的确定，需要综合考虑统计和计量分析的结果，以及专家意见等）	+
	风险调整：显性直接负债	在未来 n 年内可能要求兑现的风险（r）加权显性直接负债（风险权数的确定，需要综合考虑统计和计量分析的结果，以及专家意见等）	+
	隐性或有负债风险预测	基于宏观经济、社会状况以及环境变化趋势等，对未来可能出现的隐性或有债兑付风险进行大致评估	+

资料来源：邓子基. 财政学 [M]. 3 版. 北京: 高等教育出版社，2008：165-166。

小　结

1. 政府债务又称公债，是指政府作为债务人，与债权人发生的权利义务关系。公债是一个特殊的财政范畴，是一种非经常性的财政收入。在会计学意义上，政府债务是指政府由于过去事项引起的现时义务。公共风险视角下的政府债务则不仅包含了会计学意义上的政府债务，同时还包含了更多的债务内容。

2. 债务的负担问题，实质上是一个代际关系背景下税收的归宿问题，和许多其他归宿问题一样，债务的负担是难以弄清的。因为"负担"的定义很难界定。一种可能是以一组同龄人的终生消费状况来衡量；另一种可能是以某一时点上所有活着的人可能的消费来衡量。即使选定了一个定义，负担的存在还要取决于对若干问题的答案。

3. 政府债务的限度一般指公债规模的最高额度或公债的适度规模问题。公债规模的评价指标主要有债务负担率、债务依存度和偿债率等三个指标。

4. 政府债务风险是指政府债务与其资产在规模和结构上不匹配，使得政府债务的可持续性和经济社会发展受到损害的一种可能性。对于政府债务而言，风险消除与风险分担的主要目标在于通过制度建设，从源头上控制风险，从规模上减少风险。政府债务管理基础制度的构建，主要包括：① 传统政府会计和预算改革，② 编制财政风险预算，③ 建立完整的政府财务报告制度，④ 建立政府债务风险的预警评价系统等方面。

学习建议

1. 本章重点

政府债务的概念；政府债务分类；政府债务的限度；政府债务风险的防范

2. 本章难点

政府债务的内涵；政府债务的效应分析；政府债务的风险

核心概念

政府债务　直接债务　间接债务/或有债务　内债　外债　借新债还老债　政府债务负担率　政府债务依存度　政府债务风险

思考与练习

1. 如何理解政府债务的概念？
2. 如何理解政府的债务偿还能力与债务负担？
3. 什么是政府债务风险？如何进行政府债务风险分析？
4. 如何进行政府债务风险的管理与控制？

第 10 章

政府预算与国库制度

📖 **学习目标**

1. 理解政府预算的概念，政府预算的体系与原则。
2. 了解政府决算的概念及其编制程序。
3. 掌握政府预算的分类和国库集中支付制度。

政府预算是历史悠久的、重要的财政范畴之一，目前已成为国家财政体系中的核心组成部分。政府预算体现国家的大政方针与发展方向，是国家重要立法文件，是政府调节经济的重要手段。那么什么是政府预算？如何编制政府预算？

10.1 政府预算概述

世界各个国家的政府为了执行其各项职能，在每个预算年度里都要编制政府预算。政府预算是政府的年度财政收支计划。从形式上看，它是以收支一览表的形式表现的具有法律地位的技术性文件，是国家财政实现计划管理的重要工具。从实际经济内容看，政府预算的编制是政府对财政收支的计划安排，预算的执行是财政收支的筹措和使用过程，决算则是政府预算执行的最终结果。所以，政府预算反映了政府活动的范围、方向和国家政策。

10.1.1 政府预算的含义

（1）政府预算是按照一定的法律程序编制和执行的政府年度财政收支计划，是政府组织和规范财政分配活动的重要工具，在现代社会，它还是政府调节经济的重要杠杆。

（2）政府预算首先是以年度财政收支的形式存在的。它是对年度政府财政收支的规模和结构进行的预计和测算，其具体形式是按一定的标准将政府预算年度的财政收支分门别类地列入各种计划表格，通过这些表格可以反映一定时期政府财政收入的具体来源和支出方向。

（3）政府预算是具有法律效力的文件。它表现为政府预算的级次划分、收支内容、管理职权划分等都是以预算法的形式规定的，预算的编制、执行和决算的过程也是在预算法的规范下进行的。政府预算编制后要经过国家立法结构审查批准后方能公布并组织实施，预算的执行过程受法律的严格制约，不经法定程序，任何人无权改变预算规定的各项收支指标，这就使政府的财政行为通过预算的法制化管理被置于民众的监督之下。

（4）政府预算是财政体系的重要组成部分，并同国家财政具有内在的联系。从财政收支的内容上看，政府预算是国家财政的核心，但从起源看，两者不具有一致性。国家财政随国家的产生而产生，而政府预算是社会发展到封建社会末期资本主义初期的产物，即是国家财政发展到一定阶段的产物。当国家财政要求制订统一的年度收支计划，而且要求经过一定的立法程序审查批准时才出现政府预算。因此，简而言之，政府预算就是具有法律效力的国家年度财政收支计划。

10.1.2　政府预算的分类

1. 总预算和单位预算

按收支管理范围分类，政府预算可分为总预算和单位预算。总预算是各级政府的基本财政收支计划，它由各级政府的本级预算和下级政府总预算组成。单位预算是政府预算的基本组成部分，是各级政府的直属机关就其本身及所属行政事业单位的年度经费收支所汇编的预算，另外还包括企业财务收支计划中与财政有关的部分，它是机关本身及其所属单位履行其职责或事业计划的财力保证，是各级总预算构成的基本单位。

2. 中央政府预算和地方政府预算

按照预算的级次分类，政府预算可分为中央政府预算和地方政府预算。中央政府预算是指经法定程序审查批准的，反映中央政府活动的财政收支计划。我国的中央政府预算由中央各部门的单位预算、企业财务收支计划和税收计划组成，财政部将中央各部门的单位预算和中央直接掌管的收支等汇编成中央预算草案，报国务院审定后提请全国人民代表大会审查。中央预算主要承担国家的安全、外交和中央国家机关运转所需的经费，调整国民经济结构、协调地区发展、实施宏观调控的支出以及由中央直接管理的事业发展支出，因而在政府预算体系中占主导地位。地方政府预算是指经法定程序审查批准的，反映各级地方政府收支活动计划的总称。它是政府预算体系的有机组成部分，是组织、管理政府预算的基本环节，由省、地、县、乡（镇）预算组成。地方预算担负着地方行政管理和经济建设、文化教育、卫生事业以及抚恤等支出，它在政府预算中占有重要单位。

3. 单式预算和复式预算

按编制形式分类，政府预算可分为单式预算和复式预算。单式预算是指在预算年度内，将政府的全部财政收支计划统一编入单一的总预算计划表格中来反映，而不去区分各项或各种财政收支经济性质的一种预算组织形式。这种编制形式简便易行，可以从整体上反映预算年度内政府的财政收支情况。复式预算是指在预算年度内，将政府的全部财政收支按照经济性质或其他标准分别编制两个或两个以上的预算，并使每个预算收入和预算支出之间具有相对稳定关系的一种预算组织形式。通常可以将政府预算分为经常预算和资本预算两个部分，其中经常预算主要以税收为收入来源，以行政事业项目为支出对象；资本预算则主要以国债为收入来源，以经济建设项目为支出对象。

4. 增量预算和零基预算

按编制方法分类，政府预算可分为增量预算和零基预算。增量预算是指财政收支计划指标在以前财政年度的基础上，按新的财政年度的经济发展情况加以调整之后确定的。零基预算是指对所有的财政收支，完全不考虑以前的水平，重新以零为起点而编制的预算。零基预算强调一切从计划的起点开始，不受以前各期预算执行情况的干扰。零基预算的做法是，编制预算不只是对新的和扩充部分加以审核，而且要对所有正在进行的和新的计划的所有预算支出申请都重新审核，以提高资金使用效率，从而达到控制政府规模、提高政府工作效率的目的。

5. 项目预算和绩效预算

按投入项目能否直接反映其经济效果分类，政府预算可分为项目预算和绩效预算。项目预算是指只反映项目的用途和支出金额，而不考虑其支出经济效果的预算。绩效预算是指根据成本－效益比较的原则，决定支出项目是否必要及其金额大小的预算形式。具体说就是有关部门先制订需要从事的事业计划和工程计划，再依据政府职责和施政计划选定执行实施方案，确定实施方案所需的支出费用所编制的预算。绩效预算是一种比较科学的预算方法。其特点有：一是绩效预算重视对预算支出效益的考察，预算可以明确反映出所产生的预计效益；二是按职责、用途和最终产品进行分类，并根据最终产品的单位成本和以前计划的执行情况来评判支出是否符合效率原则。

6. 年度预算和中长期预算

按预算作用的时间分类，政府预算可分为年度预算和中长期预算。年度预算是指预算有效期为一年的政府收支预算。这里的年度指预算年度，大体有公历年制和跨历年制。中长期预算，也称中长期财政计划，一般一年以上 10 年以下的计划称中期计划，10 年以上的计划称长期计划。在市场经济下，经济周期性波动是客观存在的，而制订财政中长期计划是在市场经济条件下政府进行反经济周期波动从而调节经济的重要手段，是实现经济增长的重要工具。

10.1.3 政府预算的原则

政府预算原则是指政府确定预算形式和编制预算的指导思想与准则。预算原则是伴随着现代预算制度产生的，并且随着社会经济和预算制度的变化而不断变化。一般认为，现代政府预算应遵循以下基本原则。

1. 公开性

政府预算反映了政府的活动范围、方向和政策，政府实际上是代表公众来履行职能，与全体公民的切身利益息息相关。因此，政府预算及其执行必须经过权力机关审查批准，并向社会公布，让民众了解政府的财政收支状况，使之置于民众的监督之下。这就是政府预算的公开性原则。

2. 完整性

政府预算的完整性是指列入政府预算的一切财政收支都要反映在预算中，不准少列收支、造假账、预算外另列预算，不准有在预算管辖之外的政府活动。国家允许的预算外收支，也应在预算中有所反映。

3. 可靠性

可靠性是指政府预算的每一收支项目的数字指标，必须运用科学的计算方法，充分的依据，确实的资料，并总结出规律性进行预算，不得假定、估算，更不准任意编造。各种收支的性质必须明确地区分，不得掺杂混同。

4. 统一性

统一性即要求各级政府预算都要按照统一的程序、统一的预算科目、统一的计算方法和统一的口径来编制预算。尽管各级政府都设有各该级财政部门，也有相应的预算，但这些预算都是政府预算的组成部分，所有地方政府预算连同中央预算一起共同组成统一的国家预算。这就要求设立统一的预算科目，每个科目都要严格按统一的口径、程序计算和填列。

5. 年度性

政府预算的编制和实现具有时效性。年度性即要求各级政府预算必须按年度编制，要列清全年的财政收支，不允许将不属于本年度财政收支的内容列入本年度的政府预算之中。也就是说，任何一个国家的政府预算的编制和实现，都要有时间上的界定，即所谓预算年度（财政年度）。它是指预算收支起止的有效期限，通常为一年。目前世界各国普遍采用的预算年度有两种：一是历年制预算年度，即从每年的 1 月 1 日起至 12 月 31 日止，如中国、法国、德国、西班牙等。二是跨年度制预算年度，即从每年的某年某日开始至次年某月某日止，中间历经 12 个月，但却跨越了两个年度。例如，美国、泰国的预算年度是从每年的 10 月 1 日开始，到次年的 9 月 30 日止；再如英国、日本等国的预算年度从当年的 4 月 1 日起至次年的 3 月 31 日止。一般来说，考虑预算年度起止日期的因素主要为每年财政收入的旺季和每年立法机关召开会议的日期。

6. 法律性

政府预算的法律性，是指政府预算机构成立和执行结果都要经过立法机关审查批准，具有法律效力。关于政府预算的法律主要为国家预算法。

国家预算法是指政府预算管理的法律规范，是组织和管理政府预算的法律依据。它的主要任务是规定国家立法机关和政府执行机关、中央与地方、总预算和单位预算之间的权责关系和收支分配关系。我国为使政府预算的组织和管理走向规范化、科学化、法治化轨道，加强预算管理的民主和法制建设，于 1994 年 3 月 22 日通过《中华人民共和国预算法》，自 1995 年 1 月 1 日起实行。这是一部综合性的预算法，包括总则、预算管理职权、预算收支范围、预算编制、预算审查和批准、预算执行、预算调整、决算、监督、法律责任、附则等内容。

应当指出，上述预算原则是属于一般性的原则，不是绝对的，具体到一个国家又有其特殊性。也就是说，一种预算原则的确立，不仅要以预算本身的属性为依据，而且要与本国的经济实践相结合，要充分体现国家的政治和经济政策。一个国家的预算原则通常都体现在国家预算法中。

10.2　政府预算的体系与形式

10.2.1　政府预算的体系

政府预算也就是政府收支预算，一般来说，有一级政府也就应有一级预算。在现代社会，大多数国家都实行多级预算，从而也就产生了政府预算的体系问题。

我国政府预算体系的组成，是与我国国家政权结构和行政区域的划分密切联系的，原则上凡属一级政权都应建立一级独立的预算。宪法规定，我国的政权结构由中央政府和地方政府统一组成，与此相适应，政府预算由中央预算和地方预算两部分组成，如图 10-1 所示，其中中央预算在政府预算中居于主导地位，地方预算在政府预算中居重要地位。

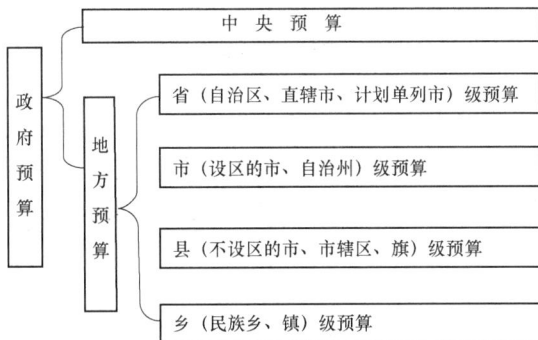

```
                    ┌──────────────────────────────────┐
            ┌───────┤          中 央 预 算              │
            │       └──────────────────────────────────┘
            │       ┌──────────────────────────────────┐
 政   ┌─────┤  地   ┤ 省（自治区、直辖市、计划单列市）级预算 │
 府   │     │  方   └──────────────────────────────────┘
 预   ┤     │  预   ┌──────────────────────────────────┐
 算   │     │  算   ┤ 市（设区的市、自治州）级预算           │
            │       └──────────────────────────────────┘
            │       ┌──────────────────────────────────┐
            └───────┤ 县（不设区的市、市辖区、旗）级预算     │
                    └──────────────────────────────────┘
                    ┌──────────────────────────────────┐
                    │ 乡（民族乡、镇）级预算                │
                    └──────────────────────────────────┘
```

图 10-1　我国政府预算体系

中央预算是指经法定程序批准的反映中央政府活动的年度财政收支计划。该预算在政府预算组织体系中居主导地位。这是因为：① 中央预算直接调控国家预算资金的 50%～70%，对国家的宏观调控发挥重要作用。② 中央预算担负着重点建设、国防和外事等支出，关系国民经济全局的基础工业和基础设施的建设，也主要由中央预算投资，这对我国社会经济的发展起着重要的作用。③ 中央预算还担负着调剂各个地方预算余缺，促使其实现预算收支平衡的任务，并担负着支援少数民族地区和经济不发达地区迅速发展经济和文化事业的任务。

地方预算是指经法定程序批准的反映各级地方政府活动的年度财政收支计划的统称。该预算在政府预算组织体系中居重要地位。这是因为：① 地方预算负责组织本地区预算资金的合理运行，促进地方经济发展和各项事业的全面振兴。② 地方预算在保证本地区预算平衡的前提下，为中央政府预算的协调和平衡创造条件、提供支援。③ 地方预算在地区预算管理权限内，针对各地区的特点拟订和实施地区性预算管理细则和条例，全面强化预算管理。④ 地方预算的各项收支与广大群众的利益有更直接的联系，它对贯彻党的各项方针、政策，不断提高人民群众的物质文化水平发挥重大作用。

10.2.2　政府预算的形式

政府预算的基本组织形式有单式预算和复式预算两种。

1. 单式预算

在现代政府预算制度中，单式预算是一种最古老、传统的预算组织形式，起源于英国。20 世纪 30 年代以前，世界各国均采取单式预算，这是因为当时西方各国普遍奉行古典经济学派的预算平衡论。这种理论的经济基础是自由经济，反对政府对经济的干预，其思想用于财政理论，就是强调限制政府活动的范围，注重对政府财政支出的控制，坚持预算必须平衡的原则。

（1）单式预算的优点。① 符合预算的完整性原则。单式预算是将政府的全部财政收支汇编在一个统一的预算表格中，因而能从整体上反映年度内政府财政收支的情况，便于了解政府财政的全貌，完整性强，体现国库统一和会计统一的原则要求。② 能简洁明了地反映年度内财政收支状况。只要是收入项目，就一概列入"收入"栏内，只要是支出项目就一概列入"支出"栏内，简便易行，有利于政府对收支水平予以适当限制，促进预算收支平衡的实现。③ 便于立法机关审查批准政府预算和社会公众了解政府预算。

（2）单式预算的缺点。① 没有把全部的财政收支按经济性质分列和分别汇集平衡，不利于宏观经济调控和对预算进行经济分析。尤其是现今政府的经济功能日益扩大，对经济的调节作用日渐重要，对政府财政收支进行经济分析和有选择的宏观调控就显得十分必要。② 由于在现代政府活动中，财政资金分配渠道和分配方式日益多样化，加之政府财政信用规模的扩大，单式预算难以准确地反映政府财政活动的真实情况，易产生虚假现象，不利于提高财政资金的使用效果。

2. 复式预算

复式预算是在单式预算的基础上产生和发展而来的。1927 年丹麦编制了世界上第一个复式预算，它将财政收支按经济性质分别编为两种收支表，将政府经济性收支与债务性收支单列。1938 年瑞典也开始采用复式预算制度。由于复式预算在实践中显露出很多突出特点和优越性，使它适应了第二次世界大战后资本主义社会普遍出现的政府职能扩大的历史趋势，特别是第二次世界大战后资本主义国家中凯恩斯主义主导了政府的经济政策，赤字财政政策的实施使复式预算成为政府实施宏观经济调节的重要工具，这就显示了它的存在意义，所以复式预算成为很多资本主义国家普遍采用的预算组织形式，同时很多发展中国家也逐渐采用复式预算。在当今世界，复式预算已经成为一种普遍采用的预算组织形式。

（1）复式预算的优点。① 便于考核预算资金的来源和用途。由于把政府在一般行政上的经常收支列为经常预算，而把政府的资本投资支出列为资本预算，这样就区分了各项收入和支出的经济性质和用途，便于政府权衡支出性质，使资金的使用达到有序性，比较合理地安排使用各类资金，便于经济分析和科学的宏观决策与控制。② 复式预算使政府不再受传统的收支平衡观念的束缚，有利于政府按照经济周期来安排政府资本性支出，便于对经济进行有选择的宏观调控。③ 在复式预算结构下，公债是资本预算的主要资金来源，公债与政府投资政策的有机结合，促进了资源有效配置和经济稳定，有利于和中长期积极发展计划相衔接。

（2）复式预算的缺点。① 在收支性质划分上的交叉，为预算编制带来了技术上的困难。把预算分为经常预算和资本预算两个部分，使其科目的划分标准很难统一，预算收支之间的对应关系的稳定性受到干扰。② 复式预算制度对财政赤字的反映比较模糊。复式预算中经常性收支的赤字会因向资本预算转移而被缩小或掩盖，这是因为在复式预算中，不同预算之间在平衡问题上有不同的原则要求。经常性预算遵循收支平衡略有结余的原则，不能编制赤字预算；资本预算则遵循量力而行、尽力而为的原则，可以出现适量赤字，并通过借债来弥补。③ 复式预算易产生政府资本支出过度膨胀的现象，一方面影响国民经济的持续稳定发展，另一方面，靠庞大的债务规模提供资本支出，会产生财政负担的过度转移，与财政分配公平原则相违背。

我国是从新中国成立后开始编制政府预算，采用单式预算的编制形式。我国从 1992 年起试行复式预算，采取了一种循序渐进的方式。1992 年在中央和省级预算中开始试编复式预算。1995 年 1 月 1 日起，我国预算法规定，各级政府预算均采用复式预算形式进行编制，并进一步明确规定各级政府复式预算分为政府公共预算、国有资产经营预算、社会保障预算和其他预算。

10.3　政府预算的编制与执行

10.3.1　政府预算的编制

1. 政府预算编制的准备工作

各级政府预算在各级政府的领导下，由各级财政部门负责组织编制。政府预算的编制一般包括准备阶段、编制阶段和审核批准阶段。

政府预算的编制是一项复杂而又细致的工作，既要安排好各种比例关系，又要进行大量的数据计算，因此在正式编制政府预算之前，需要做好一系列准备工作，具体包括：① 对本年度的预算执行情况进行预测和分析。② 拟订计划年度的预算控制指标。③ 颁发编制政府预算草案的指示和具体规定。④ 修订预算科目和预算表格。

各级政府编制预算草案的依据有：① 预算的编制必须遵循预算法的有关规定。预算法是编制政府预算的基本依据，在政府预算编制过程中，凡是预算法涉及的内容，比如预算编制职权的划分、预算的形式、预算的编制程序等都必须按照预算法的要求执行。② 预算的编制与国民经济和社会发展计划相一致。国民经济和社会发展计划是国家在一定时期对社会经济发展所做的规划，是政府组织和调节社会经济活动的重要行动指南，反映了国家在宏观上对社会经济发展的总体设计和要求。编制政府预算时，各项预算指标要体现国民经济和社会发展计划的要求，并与其保持协调一致。③ 预算的编制要参考上一年度预算的执行情况。上一年度预算的执行情况反映了上一年度财政施政的基本规模和方向，也在一定程度上说明政府职能的正常实现对公共财力的实际需要量。因为年度之间的公共收支一定的连续性和可参考性，所以上一年度政府预算的执行情况是编制下一年度政府预算的重要参考因素。

2. 政府预算的编制程序

政府预算编制的程序因各国政治制度的差异而各不相同。但一般认为，最健全、最便于执行的预算编制程序应包括以下三个步骤：① 政府最高行政机关决定预算编制的方针政策。一个国家在某一时期内的行政方针政策是由政府最高行政机关研究制定的，同时各项行政和基金建设计划也相应确定下来。政府最高行政机关依据行政方针和计划，对全年的预算收入如何分配于各项事业之中，应做一个整体性的安排决定。政府财政机关则在行政机关方针政策的指导下，具体安排预算收支计划。同时，地方各级政府最高行政机关依据国家最高行政机关预算编制的方针政策，制定本地方的预算编制方针政策，并由本级财政部门具体贯彻执行。② 各部门、各单位具体负责编制预算。中央和地方各部门根据本级政府行政机关编制预算的要求和本部门各单位事业计划的安排，具体部署本部门各单位预算的编制。各部门对所属单位预算审核汇总成为部门预算草案。③ 财政部门的汇总和审核。各级政府财政部门具体负责审核本级各部门的预算草案，编制本级预算草案，并汇编下级政府上报的下级预算草案，形成本级总预算草案。通过各级财政部门层层汇总上报，最后由财政部汇编成为总的全国政府预算草案，提交权力机构批准。

3. 政府预算的审查批准

政府预算草案编制以后，由政府提请人民代表大会审查批准。人民代表大会对政府预算草案的审查批准又分为两个步骤。一是由人民代表大会的专门机构对政府预算草案进行初步审查。根据《中华人民共和国预算法》规定，各级政府财政部门每年必须在本级人民代表大会会议举行的一个月前将政府预算草案的主要内容提交指定的审查机关。其中，中央预算草案的主要内容由全国人民代表大会财政经济委员会进行初步审查。二是审核批准，各级政府预算草案由各级人民代表大会进行审查批准。依据法律规定，本级人民代表大会只有权批准同级人民政府预算，而对总预算草案中包括的下一级政府预算则没有批准权。各级政府预算草案经本级人民代表大会批准后，就成为各级政府的正式预算，各级政府必须遵照执行。各级政府财政部门应当及时向本级各部门批复预算，各部门应当及时向所属各单位批复预算以便执行。

10.3.2 政府预算的执行

1. 政府预算执行的组织机构

政府预算执行是整个预算工作中最重要的环节。执行立法机关通过的预算是政府行政机构的职责。负责政府预算执行的组织领导机构是国务院及地方各级人民政府。而各级政府财政部门是政府预算执行的具体负责和管理机构，是执行预算收支的主管机构。财政部门负责指导和监督各所属预算单位具体执行收支预算。政府预算收入执行工作，由财政部门统一负责组织，并按各项预算收入的性质和征收办法，分别由财政部门和各主管收入的专职机构包括税务部门以及海关负责组织管理和征收。政府预算支出执行工作由财政部门管理。此外，还有其他各职能机构，如政策性银行和社会经济中的各部门。在执行过程中的国库出纳业务，一般由中央银行经理执行。国家金库即国库，是管理预算收入的收纳、划分、留解和库款支拨以及报告政府预算执行情况的专门机构。

对预算执行的监督主要包括两个方面：一是由国家行政首脑领导的预算管理机构进行的监督，即财政监督；二是由立法机构或对立法机构负责的专门监督机构对预算执行的监督，即审计监督，其目的是监督行政机构是否依法执行预算。

2. 政府预算执行的主要任务

在政府预算执行中，各级财政部门、税务部门、海关以及国家金库担负着以下任务。

（1）积极组织预算收入。根据国家的政策、财政制度法规以及税法，把各地区、各部门、各单位应缴纳的收入及时足额地收缴入库，这是预算执行的首要任务。其具体要求包括：征收机关必须应收尽收，不收过头税费；缴款单位应缴尽缴，及时、足额上缴入库，不能直接作为单位收入；取得的各项收入要及时入账，不得坐支；主管部门和财政部门对单位应缴未缴资金要督促催缴；正确处理各种分配关系，充分调动各方面的积极性，为更多地组织预算收入创造条件。其中财政部门是预算收入执行的统一负责部门，其担负的任务有：根据国家预算收入执行工作的需要，制定组织收入的各种制度和方法；根据国家预算收入任务和核定的季度收支计划，监督各预算收入征收部门、各预算缴款单位努力完成预算收入计划；经常检查预算收入执行情况；分析国家相关政策、法规以及政治经济发展情况的变化对预算收入的影响；及时发现和解决执行工作中出现的问题，改进工作措施和方法。

（2）合理拨付预算资金。按照政府预算支出计划，及时地拨付预算资金，保证各项建设事业的资金供给。在拨付预算资金中，应坚持以下原则：一是按预算计划拨付，即按照批准的年度预算和用款计划拨付，不办理无计划拨款；二是按规定用途拨付，保证各单位有效地使用资金，不得随意改变资金的用途；三是按规定的预算次级拨款，不向没有经费领报关系的单位拨付，不得越级办理预算拨款；四是按用款单位的实际进度和国库库款情况拨付，不得擅自扩大支出范围，提高开支标准。

（3）保证预算收支平衡。政府预算的执行，是经过从平衡到不平衡再达到新的平衡的过程。由于国民经济的发展变化，自然灾害以及季节性因素等的影响，必然会出现预算收入超收或短收、预算支出增加或减少的情况，引起预算收支的变化。这就要求人们应根据新的情况，及时采取措施，不断地组织新的预算收支平衡。实行"双增双节"是平衡预算的根本途径。"双增"即增产增收，是在促进经济发展的基础上实现财政收入的快速增长。"双节"即节约节支，是在增产的同时尽力降低物质消耗，压缩不必要的预算支出，优化预算支出结构。而编制预算收支季度计划和及时正确调整预算是预算执行过程中组织平衡的主要手段。

（4）加强预算执行监督。在预算执行工作中，要按照有关政策、规章制度进行检察监督。对预算资金集中、分配、使用过程中的各项活动加以控制，防止预算执行中的各种偏差。正确处理预算监督同服务生产的关系，使监督成为预算执行的有效措施。财政部门负责指导和监督国家各所属预算单位具体执行收支预算。

3. 政府预算执行中的调整

政府预算的调整是经过立法机构批准的中央预算和地方本级预算，在执行中因特殊情况需要增加支出或者减少收入，使原批准的收支平衡的预算总支出超过总收入，或者使原批准的预算中举借债务的数额增加的部分变更。在预算调整过程中，一般可采用两种方式。

（1）全面调整。政府预算在执行过程中，如遇特大自然灾害、战争等特殊情况，或遇国民经济发展过分高涨或过分低落及对原有国民经济和社会发展计划进行较大调整时，就有必要对政府预算进行全面调整。但这种全面调整并非经常发生的，只有在出现上述情况时才进行。由于政府预算的全面调整涉及面广、工作量大，实际上等于要编制一次政府预算，在预算执行过程中应慎重考虑。政府预算的全面调整，一般是在第三季度或第四季度初进行。

（2）局部调整。局部调整是政府预算在执行中经常采用的一种方法，具体包括以下一些方式。① 动用预备费。各级政府的预备费，是为了解决某些临时性急需和事先难以预料到的开支而设置的后备资金。在预算执行过程中，如果发生较大的自然灾害和经济上的重大变革，以及政府预算没有列入而当前又必须解决的临时性开支等情况，可以动用预备费。② 预算的追加或追减。所谓预算的追加，就是在原核定预算的基础上增加收入或增加支出数额的过程；减少收入或减少支出数额的过程称为追减预算。由于这会引起预算收支总额调整和平衡，在正常情况下，追加支出必须有相应的资金来源，追减收入必须相应地追减支出。③ 经费流用。经费流用，也称"科目流用"，是指在不变动预算支出总额的条件下，局部地改变资金的用途，通过预算支出科目之间经费的相互调剂来进行。④ 预算划转。预算划转是指由于行政区划或企业、事业单位隶属关系的改变，必须相应改变其预算的隶属关系，及时地将其全部预算划归新的主管部门或接管单位。

10.4 政府决算

10.4.1 政府决算概述

1. 政府决算的概念

政府决算是指经过法定程序批准的年度预算执行结果的会计报告，是政府预算执行结果的总结和终结，也是政府经济活动在财政上的集中反映，是预算管理过程中一个必不可少、十分重要的阶段。

2. 政府决算的意义

由于各个方面的原因，政府预算执行的结果与预算不可能完全一致。政府预算执行情况如何，是否完成收支任务，收支是否平衡，只有通过决算才能准确地反映出来。可见，政府决算具有十分重要的意义。

（1）政府决算是国家政治经济活动在财政上的集中反映，体现了年度内政府活动的范围和方向。同时，决算最终由全国人民代表大会审批，表现了社会主义的民主，便于民众了解预算和决算。

（2）政府决算反映政府预算执行的结果，体现国家经济建设和社会事业发展的规模与速度；决算中的有关基本数字，体现各项事业发展的速度和取得的成果。

（3）政府决算是制定国家财政政策的基本依据。通过决算的编制和分析，可以从资金积累和资金分配的角度总结一年来各项经济活动在贯彻执行党和国家的方针、政策方面的情况，为国家决策机关研究经济问题，决定经济政策提供了依据。

（4）政府决算是系统整理和积累财政统计资料的主要来源，为提高下一年度的预算管理水平创造条件，并为制定下一年度预算收支控制指标提供数字基础。

10.4.2 政府决算的编制与审批

1. 政府决算草案的编制

编制政府决算草案，必须符合法律、行政法规，做到收支数额准确、内容完整、报送及时，具体步骤包括准备工作和编制工作。

（1）准备工作。① 拟订和下达政府决算的编审办法。为了保证全国决算数字口径的统一，提高决算的质量，制定颁发本年度决算编审办法，并提出编制本年度决算的基本要求和具体办法。一般包括：指明决算编审重点和原则，提出完成预算的措施和审查决算的要求，明确决算编报方法和处理原则。② 进行年终清理。为了正确体现预算执行的结果，保证决算数字的准确、完整，必须进行年终清理。年终清理的主要内容有：核实年度预算收支数字，清理本年度预算应收应支款项，清理财产物资，核对结算收支数。③ 制定和颁发决算表格。决算表格是编制决算的工具。决算表格按照预算财务系统可划分为财政总决算表格、事业行政单位决算表格、企业财务决算表格和基本建设财务决算表格。

（2）编制工作。政府决算的编制，通常采用自下而上、逐级汇编的方法。政府决算的汇编程序一般包括：① 财政部在收到中央主管部门报送的汇总单位决算和各省（市、自治区）

报送的总决算后，进行全面审查；② 根据中央各主管部门报来的汇总单位决算，汇编成中央总决算；③ 根据各省（市、自治区）报来的总决算，汇总为地方总决算；④ 根据中央总决算和地方总决算汇编成政府决算。

2. 政府决算的审批

政府决算的审批分为审查和批准两个阶段。

（1）政府决算审查的内容。政府决算审查的内容主要包括收入审查、支出审查、结余审查、资金运用审查、数字关系审查以及决算完整性和及时性审查。前四个方面基本上是政策性审查，后两个方面是技术性审查。

（2）政府决算的批准。各部门对所属单位的决算草案，应当审核并汇总编制本部门的决算草案，在规定的期限内报本级政府财政部门审核，然后提请本级人民代表大会常务委员会审查和批准。

10.5　国　库　制　度

10.5.1　国库制度的含义

国库即国家金库的简称，是国家进行预算收支活动的出纳机关，各国为统一财政收支和加强预算资金管理，都设立了负责办理国家预算资金的收纳、退付和支拨的专门机构——国家金库，规定国家一切财政收支的收纳、退付和支拨均由国库统一办理。

国库制度是指国家预算收支的收纳、拨付制度。各国国库制度设立的方法各有不同，大致可归纳为 3 类：① 国家金库制，即由国家在财政机关内自设国库，办理预算收支的保管出纳业务。② 委托金库制，即国家委托中央银行办理国家金库业务。③ 银行存款制，即国家直接将预算收入存入银行，银行按存款办法管理。

我国 1994 年 3 月通过的《中华人民共和国预算法》专门规定了国库制度，属于委托金库制。其主要内容是：① 我国的国库分为中央国库和地方国库。② 县级以上各级预算必须设立国库，具备条件的乡、民族乡、镇也应该设立国库。③ 中央国库业务由中国人民银行经理、地方国库业务依据国务院的有关规定办理。

10.5.2　国库集中收付制度

1. 国库集中收付制度的定义

国库集中收付制度一般称为国库单一账户制度，是指由财政部门代表政府设置国库单一账户体系，所有的财政性资金均纳入国库单一账户体系收缴、支付和管理的制度。财政收入通过国库单一账户体系，直接缴入国库；财政支出通过国库单一账户体系，以财政直接支付和财政授权支付的方式，将资金支付到商品和劳务供应者或用款单位，即预算单位使用资金但见不到资金；未支用的资金均保留在国库单一账户，由财政部门代表政府进行管理运作，降低政府筹资成本，为实施宏观调控政策提供可选择的手段。

2. 实施国库集中收付制度的意义

国库集中收付制度的实施，是建立公共财政体系的重要保障。社会主义市场经济迅速发展，建立和完善国库集中收付制度有着十分重要的意义。

（1）有利于有效管理和全面监督实行国库集中收付，可以促进整个财政管理的规范化、法制化、科学化。完善的国库集中收付制度下，财政资金的分配、管理权限及操作程序都有严格的制度规定，增强了财政工作的透明度、公开性和约束力，有利于全面监督，加强了对不合理的财政支出的监控，强化了预算约束和预算执行管理，财政资金从筹集到使用，都处于政府财政的有效监督管理之下，对于预算单位和财政部门来说资金的使用双向透明。在现行的财政资金收付管理体制下，缺乏对财政资金使用的事前监督，在支付、采购等环节存在资金截留、挪用、挤占等问题。

（2）有利于政府宏观调控，提高资源配置的合理性。实行国库集中收付，财政资金实行了统一的管理和调度，细化了资金使用情况，保证了信息的准确性、及时性，为政府部门决策提供及时准确的信息。财政资金集中存放，一方面政府可以灵活调度库款，集中财力办大事；另一方面提高了政府抗风险能力，有利于政府宏观调控，实现资源优化配置。

（3）有利于减少财政负担，提高资金使用效益。国库集中收付，是指建立国库单一账户体系，把财政资金统一集中在国库单一账户内，预算单位按规定使用资金。国库资金集中保管，从根本上解决了过去财政资金层层拨付、环节过多、效率低下的问题，加快了资金拨付速度，提高了资金的使用效率和运行效率，加快了资金流通；而且可以减少债券发行量，减轻财政负担，提高了资金的使用效益，对稳定金融和经济发展有着积极的作用。

（4）有利于严格各单位财务管理，严格预算编制。现行的财政资金收付方式下，一般预算单位不太重视预算管理，预算编制基础工作薄弱，预算执行不严格，项目使用资金有挤占、挪用等现象。实行国库集中收付后，收入直接进入国库，支出是按财政批复的预算使用财政资金，划拨到预算单位，严格预算执行，突出了预算执行的刚性和严肃性。

3. 国库集中收付制度的主要内容

按照国库集中收付制度的基本发展要求，建立国库单一账户体系，所有财政性资金都纳入国库单一账户体系管理，收入直接缴入国库或财政专户，支出通过国库单一账户体系付给商品和劳务供应者或用款单位。国库集中收付制度的内容主要包括建立国库单一账户体系、规范收入收缴程序和规范支出拨付程序三个方面，下面重点介绍第一和第三方面。

1）建立国库单一账户体系

国库单一账户体系由国库单一账户、余额账户、预算外资金财政专户、小额现金账户、特殊过渡性专户五种构成。建立国库单一账户体系后，相应取消各类收入过渡性账户。预算单位的财政性资金逐步全部纳入国库单一账户管理。其中，国库单一账户为国库存款账户，用于记录、核算和反映纳入预算管理的财政收入和支出活动，并用于与财政部门在商业银行开设的零余额账户进行清算，实现支付。财政部门的零余额账户，用于财政直接支付和国库单一账户支出清算；预算单位的零余额账户用于财政授权支付和清算。预算外资金财政专户，用于记录、核算和反映预算外资金的收入和支出活动，并用于预算外资金日常收支清算。小额现金账户，用于记录、核算和反映预算单位的零星支出活动，并用于与国库单一账户清算。特设账户，用于记录、核算和反映预算单位的特殊专项支出活动，并用于与国库单一账户清算。

2）规范支出拨付程序

（1）财政直接支付程序。预算单位按照批复的部门预算和资金使用计划，向财政国库支付执行机构提出支付申请，财政国库支付执行机构根据批复的部门预算和资金使用计划及相关要求对支付申请审核无误后，向代理银行发出支付令，并通知中国人民银行国库部门，通过代理银行进入全国银行系统实时清算，财政资金从国库单一账户划拨到收款人的银行账户。工资性支付涉及的各预算单位人员编制、工资标准、开支数额等，分别由编制部门、人事部门和财政部门核定。

（2）财政授权支付程序。预算单位按照批复的部门预算和资金使用计划，向财政国库支付执行机构申请授权支付的月度用款限额，财政国库支付执行机构将批准后的限额通知代理银行和预算单位，并通知中国人民银行国库部门。

小　结

1. 政府预算是按照一定的法律程序编制和执行的政府年度财政收支计划，是政府组织和规范财政分配活动的重要工具，在现代社会，它还是政府调节经济的重要杠杆。

2. 依据不同的分类标准，政府预算有多种分类：按收支管理范围分类，政府预算可分为总预算和单位预算；按照预算的级次分类，政府预算可分为中央政府预算和地方政府预算；按编制形式分类，政府预算可分为单式预算和复式预算；按编制方法分类，政府预算可分为增量预算和零基预算；按投入项目能否直接反映其经济效果分类，政府预算可分为项目预算和绩效预算；按预算作用的时间分类，政府预算可分为年度预算和中长期预算。

3. 政府预算编制要遵循一定的原则，包括公开性原则、完整性原则、可靠性原则、统一性原则和年度性原则。政府预算的编制除依据一定的原则，还要有一定的程序。政府预算的编制一般包括准备阶段、编制阶段和审核批准阶段。

4. 政府预算执行是整个预算工作中最重要的环节。在政府预算执行中，各级部门担负着积极组织预算收入、合理拨付预算资金、保证预算收支平衡和加强预算执行监督等主要任务。

5. 政府决算是指经过法定程序批准的年度预算执行结果的会计报告，是政府预算执行结果的总结和终结，也是政府经济活动在财政上的集中反映，是预算管理过程中一个必不可少、十分重要的阶段。

6. 各国为统一财政收支和加强预算资金管理，都设立了负责办理国家预算资金的收纳、退付和支拨的专门机构——国家金库（国库），规定国家一切财政收支的收纳、退付和支拨均由国库统一办理。国库集中收付制度一般也称为国库单一账户制度，是指由财政部门代表政府设置国库单一账户体系，所有的财政性资金均纳入国库单一账户体系收缴、支付和管理的制度。

学习建议

1. 本章重点

政府预算的原则；政府预算的形式；政府预算执行的主要任务；国库集中收付制度

2. 本章难点

部门预算；国库集中收付制度

核心概念

政府预算　复式预算　部门预算　零基预算　国库集中收付制度

思考与练习

1. 政府预算的原则有哪些？
2. 简述政府预算的体系。
3. 简述复式预算的优缺点。
4. 预算调整的方式有哪几种？
5. 简述我国建立国库集中收付制度的意义。
6. 简述国库集中收付制度的主要内容。

第11章

政府间财政关系

📖 **学习目标**

1. 掌握财政分权的概念及其优点。
2. 掌握财政分权的原则。
3. 了解各国财政分权的特点。
4. 熟悉我国财政分权的历程及未来发展方向。

政府间财政关系是指以财政体制和财政转移支付制为基础的多级政府的理财关系。我国宪法规定了五级政府的行政体制和分级管理原则，因而上级政府对下级是包含关系，同时赋予各级政府财政权，这种既包含又自主理财的关系构成了政府间财政关系的基本矛盾。在2006年3月召开的中国发展高层论坛年会上，北京大学教授林毅夫指出，自1994年分税制后随着财权的上收和事权的逐级下放，中央和省市级财政越来越好而县级以下则非常困难，形成了"中央富、地方穷"。为此，他主张在政府间财政关系上实行事权与财权统一的原则。而与会的财政部常务副部长楼继伟则针锋相对地说："事权和财权的统一是个错误的概念。""教授与部长之争"也正是政府间财政关系问题的重要性的体现。那么，政府间的财政关系究竟是分权好，还是集权好？是财权与事权相统一好，还是事权与资金相匹配好呢？本章主要从政府间财政分权为起点，分析财政分权的意义，并借鉴其他国家的财政分权经验，对我国未来的政府间财政关系进行展望与预测。

11.1 中央政府与地方的财政分权

11.1.1 财政分权的背景

在改革开放以前，我国的财政体制是高度集中的"统收统支"模式，即财政集权制。财政集权制要求在财政收入方面，除了地方税和其他零星收入之外，其他所有收入都划归中央；财政支出方面，各级政府的财政支出均由中央统一审核，逐级拨付；在财政管理体制方面，一切财政收支和收支程序、税收制订、经费供给标准、行政人员编制等均由中央政府制定。同时，这种财政体制也包括了国有企业，国有企业上缴所有的利润或剩余，国家则通过财政拨款来满足国有企业的各项支出。计划经济时代，财政集权制发挥了很重要的作用。财政集权制下，税收征管效率得到提高，中央财政可以有效地提供全国性公共物品，使其在维护宏观经济稳定方面发挥了主导性作用。

由于信息和激励的原因导致计划经济生产效率不断下降。而计划经济本身又要求实行统收统支的财政体制，中央财政直接控制全社会绝大部分经济资源，同时财政负责支付几乎所有经济建设投资。这样，生产效率低下使得一方面政府财源出现萎缩，另一方面为保持同样的产出，政府需要投入更多的经济资源，两方面的原因直接导致了巨大的国家财政压力。为此，我国政府进行了一系列的改革，试图解决信息不对称和激励不足的问题，并形成了多层级、多地区的政府组织架构。中央政府在巨大的财政压力下，在改革目标的不确定以及多层级、多地区政府管理架构的现实条件下，选择了向地方政府转移财政压力，走上财政分权之路。

11.1.2　财政分权理论

财政分权是指中央政府给予地方政府一定的税收权和支出责任范围，允许地方政府自主决定其预算支出规模和结构。地方政府自主权的界定是财政分权的核心，地方政府拥有一定的自主权，能够自由选择所需要的政策类型，并积极参与社会管理，从而使地方政府能够提供更多、更好的服务。财政分权理论起源于 20 世纪 50 年代。1956 年，美国经济学家蒂布特（Charles Tiebout）发表了《地方公共支出的纯理论》（*The Pure Theory of Public Expenditure*）一文，标志着财政分权理论的兴起。财政分权理论经过半个多世纪的发展，先后经历了两个阶段：传统财政分权理论和第二代财政分权理论。

1. 传统财政分权理论

传统财政分权理论也被称作财政联邦主义或联邦主义经济理论，其代表人物是蒂布特（Tiebout）、马斯格雷夫（Musgrave）和奥茨（Oates），因其三人在这一理论领域的先驱性贡献，传统财政分权理论也被称为 TOM 模型。传统财政分权理论以新古典经济学的理论作为分析框架，研究政府职能在不同级次的政府间进行合理配置以及相应的财政工具如何分配的问题。蒂布特提出了著名的"以脚投票"理论，认为居民在不同辖区之间的自由流动可以使其向符合自己对公共物品偏好的辖区迁移，地方政府之间为了吸引选民就会展开竞争，从而能够像市场一样有效率地提供地方公共物品。马斯格雷夫分析了中央和地方政府存在的合理性和必要性，并对三大职能在中央和地方政府之间进行了划分。他认为，宏观经济稳定与收入再分配职能应由中央负责，而资源配置职能则应由地方政府负责，这样可以根据各地区居民的偏好不同而进行有差别的资源配置，有利于经济效率和社会福利水平的提高，并进一步提出了清晰的中央和地方之间的税收划分原则。奥茨提出了分权定理（the decentralization theorem）和对应原则（the correspondence principle），清晰地阐述了偏好的差异性对分权决策的重要影响。坦齐认为，中央对地方的了解没有地方多，而且存在很高的信息费用、交易成本、控制和摩擦成本，所以地方政府承担一定的职能是自然的。

2. 第二代财政分权理论

第二代财政分权理论，也被称作第二代财政联邦主义理论，即市场维护型的财政联邦主义，主要是以蒙蒂诺拉（Montinola）、钱颖一、温加斯特（Weingast）、麦金农（McKinnon）、内希巴（Nechyba）等学者的研究主张为理论核心。市场维护型的财政联邦主义将企业理论和微观经济学理论引入财政学，其理论立足点是：一个高效率的市场来自一个好的政府结构，政府行为既要有效果也要受到约束。在构造政府治理结构时要考虑到相应的激励机制，提供维护市场效率的支持性的政治系统。中央和地方各司其职，在维护和推进市场机制的过程中相互拥有权力和义务，从而市场交易的各方都从市场的增进中获得收益。市场维护型的财政联邦主义通过限制中央政府的行为，阻止政府对市场活动的扭曲，削弱了寻租和政治保护。第二代财政联邦主义理论可以解释中国改革开放以来经济快速增长和成功转型的制度性因素，中国式的分权改革为市场机制的创造发挥了关键作用。

11.1.3 财政分权的优点

财政分权已经成为世界各国的普遍现象，各国之所以有动力推进财政分权制度的建立，其主要原因在于在现代市场经济条件下，财政分权相对于财政集权而言有很多优势，具体如下：

（1）政府间的财政分权可以促进公共资源的优化配置。财政集权状态下，公共产品一般都由中央政府集中统一提供，但是统一提供公共物品将无法显示不同地区不同居民对公共资源的需求，从而导致中央政府提供的公共资源在不同地区的分配不均现象，损失公共资源的配置效率。而政府间财政分权则可以使各个地方政府依靠本地的实际来决定公共资源提供的数量和质量，从而获得更优的资源配置效率。

图 11-1[1]可以具体阐明政府间纵向财政分权在资源配置效率上所具有的相对优势。假定一个国家由对公共产品的需求各不相同的两个地区组成，其中地区 1 的居民对公共产品的需求曲线为 D_1，而地区 2 的居民对公共产品的需求曲线为 D_2（为了直观和简便起见，假定每一地区的居民对公共产品的需求曲线是相同的）。如果公共产品的提供成本由两个地区的居民平均分担，那么地区 1 的居民所期望的公共产品的数量为 Q_1，而地区 2 为 Q_2。在仅由中央政府提供公共产品的条件下，无论两个地区的居民对公共产品的偏好有多大的差异，中央政府都只统一提供 Q_0 数量的公共产品。Q_0 数量的公共产品，对地区 1 的居民来说是一种过度提供，这就使得地区 1 的公共产品的边际成本大于边际收益，从而丧失了面积为 ABC 的资源配置效率；而对地区 2 的居民来说，Q_0 数量的公共产品则不能满足需求，进而也产生了面积为 CDE 的效率损失。然而在财政分权条件下，各地方政府可以根据本地区居民的需要和愿望来自主地提供公共产品，这有利于提高公共资源配置的效率，促进公共产品的有效提供，而原来在财政集权体制下所产生的资源配置效率损失也能得以避免。

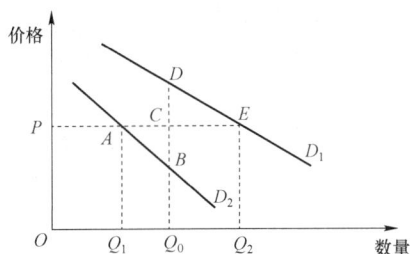

图 11-1　政府间纵向财政分权的资源配置效率

---

[1] 布朗，杰克逊. 公共部门经济学. 4 版. 北京：中国人民大学出版社，2000：221。

（2）财政分权有助于减少信息成本，实现社会福利最大化。财政分权有利于地方政府更好地发挥自身的相对信息优势。地方政府和消费者对地方的情况有更加完备的信息，在搜寻公共资源需求信息过程中有更突出的优势，可以减少信息搜寻成本，及时地对地方需求做出反应。因而地方政府比中央政府能够更准确、更有效地利用地方信息来做决策，从而能更有效地提供地方性公共财政服务，从而实现社会福利的最大化。

（3）财政分权有利于激励地方政府的发展，提升整体经济效率。财政分权实质上就是在一定范围内用市场机制取代政府机制来配置资源。由于在资源配置效率上，市场机制一般要高于政府机制，所以这种替代在很大程度上无疑有助于整体经济效率的提高。同时，政府间纵向财政分权具有激励地方政府大力发展本地区经济的内在机制。财政分权体制中，各级地方政府从原来中央政府的执行机构变成有着较强独立利益的主体。在这样一种背景下，地方经济的发展将扩大地方财政收入的来源，这符合地方政府的利益，同时财政分权也赋予了地方政府相应的自主制定经济发展政策的财政权力，这些都使得地方政府既有能力也有动力积极采取措施发展本地区的经济。在我国，政府间的纵向财政分权就极大地促进了地方政府去关注本地区的经济发展，从而较好地体现政府间纵向财政分权激励作用。

（4）分权体制有助于政府间引入竞争机制和创新机制，提高行政效率。财政分权引入以后，政府间的竞争将成为一个不可避免的社会现象。政府竞争不仅发生在同一级次的政府之间，即横向政府竞争，而且也发生在不同级次的政府之间，即纵向政府竞争。地方政府从自身的独立利益出发，为了促进当地经济发展，便会在税收、财政支出、投资环境等方面不断展开竞争。它们会采取一些措施去降低公共产品的成本、提高公共服务的质量。政府间的竞争还会促使它们在制度上进行创新，进行不同的政策试验，同时制度的创新还有一定扩散效应，政府之间可以有很好地借鉴和示范，从而减少因政策制定失误而带来的社会福利损失，最终提高行政效率。

（5）财政分权体制有利于民众参与和财政监督。财政分权要求一定程度的民众参与，民众更清楚、更明确地表达出自己的偏好，"用脚投票"可以促使地方政府提高决策的合理性。政府的财政收入主要来自当地的纳税人，地方政府在进行财政支出时，必须要公开、透明、合理且顺乎民意，与民众之间形成相互信赖、相互制约、相互依存的关系。民众的监督和约束无疑也将促使地方政府提高公共服务的质量和公共产品的供给效率。

以上是财政分权体制的优势所在，但并不是说分权体制是最优的制度安排。过度地分权同样也会带来一些弊端。比如，过度分权无法解决某些公共项目外部效应所带来的经济损失，会导致地方间的过度竞争造成的社会福利损失；过度分权还会带来管理成本和执行成本的增加；政府间的分权不利于解决地方经济发展的不平衡，使中央政府没有足够的财力进行地区间的再分配，协调区域间的发展。

因此，从这个意义上说，财政集权和过度的财政分权都不是最优的制度选择，要解决当前中央政府和地方政府之间的财政关系，更多的是弄清楚财政分权的范围和程度，从而做出较优的选择。

11.1.4　中央政府与地方政府之间的财权划分

1. 与事权划分相一致

政府在承担一定事权的同时应当具备充足的财权作为保证，以此对应，各级政府间财权的划分也应当以事权的划分为基础，以保证各级政府事权能够得到落实。若二者不对称，就会造成政府职能不能得到充分实现，导致公共产品供给不足，有时甚至会导致政府会采取非规范手段取得财政收入，扰乱正常的国民收入分配秩序，不论是哪种情况都会对社会经济造成严重损害。事权与财权的对称性并不要求各级政府的直接财力与事权完全对等，而要从强调各级政府可利用财力对事权的保障能力角度来衡量，也就是说各级政府的财力不一定必须来源于本级财政，也可以通过在不同级政府间构造一定的财政资金转移体系来平衡不同政府间的财力分配情况，最大限度地实现财权与事权的平衡。

现代各国，无论是联邦制的国家，还是单一制的国家，中央与地方财权划分的原则可以概括如下：

（1）财政的资源配置职能。所谓的资源配置职能是指政府提供公共产品。根据公共产品的外溢性，如果是在全国范围内受益的，则由中央政府来承担，比如国防、外交等，通常只能由管理全国性事务的中央政府提供，只有中央政府才有可能对全国受益的公共产品做全面、正确的评价；如果是区域范围内受益的，则由地方政府来承担，如市政建设、城市消防等，就只能由地方政府来提供，因为地方政府更接近当地民众，所以能提供满足居民需要的产品，提高资源的配置效率；如果受益范围存在交叉的情况，则采取受益的各方共同承担的办法来解决。

（2）财政的收入分配职能。政府的收入分配职能是指政府通过分配政策、手段，调整和改变市场机制所确定的收入分配不平等状况，以实现社会公正。如果将收入的再分配权力下放到地方政府，各地政府会通过对高收入者征收更高的税率，对低收入者实行补贴，但是这会使大量的高收入者迁出该地，而低收入者会为高福利计划所吸引，大量进入该地区，最终导致任何地方政府都没有动力去进行收入再分配，因此这一功能应以中央政府为主体，在全国范围内实行。

（3）财政的稳定经济职能。政府为了稳定经济，平缓经济周期带来的波动，就需要运用财政政策和货币政策进行反周期调解。中央在此时需要起到宏观调控的作用，而地方政府则要在中央宏观调控的政策背景下，利用当地独立的财权，为当地经济的稳定发展提供财力保证。

2. 要科学合理

为了保证各级政府有相应的财权，必须将全国的财政收入在中央与地方之间进行合理划分。由于税收是财政收入的最主要部分，因此政府间财权的合理划分主要是解决税收在中央与地方之间怎样进行分配的问题。一般来说，与稳定国民经济有关的税种应划归中央，与收入重新分配有关的税种应划归中央，税基流动性大的税种应划归中央，与自然资源有关的税种应划归中央，进出口关税和其他收费应划归中央；其余较为灵活的税种可视情况，由地方政府征收。

3. 以经济效率为划分依据

虽然各级政府管辖范围的划分在很大程度上是受地理或历史的原因影响，但是在市场经济环境下，需要从经济的角度来重新审视政府职能的划分，要以经济效率为划分依据，实现国家政府职能分配的合理化。公共选择理论的代表人物布坎南指出公共产品效益的外溢性是政府间职能划分的重要经济依据。如果公共产品的效益具有明显的外溢性，受益范围广，那么这种公共产品的提供最有效的方式是由政府或私人联合组织实现。

当然，中央政府与地方政府之间的财权划分，各地政府之间的财权划分只能逐步调整，而不能推翻重建。

11.1.5 中央政府与地方政府之间财权划分模式的国际比较

财政分权的顺序是先划分事权，再划分财权。而各级政府财政支出范围的划分，又是以政府职责划分为基础的。下面主要选取一些有代表性的国家进行分析。这些国家大都实行了较为规范的分级财政体制，财政联邦制规范了联邦、州、地方政府之间的财政关系，区分了各级政府的事权范围和支出责任，并在此基础上划分了税权和税收收入范围。为了达到各地财权与事权的统一，大多数国家主要通过财政转移支付来实现均等化的目的。

1. 美国

美国是一个联邦制国家，政府结构为三级政府：联邦政府、州政府和地方政府。美国宪法规定，政府权力在联邦政府和州政府之间划分，既没有将所有权力全部授予联邦政府，也没有禁止州政府做什么。美国地方政府的主要职能是提供公共服务、公共福利、社会服务等。州政府提供的公共服务支出按比重大小有教育补助、公共福利、高中等教育、交通、健康和医疗，而联邦政府很少直接为国内居民提供公共服务。美国各州政府和地方政府的主要收入来源有：税费和其他收入，具体包括销售税、财产税、联邦赠款以及各种所得税。联邦政府的主要收入来源是所得税，包括个人所得税、公司所得税和社会保险税。在州政府的收入中，销售税约占 28%，个人所得税和公司所得税约占 22%，联邦转移支付约占 25%。地方政府经常性收入的 64%主要为州的转移支付（约 34%）和财产税（30%），来自联邦政府和州政府的转移支付占到地方收入的 37%。

近几年来，美国在税收政策上，主要通过加速退税、减少公司红利税、增加企业投资抵免等方式减轻纳税人负担。在财政支出改革上，美国政府主要通过扩大军事开支、国防开支以应对日趋严峻的恐怖活动，通过改革养老金计划以适应人口老龄化的需求。加强预算改革，维护财经纪律也是美国政府历来坚持的一项重要改革，从《1990 年综合预算协调法》到《1993 年综合预算协调法》，再到 1997 年的《平衡预算法》的实施，美国政府有了大量的预算盈余。但是，由于小布什政府上台的消费导向型减税计划和金融危机，美国的预算盈余大部分被消耗掉了。

2. 俄罗斯

俄罗斯的政府体系分为四级或者五级，四级政府主要在乡村地区，五级政府主要在城市地区。处在政府体系中最高的是联邦中央政府，然后是州政府。州以下政府分为城市体系和乡村体系。每个州具有独立的行政管理法律地位，并建成了独立的自成体系的政府预算。传统上，俄罗斯联邦公共服务活动在政府间的支出安排是按照"受益地理区域"这一原则进行的，联邦政府负责提供惠及全国的社会公共服务，地区受益的公共服务由州政府负责提供，收益仅限于地方的公共服务由区政府和市级地方政府负责提供。由于近年来俄罗斯联邦各地区的具体实践大相径庭，根本没有任何法律规范各级政府的支出责任，各级政府也不是按照预算级次履行某项特定的公共服务支出责任。财政支出责任的模糊与财政收入的清晰形成了鲜明的对比。因此，政府间重复提供公共服务或者超范围提供公共服务的情况时有发生。

近几年，俄罗斯加强了联邦集权，强化了联邦政府在纵向权力中的地位，如由联邦政府对州政府政策进行更直接的详细审查，当州政府无视并违反联邦法律时给予联邦政府合法追索手段等一系列的政治和立法改革。

明确划分支出和预算责任是俄罗斯政府在财政体制改革方面的一大举措，自 1998 年以来的预算改革一直集中于改善并清晰各级政府支出责任的法律划分，如 1999 年的《辖区和权力划分原则法》明确建立了联邦政府在联邦政府和州政府共同责任方面的立法和法令的权威性。同时，俄罗斯还进行了收入划分确定和税收改革，简化并改善税收结构，降低整体税收改革，简化并改善税收结构，降低整体税负。

3. 德国

2003 年德国经济持续走低，增长率为 –0.1%，财政赤字较高，联邦一级政府财政赤字占 GDP 的比重为 3.9%，明显高于欧盟规定的 3%。消费、投资不振，本应推行的减税却由于财力不支而推迟。

德国政府为了克服市镇政府财政危机，合并了市镇并进行市镇公共服务事业改革。全国市镇单位从 1970 年的 23 000 个以上合并到 2001 年的 14 900 个左右，并通过将市镇公共服务市场化、增加使用者收费的比率以提高公共服务提供的效率和增加地方政府财力。

德国计划对税收制度进行改革，改革后营业税的税基不再与企业盈利相关，同时要求个体户和自由职业者也缴纳营业税，而他们之前是不缴税的。

在政府间分配上，德国提出了调整联邦政府、州政府、市镇政府三级财政分配关系，以解决市镇政府财政危机。2004 年，两院基本同意市镇政府财政改革委员会的改革方案，主要将失业保险和失业救济合并，在合并后由联邦政府财政承担 29.1% 的支出，这一举措可以减少市镇政府财政 25 亿欧元的支出负担。2005 年推出新的州级政府财政平衡法，实行新的平衡制度，市镇政府财政比上一年增长的 12% 部分可以不参加财政平衡。

11.2 财政转移支付

11.2.1 财政转移支付的成因

1. 财政转移支付的概念

转移支付（transfer payments）是西方经济学和西方财政学中的一个概念，原意为"转移""转账"，是财政学范畴的专有名词。转移支付概念最早是由著名经济学家庇古于 1928 年在其著作《财政学研究》中提出的。他将国家经费分为真实的或消费的经费与转移经费。

政府间转移支付是指一个国家的各级政府之间在既定的职责支出责任和税收划分框架下财政资金的相互转移，包括上级政府对下级政府的补助，下级政府上缴的收入、共享税的分配，发达地区政府对不发达地区政府的补助等。从其涉及的主体看，既包括中央政府与省级政府之间的财政资金转移，也包括省级政府以下的转移支付。

政府间转移支付的特点表现为，转移支付的主体是各级政府，转移支付的范围仅限于各级政府之间，财政资源的转移是无偿的，政府间转移支付并不形成政府的终极支出。政府间转移支付制度的建立、体系的完善是以财政分权程度为前提的，根据财政分权理论来划分各级政府的支出责任和收入之后，常常会形成政府之间财政纵向和横向的不平衡及公共物品的外溢性，转移支付是对其调整的最佳手段。

2. 转移支付存在的必要性

理性的政府都要促进经济可持续发展和维护社会稳定，而政府间转移支付必须有助于促进此政策目标的实现。转移支付可以规范和调节政府间财政分配关系，其存在的必要性体现在以下几个方面：

（1）转移支付可以弥补巨大的纵向财政缺口。所谓的纵向财政缺口，是指上级政府与下级政府之间的财政收支不平衡带来的财政缺口。一般情况下，纵向财政不平衡多表现在中央政府在初次收入分配中所占比重高于在财政支出中所占的比重，形成财力剩余，而地方政府的收入比重低于支出比重，存在财政缺口。就我国而言，最明显的纵向财政缺口产生于中央政府和县级政府之间。在我国，县级政府非常重要，因为它直接向 70%的人口提供了大约 70%的公共服务，但问题在于 1994 年的财政改革使县级财政被严重削弱了。从全国平均水平看，县级政府的财政自给能力只能达到 50%，是各级政府中最低的。由于中国的预算法禁止地方政府借债，因此这意味着县级政府开支中有高达 50%的部分需要上级政府的财政转移。我国目前体制的显著特征之一是地方政府在公共服务供应中发挥着重大作用，从地方公共支出占全国支出的比重上看，这一作用比其他国家的地方政府的相应作用要大得多。地方政府从计划经济体制中的"中央代理者"转变为公共服务的提供者。因此，必须要弥补纵向财政缺口，否则缺乏财政自给能力的政府就无法得到所需要的资金履行其支出责任。除了加强地方税外，弥补纵向财政缺口需要有上级政府针对下级政府的一般性（无条件）转移支付。

（2）转移支付可以弥补横向财政缺口。各地方由于自身的经济发展水平不同，因此导致了各地区在财政预算和财政收入规模上可能相差悬殊。地区间的经济不平衡一方面会制约整个国民经济的可持续发展；另一方面其带来的财政支出不平衡会使人们为了追求高的社会福利，从低收入地区向高收入地区流动，从而造成人口分布的不合理。因此，就需要由中央政府出面协调地区间的不平衡，弥补横向的财政缺口，促进财政收入能力或基本公共服务的地区均等化。中央政府通常会要求各地方辖区提供某些最低标准的基本公共服务，如一般行政管理、基础教育、基本卫生保健和社会安全网（最低收入水平）。有些辖区依赖自有财政收入可能足以完成中央政府规定的要求，而贫困辖区依赖自有收入可能无法达到中央政府的要求。中央政府要求富裕地区拿出一部分资金来支援落后地区，调节同一层级不同政府间的这种横向财政缺口，使贫困辖区也有能力完成中央政府规定的服务均等化目标，这通常需要一套有条件的非配套转移支付。

（3）转移支付可以矫正公共产品的外溢性。公共产品具有明显有益的外部性，其受益范围与各级政府的管辖范围并不完全吻合。由于存在这种公共产品的外溢性，本应提供公共产品的地区可能因成本过大或者收益过小而不愿意提供公共产品，从而造成公共产品供给不足。这时候就需要由中央政府出面，对具有外溢性的公共产品的提供实行必要的转移支付，引导和鼓励下级政府提供具有显著外溢性的公共服务或公共设施，纠正提供公共产品上的成本与效益不对称的问题。其中，专项拨款应明确地将目标定位为矫正外在性和上级委托事项。中国总的专项转移支付规模相当大，但在实践中，这类转移支付带有相当的主观随意性，例如，许多没有外溢的地方项目得到了资金，而许多具有显著外溢的项目反而得不到充足资金。由于所有这些项目几乎都有配套要求，结果许多项目放在发达地区而贫困地区很少能够得到资金，因为后者无力拿出足够的配套资金。

（4）转移支付有利于实现经济稳定。由于横向平衡和纵向平衡在很大程度上取决于中央政府的态度，而且中央政府是宏观经济稳定职责唯一合适的承担者，因此对下级政府的转移支付应具有宏观经济的考虑。地方政府承担了全部公共开支的 70%，而地方政府开支中的 40%～50% 来自中央政府提供的转移支付。要实现经济稳定，转移支付要求中央政府对包括转移支付在内的公共支出决策具有"相机抉择"的高度灵活性，即在经济萧条时期中央政府增加对地方政府的转移拨款以鼓励地方政府支出，在经济高涨时期减少转移拨款以限制地方政府支出。具体来说，转移支付在稳定方面应该具有双重作用：用于弥补纵向财政缺口和横向财政缺口的转移支付，其总量和结构应是多样化的，中央政府可以根据稳定目标进行灵活调节；可以改变对下级政府的转移支付时间，以调节各地方政府的开支水平。基于稳定目标的转移支付显然应该是不规定具体用途的、非配套要求的转移支付。

11.2.2　上级政府对下级政府的转移支付方式

转移支付类型大致可以分为两类：一般性转移支付和特殊性转移支付。所确立的标准一般包括：依据拨付资金的用途有无具体规定，依据拨款资金的分配是否要求地方承担一定比例的资金，依据对配套的拨款资金是否有封顶的限额等。

1. 一般性转移支付

一般性转移支付也被称为无条件转移支付、非选择性转移支付。它是指上级政府根据不同层次政府间在组织财政收入能力、必要支出需求和各地自然经济与社会条件的差异等因素，统一制定法定标准公式并以此为依据将本级财政收入无偿转作下级政府收入来源形式。一般性转移支付对款项的使用范围不作要求，也不需要地方政府拿出配套资金，接受款项的政府可以将其列为预算的一部分，按自己的意愿自行使用拨款。该种转移支付主要的目的是实现不同层次政府间财政收支的纵向平衡，更多地体现了其社会性，因此有时也称作均等化转移支付。

中央政府向地方政府无条件提供拨款，不规定其用途的目的在于增加地方政府在财政资金支配上的自主权，方便实现地方政府对财政资金管理和使用的规模效益，促进财政资金灵活而因地制宜地被使用。

2. 特殊性转移支付

特殊性转移支付也被称为有条件转移支付、选择性转移支付，是相对于无条件转移支付来说的。特殊性转移支付是一种附带条件的拨款，是上级政府按照特定目的将其财政收入转作下级财政收入来源的补助形式，款项的接受者必须按规定的方式使用拨款资金，如专门用于教育、环保等特定的用途，专款专用是其最大的特征。特殊性转移支付按地方政府是否参与又可以分为配套式和非配套式。配套式是指中央政府的每一项专项补助，都要求地方政府相应地提供一定数额的配套资金。按接受拨款的地方政府得到的款项有无限额，具体又可分为封顶配套和不封顶配套两种。不封顶配套又称为无限额配套补助，即中央政府对地方政府的某个项目提供一笔无限额的补助拨款，但要求地方政府用自有资金按项目支出的比例进行配套。由于不规定拨款接受者可以得到拨款的最高界限，因此对地方政府的这类项目配套没有要求，仅需要中央政府提供一笔固定的、指定专门用途的资金。

11.2.3　财政转移支付不同方案的效应比较

不同转移支付的形式之所以会产生不同的功效，形成各级政府不同的偏好，主要还在于各种转移支付的发放和使用条件是不同的，因此也使不同补助形式的政策效应相应产生差异。

1. 有条件无限额配套补助

有条件无限额配套补助，不仅规定了资金的用途，而且要求地方政府在得到转移支付的同时，也拿出一定比例或一定数额的配套资金，其效应可以用图 11-2 来表示。

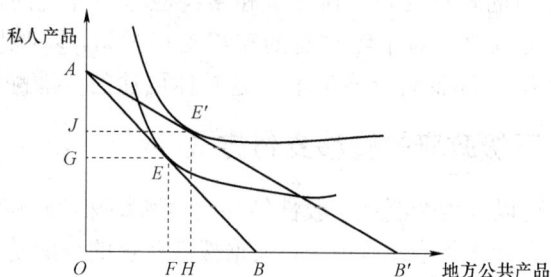

图 11-2　有条件无限额配套补助效应图

图 11-2 中，横轴代表地方公共产品，纵轴代表私人产品，AB 线为无补助时地方原有的预算约束线，代表各种可行的地方公共产品和私人产品的组合。AB 线与无差异曲线相切，均衡点为 E；如果引入配套率为 BB'/OB' 的配套拨款后，预算约束线移至 AB'，且与无差异曲线相切于 E'。此时，公共产品的消费比过去增加了 FH，私人产品的消费则增加了 GJ。如果转移支付为 BB'，则地方政府的配套财力为 OB。由此可以看出，补助产生了收入效应，它使公共产品和私人产品的消费都有所增加。与此同时，此类补助还产生了替代效应，即公共产品的价格相对下降。在未补助前，消费 OF 数量的公共产品必须以放弃 GA 数量的私人产品为代价，此时税率为 GA/OA；在实现补助后，增加了区域性公共产品的数量，若消费 OH 数量的公共产品，只需以放弃 JA 数量的私人产品为代价，税率下降为 JA/OA。因为 $GA>JA$，所以 GA/OA 大于 JA/OA，税率降低，区域内公共产品的价格相对于私人产品来说已经下降，区域内的社会福利提高。

由上述分析可以看出，有条件无限额的配套补助可以产生收入效应和替代效应，从而有助于增加公共产品和私人产品的消费，降低地方税率，增加地方社会福利。

2. 有条件有限额配套补助

在有条件封顶的配套补助中，由于预算上的限制，上级政府的补助不仅规定了资金的用途，还有一个最高界限，上级只在这个限额内提供补助。

如图 11-3 所示，受补助政府在补助前的预算约束线为 AB，均衡点在 E 点，在封顶配套补助下，预算约束线为折线 ADC。在 AD 段，拨款政府按照 CB'/OB' 的比例提供拨款，但在 D 点以下，拨款政府不再按照此比例来供应资金，受补助政府将承担全部成本。在新的均衡点 E' 下，受补助后地方公共产品消费量 OH 大于没有补助拨款时消费量 OF，增加额为 FH，但小于无限额配套补助的消费增加量 OG，相差的数量为 HG。一旦补助拨款用完，对受补助产品消费的进一步刺激也就失去了。由于有限额的配套补助有利于拨款者对预算的控制，因此在实践中拨款者更愿意采用。但有一点值得注意，如果受补助地方公共产品的消费低于最高限额，那么规定最高限额就失去了作用。

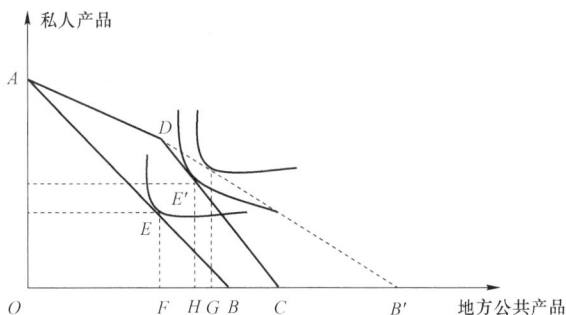

图 11-3 有条件有限额配套补助效应图

3. 有条件非配套补助

有条件非配套的补助，也就是无条件专项补助，其突出特征在于规定了转移支付的具体用途，但不需要地方政府承担自有资金，其效应如图11-4所示。

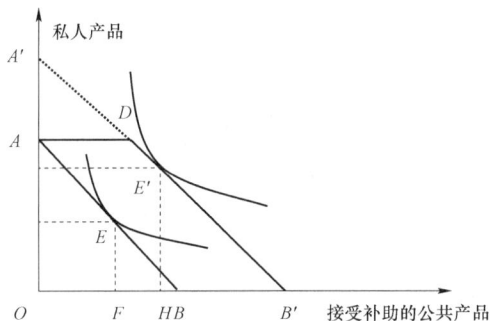

图 11-4 有条件非配套补助效应图

在地方政府获得补助拨款 AD 后，预算约束线由 AB 外移至 A'B'。但由于这部分补助拨款必须依照中央政府的要求如数用于提供特定的公共产品，所以它只代表受补助公共产品量的增加，而其他产品的最大消费不会超过 OA 的水平。新的预算约束线 ADB' 与新的无差异曲线在 E' 点相切，此时接受有条件非配套补助的公共产品的消费量为 OH，大于接受补助前的消费量 OF，但是二者间的差额 FH 小于补助额 AD；而未接受转移支付的其他产品的消费量为 E'H，较之于先前的 EF 消费水平也有所增加。由此可以看出，在实际有条件非配套补助的条件下，仍然会有补助金转移到其他产品中去。

综上所述，有条件非配套补助的效应表现在：一方面，有条件的非配套补助有可能改变地方的决策，如在预算线 AD 段，地方政府消费的公共产品由中央政府补助，因此地方政府就可以把原准备用于受补助项目的支出用于增加对其他产品的消费，从而形成间接的"漏出"效应；另一方面，接受有条件非配套拨款的公共产品量会有较大幅度的增加，从这个意义上讲，有条件非配套拨款更能够显著地体现中央政府在支持地方提供某项公共产品方面的政策意图，补助效益比较明显。

4. 无条件非配套补助

对于既无配套要求也不规定具体用途的无条件非配套补助来说，它在增加地方性公共产品的同时，也影响着私人产品的供求。

在图 11–5 中，假设某一地区内居民对产品的偏好是一致的，预算约束曲线 *AB* 与无差异曲线相切于 *E* 点，此时该地区消费的公共产品为 *OF*，消费的私人产品为 *OD*。这意味着居民要消费 *OF* 数量的公共产品，就必须放弃 *AD* 数量的私人产品，即课以 *AD* 数量的税收，税收率为 *AD/OA*。当来自上级财政的一笔无条件补助进入本级预算并被使用之后，预算约束线向右上方移动，成为 *A′B′*，并且与无差异曲线相切于 *E′* 点，此时该地区消费的公共产品为 *OH*，比补助前提高了 *FH*；*OC* 为私人产品的消费，也超出了补助前 *OD* 的水平，增加额为 *CD*。这就意味着，给予地方财政的无条件补助款项中的一部分会移向私人产品的生产和消费，从而使私人产品的需求也有所增加。实现的路径是，当私人产品支出由 *OD* 增加至 *OC* 时，税收则由 *AD* 单位减为 *AC*，税率降为 *AC/OA*。可见，私人产品支出的增加是由于补助转化为税收的减少而实现的。所以，一般补助会同时增加私人产品支出和公共支出，具有收入效应。

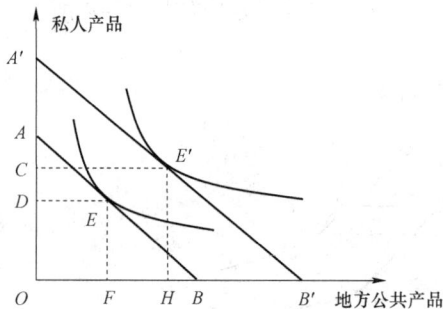

图 11–5　无条件非配套补助效应图

11.3　我国财政体制的变迁

11.3.1　我国财政体制变迁的两个阶段

1978 年改革开放的第一步是从财政体制的让利放权、搞活经济开始的，直到 1994 年实行分税制改革，成为我国财政体制改革的里程碑，形成中央与地方以及国有企业之间相对稳定的分权格局。而近几年，我国财政体制改革又将目光聚焦到了财政支出管理问题上，充分体现了改革的渐进性特征。

1. 改革初期的让利放权（1978—1993 年）

1978 年以前，我国实行高度集中的计划经济管理体制，与之相适应我国财政实行高度集中的"统收统支"的管理体制。在传统体制下，经济运行呈现高度的行政性指令状态，资源配置则采用行政性的计划安排；国民收入分配以低价收购农副产品和低工资为基础，财政对企业实行"统收统支"财务体制；财政收入由企业利润上缴形成，财政支出呈现"城市财政"特征，对城市大包大揽，对"三农"仅是农业生产有专项扶持渠道，地方和企业无财力自主权。1979 年，作为整个经济体制改革的突破口，我国的财政体制拉开了让利放权的改革大幕。

1）对国营企业的"让利"

对国营企业让利就是改革统得过死的国家与国营企业利润分配关系，逐步扩大企业财权，激发企业自主理财的积极性，从而增强企业活力。1978 年国家对国营企业试行企业基金，我国财政体制指导思想的转变制。1979 年，对预算内基本建设项目实行拨改贷，财政一律不再拨款。同时，改革国营企业财务管理体制，实行固定资产有偿调拨和固定资金有偿使用，打破了计划经济下国营企业之间无偿调拨的旧规。1979 年 7 月，国务院下达《关于国营企业实行利润留成的规定》，标志着放权让利的企业改革正式启动。1982 年 11 月，国家决定三年内在国营大中型企业分两步推进"利改税"，即把国营企业上交的利润改为按照国家规定的税种缴纳税款，税后利润完全归企业支配，用法律手段规范国家与企业的利润分配关系。

1983 年 1 月和 1984 年 10 月，我国又分两步对国营企业实行利改税，在利改税的同时，对部分企业和行业实行多种形式的盈亏包干制度。"利改税"以法规的形式把国家和企业的分配关系固定下来，进一步扩大了企业的财权和财力。1984 年 10 月，第二步利改税在全国展开，规定国营企业按产品税、增值税、营业税、盐税、资源税等 11 种税向国家上交财政收入，税后利润全部归企业支配。对国营大中型企业按 55%的比例税率征收所得税，税后利润超过原来留利的国营企业再征收调节税，调节税一户一率。允许企业用所得税税前利润归还固定资产投资借款，并按还款提取职工福利基金和奖励基金。1987 年起在利改税的基础上，又推行了多种形式的企业承包经营责任制，进一步将国营企业的经营权由"国家"转移到了国营企业的经营者手中，国营企业在按照承包合同规定的基数和递增比率上交一定的利润和税金后，就可以自由支配所有剩余的利润。从而完成了改革初期对国营企业逐步扩大让利尺度的过程。

1991 年 8 月，我国颁发了《国营企业实行"税利分流、税后还贷、税后承包"的试点办法》。税利分流是将国营企业实现的利润分别以所得税和利润形式上交国家一部分，并实行所得税后还贷、所得税后承包。盈利企业一律按 33%的比例税率向国家缴纳所得税。企业的固定资产投资借款应用企业留用资金（税后留利、更新改造资金和其他可以用于发展生产的资金）归还。取消调节税税种，企业缴纳所得税后利润应当上交国家的部分，可以实行承包等各种形式的分配办法，主要采取"按比例上交""定额上交、增长分成""递增上交"等形式。之后，随着市场机制的建立，我国 1992 年开始对企业推行现代企业制度，彻底将国营企业打造成"自主经营、自负盈亏、产权明晰"的利益独立的经济主体。

2）对地方政府的"放权"

"放权"就是对统得过死的财政体制松绑，扩大地方财权，调动地方理财的积极性。我国财政体制经历了 1980 年、1985 年、1988 年和 1994 年四次重大改革，其中前三次改革具有一定的共性，就是实行对地方政府放权让利的财政包干体制，第四次则是适应市场经济机制的财政分税制改革。

1980 年 2 月，我国实行"分灶吃饭"，即"划分收支、分级包干"财政体制，共有四种形式：固定比例分成，调剂收入分成，定额补助，大包干制。这一体制的基本内容，是按照企事业单位的隶属关系,明确划分中央与地方的收支范围,并按此范围确定各地的包干基数。分成比例或补助数额五年不变,地方多收可以多支,少收就要少支,自行安排预算,自求收支平衡。这次改革主要是把收入划分为固定收入、固定比例分成收入和调剂收入,实行分类分成,财政支出主要按照企业和事业单位的隶属关系进行划分,地方财政在划定的收支范围内多收可以多支,少收则少支,自求平衡。这次改革在体制设计上由全国"一灶吃饭"改为"分灶吃饭",财力分配由过去的"条条"为主改为以"块块"为主。

1985 年,我国实行"划分税种、核定收支、分级包干"财政体制,其主要内容为:划分中央和地方财政的固定收入;划分各级财政支出,隶属于中央企事业单位的支出由中央财政负责,隶属于地方企事业单位的支出由地方财政提供;制定中央和地方财政共享收入,由中央财政与地方财政按比例分成;继续实行分级包干、几年不变。

1988 年为了配合国营企业普遍推行的承包经营责任制,我国开始实行 6 种形式的财政包干,包括"收入递增包干""总额分成""总额分成加增长分成""上解递增包干""定额上解""定额补助"。包干制进一步加大了对方政府的激励,在发展经济和财政平衡方面尤其明显,也是对 1980 年"分灶吃饭"财政体制的延续和强化。"分灶吃饭"框架下的财政包干体制改变了计划经济体制下财政统收统支的过度集中管理模式,具有改革破冰的时代意义,极大激发了地方政府理财的主动性和积极性,使地方政府财力不断增强,促进了本地经济建设和社会事业的发展。而且由于激发出地方政府的经济活力,带动财政收入增长,也为其他改革提供了财力支持。但财政包干体制由于处于改革初期,没有任何经验可资借鉴,因而其制度缺陷也在所难免。例如,各级政府行政分权格局由"条条为主"变为"块块为主",仍然束缚企业活力;最重要的缺陷在于中央和地方各级政府的分配关系仍然缺乏规范性和稳定性,全国的"让利""放权"措施实施的结果如何最终集中反映在财政收支上是问题的关键。

2. 改革中期的分税分权(1994 年至今)

1994 年,我国经济体制改革在中央"全面推进、重点突破"的战略部署指导下进入新阶段,财税体制改革充当改革的先锋,根据事权与财权相结合的原则,将税种统一划分为中央税、地方税、中央与地方共享税,建起了中央和地方两套税收管理制度,并分设中央与地方两套税收机构分别征管;在核定地方收支数额的基础上,实行了中央财政对地方财政的税收返还和转移支付制度等,成功地实现了在中央政府与地方政府之间税种、税权、税管的划分,实行了财政"分灶吃饭"。

实行分税制,要求按照税种实现"三分":即分权、分税、分管。所以,分税制实质上就是为了有效地处理中央政府和地方政府之间的事权和财权关系,通过划分税权,将税收按照税种划分为中央税、地方税(有时还有共享税)两大税类进行管理而形成的一种财政管理体制。按税种的立法权、课税权和税款的使用权归属于中央政府还是地方政府来划分中央税和地方税。中央税归中央政府管理和支配,地方税归地方政府管理和支配。

1)实行分税制的意义

为了加强税收的宏观调控作用,体现利益分配原则,各国政府都看到了分税制的好处。这是因为分税制可以为政府运用税收杠杆调节经济提供方便而有利的前提条件和伸缩灵活的活动场所。

(1)分税制是中央实施宏观管理政策的财力保证。建立两个税收管理体系,理顺中央与地方的分配关系,可以奠定财力分配的基本格局。中央税收占主导地位,国家容易集中财力,解决重大社会经济问题，稳定全局。中央既可以掌握地方政府的支出范围和财力配置方向的主动权，保证中央经济调控政策的贯彻，又可以调动地方政府的积极性，因地制宜地办一些实事。

（2）分税制可以充分发挥税收杠杆调节经济、配置资源的独特作用。中央可以运用属于自身的税种、税收进行全面性调节，地方也可以运用属于自身的税种、税收进行局部调节。这样的多层次税收调节，更便于掌握调节的力度和幅度，实现预期调控目标。

（3）实行分税制，可以提高利益分配的效率。"取之于纳税人，用之于纳税人"，各级政府在征税之后必须给辖区居民以回报，纳税人向政府支付经费的同时，也可以从政府那里得到公共福利和个人社会保障福利，并有权监督政府工作。受益原则可以说是交换原则在分配领域的转化形式，正是这种由交换原则转化来的受益原则，决定了实施分税制的经济基础和理论前提。即使有些时候不一定完全符合这一原则，但受益原则作为分税制的理论渊源和设计原则这一点仍然是存在的。

（4）实行分税制，能够充分体现财政制衡原则。所谓财政制衡，就是中央财政通过一定的财力再分配形式，实施收入援助和支出监督，以制约和平衡各级政府的预算管理，维护国家政策的统一性和社会经济的稳定性。为了体现财政制衡原则，调动中央和地方的积极性，必须按照分税制原则，保证中央能够集中和掌握较多的财力。

1994 年实施分税制财政体制改革后，中央本级支出占全国财政支出的比重大体呈现逐步下降的趋势。2008 年，全国财政支出 62 427.03 亿元，其中，中央本级支出 13 374.31 亿元，占 21.4%，比 1994 年下降 11 个百分点；地方本级支出 49 052.72 亿元，占 78.6%，比 1994 年提高 11 个百分点。这种"收入集权、支出分权"的"非对称性分权"财政体制使中央政府逐渐掌握更多的财政资源，从而强化了中央政府的政治控制能力。与之相对应，地方财政支出的缺口一部分靠地方政府自行解决，一部分靠中央对地方的转移支付来解决。前者是导致非正式财政收入膨胀及企业尤其中小企业税费负担沉重的根源，后者则受限于制度缺陷。

2）我国现行的分税制的特点

（1）按照税源大小划分税权，税源分散、收入零星、涉及面广的税种一般划归地方税，税源大而集中的税种一般划归中央税。

（2）部分税种的征收管理权归地方。地方政府对地方税可以因地制宜、因时制宜地决定开征、停征、减征、免征，确定税率和征收范围，这是地方税的主要特点。由于赋予地方以较大的机动权限，从而既能合理照顾地方利益，调动地方的积极性，同时不至于影响全国性的商品流通和市场物价。因为地方税一般属于对财产（不动产）、行为和部分所得以及不涉及全面性商品流通的经济交易课税，所以即使各地执行不一致，也不影响全局。

（3）税款收入归地方。在我国当前的社会主义市场经济条件下，财力完全集中于中央或过多地分散于地方，都不能适应经济发展的需要。实践证明，在保证中央财政需要的同时，给地方一定规模的财力及适当的支配权，方能调动地方政府发展经济的积极性和主动性。因此，实行分税制，建立中央与地方相对独立的分级财政，给地方政府发展地方经济、加强文化建设提供资金保证就成为我国预算管理体制改革的必然方向。

需要说明的是，我国目前实行的分税制还有许多不尽如人意之处，需要继续深化改革，例如，我国社会主义市场经济发展相当迅速，地区差距很大；社会主义市场体系虽已初步形成，但尚不够健全；中央与地方的事权范围虽已初步划分，但尚不够规范，各级事权事责还有待明确；税收制度也不够完善，等等。在上述情况下，试图实行彻底分税制是不现实的，所以分税制的改革仍应以集权和分权相结合的，中央税、地方税和中央地方共享税共存的不彻底型分税制为主，以便不会脱离现行模式过远。

与行政管理体制相适应，现行财政体制遵循"统一领导，分级管理"的基本原则。中央政府仅与省级政府进行收支划分和转移支付等体制安排，省以下财政体制由各地省级政府在中央指导下结合本地实际情况确定。从目前的情况看，大部分地区都按照分税制的要求划分了省以下各级政府的收支范围，并建立了较为规范的省对下转移支付体系。同时，部分省份积极采取省直管县和乡财县管等措施，不断探索创新财政管理方式。

3）我国分税制的改革方向

我国的分税制改革是采取整体设计、逐步推进的方式进行的，目前尚存在一些不足，需要进一步地完善，其进一步的改革方向如下。

（1）科学规范各级政府的事权范围和支出职责。只有如此，才能合理划分收入，进而将事权和财权有机统一。1994 年分税制改革集中了收入但没有改革支出责任的分配，因此，随着经济改革的进一步深入，需要对各级政府的事权和支出责任划分进行相应的调整，其中最为重要的就是要明确划分投资支出职责，明确中央与地方政府各自投资的方向和重点。全国性的能源、交通、自然资源等投资应由中央进行，而地方市政建设、教育、公共基础设施等大都应由地方政府提供。

（2）合理划分财权财力，确保体制的相对独立性、稳定性和协调性。逐步构建地方政府的主体税种体系，给予地方政府一定的税收自主权。财权财力划分要尽量减少资源配置的效率损失以及实现征收成本最小化。不同的财权财力划分会导致不同的征收成本，要实现征收成本最小化，就需要将适宜地方征收的税种尽可能下划，以调动地方政府的信息优势和地域优势。此外，还要建立相应的评估机制，评价不同收入划分办法对纵向、横向财政的影响，以及对各级政府征税努力程度的影响。在此基础上，调整相应的财权财力划分，以产生有效的激励机制。同时，要设计相应的惩罚措施，以约束政府的扭曲行为。

（3）加强各级政府间的协调合作，增强财政体制的制衡性。上级政府应该遵守自己制定的财政分权规则，下级政府要愿意遵从这些规则，各级政府的代表应该直接参与计划的规划时上级政府要将下级政府视为合作伙伴，使下级政府更好地服从上级政府，加强各级政府间的合作和制约。

（4）规范、完善省级以下的转移支付制度、强化体制的相对独立性和稳定性。中央政府必须制定一整套包括财力均等化在内的各项财政体制政策、措施，同时还要放手让省级政府根据各省市级情况，自主决定、自主执行这些均等化政策，逐步规范目前许多过渡性的转移支付制度，加大均等化转移支付的力度和透明度。

（5）各级政府要建立硬预算约束。我国目前仍然存在预算约束软化问题，原因在于还缺乏实现硬预算约束的条件，所以需要加强政府官员的问责制，强化财政的受托责任，使各级政府官员既要对政府负责，也要对民众（纳税人）负责。

11.3.2　我国财政体制指导思想的转变

尽管目前的分税制还是很不完善的，但毕竟已经迈出了一大步。完善分税制的关键是确定中央政府和地方政府的事权究竟有哪些，然后再具体确定中央财政和地方财政的筹资来源。实行与国际通行的分税制财政体制是与我国的理财思想转变分不开的。回顾一下财政体政指导思想的转变过程对今后完善分税制是非常有好处的。

1. 从计划经济到市场经济

在计划经济体制下，财政体制以集权为核心，通行的管理模式是"统一领导，分级管理"。国家的绝大部分财产归全民所有，尽管各地有其自己的利益，但奉行的原则是"局部服从全局，地区服从中央"。中央与地方没有划分财权，所以多变性是我国财政体制的明显特征。即使是实行同类型的财政体制，如收入分成型财政体制，收入分成比例也不是一成不变的。这是因为大部分财力集中在中央，中央除用于行政事业开支和国防开支外，基本上用于基本建设开支。而各地的各项开支都必须遵守国家统一规定的开支标准，所以财政体制的确定和变化只是形式上的，而不是实质性的。可以认为，我国在计划经济时期的财政体制是属于单一制的财政体制。

过分的集权必然束缚各地发展经济的积极性，于是国家开始实行财政包干制。财政包干制对地方政府创造财政收入给予了巨大推动力，地方政府对包干留用的财政收入主要用于地方性基础设施建设和地方性的生产性项目。财政收入根据原征收的管辖范围来划分，所以财政包干的优点在于地方上对组织财政收入和增加财政收入的来源有很大的积极性；但是财政收入的来源和用途都不是根据市场经济的要求来划分的，结果地方保护主义倾向十分严重，在全国范围内逐步推开后，中央财力萎缩，地方财力膨胀，不仅使中央财政有了"窟窿"，而且严重阻碍了市场经济的发展。可见，实行分税制不应理解为在单一制下的财政体制的又一次变迁，而应当从构建与市场经济体制相适应的财政体制的角度来对待并以此为标准使之完善。

2. 从国家分配论到公共需要论

国家分配论强调的是国民收入再分配的主体是国家，公共需要论强调的是财政分配的主要目的是满足公共需要。从历史背景来看，国家分配论在我国一直占主导地位。不能不注意到，计划经济条件下国家不仅主宰了国民收入的初次分配，而且支配了国民收入的再分配，国家的财政职能不仅表现在国民经济的扩大再生产，而且连简单再生产也包含在内。在这种"国家决定一切"的情况下，公共需要论是没有一席之地的。只有在市场经济条件下，公共需要论才得以成立，而且在确定财政职能方面，特别在确定中央政府和地方政府的事权方面具有重大的指导意义。只有政府以满足公共需要为己任，才有可能为分税制奠定理论基础，中央政府与地方政府的事权划分只是以满足公共需要的范围为标准，对全国性的公共产品由中央政府来负责提供，而地方性的公共产品则由地方政府来提供。目前分税制的事权划分的一个主要难点就是中央政府和地方政府都在不同程度上介入了商品性的生产，这就带来了事权确定的不确定性和财源划分的困难。如果不是从公共需要的角度来规范和完善分税制，其最终的命运恐怕与以前实行的财政包干制无异。

3. 从收支平衡论到宏观调控论

在计划经济时期，国家财政的职能是"收、支、平、管"。计划经济下财政的职能就是国家的一个会计出纳部门。国家是一个大核算单位，在这种大核算的体制下，国家必须实行量入为出的预算平衡政策，即"收支平衡，略有结余"，反映在中央与地方的财政体制上，必然要求做到以收定支、不准透支。改革开放后，中央下放了一部分财权，特别是财政包干在不少省市实行后，理财的指导思想与实际预算结果发生了严重的偏差，即在理论上否定赤字预算，但在实际上是几乎年年预算赤字。这就需要人们从理论上对预算赤字的功能做出重新评价。但是我国的市场经济基础远远不够完善，财政赤字往往是用来弥补中央财政支出的不足，对国民经济的长期效应是值得怀疑的。地方政府与中央政府一样，其功能都是弥补市场的不足，总的目标是一致的，但具体分工应有所侧重。在市场经济条件下，财政有配置资源、分配收入和稳定经济的职能，作为中央政府应当在这三个方面发挥作用，作为地方政府则主要在配置资源方面发挥作用。如果以此作为分税制的指导思想，地方政府的财政职能主要是地方性公共产品的筹资和使用。在分配收入方面，地方政府可以通过对公共产品的提供，使穷人（地区）得到较多（与其收入相比）的公共产品，从而用间接的途径实现对缩小贫富差距的调节，中央政府通过转移支付实现贫富地区差距的调节。至于稳定经济的职能则基本上靠中央政府来实现。

从财政职能上对中央政府和地方政府进行必要的分工，有利于分税制的进一步完善，既可以摆脱目前两级政府在收支盘子上纠缠不清的格局，也可以不顾及现在地方政府的既得利益而大刀阔斧进行划清中央政府和地方政府的事权，进而明确各自事权的筹资来源。

4. 从行政决定到民主理财

分税制的实施是对过分集权的一种否定，也就是对单一制的否定。单一制适宜在小国实行。因为行政管理效率会随着国家范围的扩大而递减，这是实行具有分权特点税收制度的一个基本理由。但要搞好分税制，只是从权力下放的角度看，理由是不充足的，权力的下放不能保证效率的实现。市场经济的效率是通过竞争来保证的，如果没有竞争，市场经济就会发生失灵。地方政府的事权是提供地方性公共产品，单独由地方政府主导，会发生实际需要与行政决定相脱节的问题。从这个角度看，中央政府根本没有必要干预地方政府的事权。行政主观偏差，是指地方行政长官在没有受到约束的情况下可能发生的决策偏差。历史证明，没有约束的权力是很危险的，且不说个别行政长官滥用职权，挥霍钱财的事，就是动机是正当的，在决定公共产品问题上，行政长官独断专行是不能保证其选择的合理性和使用的效率。这就需要公共产品的公共决策程序，也就是要靠民主制度来保证它，使公共产品的决策能反映大多数人的偏好，公共产品能以高效率的方式提供，公共产品能以较合理的方式使用。

11.3.3 基层财政体制改革的实践

1994 年的中国分税财政体制改革初步确定了中央与省级单位之间的财政体制，但并没有确定相对统一的省以下财政体制，而是由各省根据自身情况自行确定。近年来，基层财政体制运行中的矛盾日益突出，县乡财政困难，地区间财力不均衡等问题已经成为影响经济发展和社会稳定的重大问题，受到社会各界的广泛关注。

相对于中央政府和省级政府而言，基层政府直接面对辖区内居民多样化的公共需求，肩负有具体组织供应和生产地方公共物品和服务的职能。随着经济社会的发展，社会公众的公共需求日益多样化和差异化，导致了地方性公共物品和服务的比重上升，基层政府承担了越来越多的公共支出责任。现行基层财政体制的问题主要表现在两个方面：一是财力分配的纵向不公平造成的基层政府财政困难；二是财力分配的横向不公平形成的区域间财力差距，导致了教育、公共卫生、基础设施等基本公共物品和服务供给的不平等。

基层财政体制改革是一个复杂的系统工程，既与政府级次设置、基层政府职能界定、政府权力的制约等更为基础的制度框架有着密切的联系，其本身又包括了地方税体系、转移支付制度、预算管理制度等多方面内容。对于这样一个包括了很多内容的综合制度，整体的一揽子改革是最佳选择。但是，一揽子改革涉及方方面面利益的调整，许多改革措施所需的条件在当前并不具备，因此现行的改革只能是在诸多约束条件下寻求次优的渐进过程。

1. 完善基层财政体制的具体措施

1）减少政府财政级次

五级政府架构是中国宪法规定的基本政府组织形式，取消乡、地市两级政府的改革涉及修宪程序。在现有宪法约束下，弱化乡、地市两级政府的财政职能，减少财政级次，为最终政府架构的改革创造条件是可行的。弱化乡、地市两级政府的财政职能，其主要措施是当前在安徽等省推行的"乡财县管"改革和以浙江为代表的"省直管县"。

2）转移支付制度改革

从财政体制的角度来看，转移支付制度是解决基层政府财政困难和地区不平衡能够采取的最直接、最有效的手段。转移支付制度改革的基本目标是实现公共服务的均等化，形成稳定、可预期的地方政府资金来源。完善的转移支付制度首先需要中央政府确定公共服务均等化的标准，在此基础上明确划分中央与地方各级政府的职能范围，并确定相对稳定的分税体制。

3）完善地方税体制，适当赋予地方税收立法权

中国现行分税体制下，共享税的比重过高，而缺乏适宜地方开征的财产类税种。在税权划分方面，税收立法权高度集中在中央，地方政府几乎没有根据本地情况调整税制的权力。在完善税制，构建相对独立的地方税体系的同时，可以考虑赋予地方适当限度的税收立法权，将混乱的大量地方收费项目和非税收入纳入税收和预算管理体制。

4）完善预算管理体制，推动地方预算管理改革

完善预算管理体制是提高基层政府财政资金使用效率、缓解财政困难的重要途径。减少预算外资金、增强预算的完整性，推行部门预算改革和"收支两条线"管理，完善政府采购制度和国库集中制等，是当前基层预算管理领域需要着重推进的主要措施。

5）推进基层政府事业单位改革

事业单位改革对于调整地方政府财政收支结构，减轻财政负担和履行公共服务职能具有重要的意义。中国的事业单位是与政府机关、企业并列的基本组织形式，其中既有肩负有教育、医疗卫生等基本公共服务职能的公共部门，又有由政府机构演变和派生的行业管理部门，还包括许多市场经济条件下属于营利性机构的事业单位。

6）化解基层政府债务，规范地方政府融资制度

从总体上讲，地方政府依靠各种非正规手段融资负债对于发展地方经济和维护社会稳定起到了一定的作用。针对目前基层政府面临的债务问题，除了要及时摸清情况，积极组织清欠、化解债务风险之外，还应调整合理划分各级政府职能范围，在加快基层政府职能转换，完善转移支付制度的基础上，努力争取实现基层政府经常性预算平衡，确保不再产生用于弥补经常性开支缺口的债务。

2. 政府财政级次改革："乡财县管"与"省直管县"

1）"乡财县管"改革

近年来，农业税的取消和乡镇政府职能和财政供养人员的上划，以及税务、工商、技术

监督管理机构已经按照经济区域而非行政区划设置，维持原有的乡级财政体制的配套环境已经发生了重大变化。"乡财县管"正是在这种背景下采取的针对乡镇，尤其是以农业为主的乡镇财政管理体制的改革措施。

安徽省之所以要进行"乡财县管"，主要是因为其大部分乡镇经济规模小，财政自求平衡和自我发展的能力较弱。许多乡镇财政支出不规范，支出需求无限制膨胀，形成以支促收，导致乡镇想点子、变名目向农民乱收费，乡镇财政日趋困难。于是，2003 年 5 月 11 日，安徽省政府发布 29 号文件《关于开展乡镇财政管理方式改革试点意见的通知》，选择和县、五河等 9 个县进行改革试点。

"乡财县管"改革的基本原则主要有两点：一是坚持分类指导，在改革政策框架内，以试点县为单位，结合实际情况制定实施方法；二是坚持"三权"不变，即乡镇预算管理权不变，乡镇资金所有权和使用权不变，财务审批权不变。

安徽省"乡财县管"的内容主要有以下几点：

（1）预算共编。县级财政部门按有关政策提出乡镇财政预算安排的指导意见并报同级政府批准，乡镇政府据此编制本级预算草案并按程序报批。在年度预算执行中，乡镇政府的预算调整须报县级财政部门审批，调整数额较大需向县政府报告。

（2）账户统设。取消乡镇财政总预算会计，由县财政会计核算中心代理，核算乡镇各项会计业务。相应取消乡镇财政在各银行和金融机构的所有账户，由县会计核算中心在各乡镇金融机构统一开设县财政专户分账户。分账户设"结算专户""工资专户""支出专户"三类。乡镇所有预算内收入、预算外收入、上级部门补助收入等先缴入结算专户，其中应上解财政收入再通过"结算专户"上缴县级国库。乡镇所有工资性支出通过县级国库或"结算专户"拨到"工资专户"，专门用于乡镇人员工资和民政定补人员补助的发放。工资以外的其他支出通过县级国库或"结算专户"拨到"支出专户"，由乡镇按规定开支。

（3）集中收付。乡镇财政预算内外资金全部纳入预算管理，各项财政收入就地缴入县乡国库，由县财政会计核算中心根据乡镇收入类别和科目，分别进行核算。支出拨付以乡镇年度预算为依据，按照先重点后一般的原则，优先保障人员工资。为方便乡镇及时用款，各地可建立公务费支出备用金制度。对村级的财政补助资金，由县乡财政部门拨入村级资金专户。对农业税附加等属于村级收入的资金，进一步推行和完善"村财乡管村用"制度，由乡镇财政部门、农经管理部门负责加强审核监督，确保村级资金专款专用。

（4）采购统办。乡镇各项采购支出，由乡镇提出申请和计划，经县会计核算中心按照预算审核后，交县采购中心集中统一办理，采购资金由县会计核算中心直接拨付供应商。

（5）票据统管。乡镇使用的行政事业性收费票据、农业税税收凭证等，其管理权全部上收到县级财政部门，实行票款同行、以票管收，严禁坐收坐支、转移和隐匿各项收入。调整乡镇财政所管理体制和职能，乡镇财政所保留少数财政人员管理乡镇预算和报账，并实行县财政局（农税局）对乡镇农税所的垂直管理。

"乡财县管"改革需要一些配套措施：① 完善县乡财政体制。要求各试点县通过调整财政体制，尽可能增加乡镇可用财力，将困难留在县级，调动和保护乡镇发展经济和组织收入的积极性，确保乡镇基本支出需要和乡镇政权的正常运转。② 规范乡镇财政支出管理。由各试点县根据乡镇收支规模等实际情况，分类制定乡镇的财政支出范围和各项开支标准；规定和完善财务审批程序。③ 清理乡镇财政供给人员，严格控制财政供给人数增长。④ 核实清理乡镇各项债权债务。全面清理乡镇银行账户和票据，摸清乡镇收入家底。

通过对"乡财县管"改革动因及措施的分析可以看出，"乡财县管"改革将乡镇政府的"一级财政"弱化为"半级财政"，尽管名义上保留了乡政府对本级资金的所有权和使用权，但通过一系列财务统一管理措施，实际上大部分财权已上划到县，真正留给乡政府的"活钱"并不多。这种财政管理权限的上划，从短期来看，与农业税取消及乡级财政支出责任的减少相适应，同时也能在一定程度上实现对乡级政府行为的制约，堵住了乡级政府乱收费、乱支出、乱借债的口子。在这个意义上，"乡财县管"改革可以看作是通过弱化乡级财政，加强对乡级政府的监督，切实减轻农民负担的有效举措。但是应当看到，"乡财县管"改革仅仅是县乡两级财政管理权限的改革，县乡两级的总财力并没有增加，通过加强对乡级财政支出的管理，能够相对减少行政成本和资金浪费，但如果没有转移支付等配套措施，"乡财县管"并不能从根本上缓解县乡财政的困难。而乡级政府财权的削弱和上划，尽管有利于加强对乡级政府行为的监督，但同时也使乡级政府基本丧失了为辖区内居民自主提供公共物品和服务的能力。"乡财县管"后出现的主要问题：① 乡镇政权运转更加困难；② 加剧了乡镇公共服务供给缺位；③ 乡镇资金管理成本加大，资金使用费时费力。"乡财县管"改革与农村地区公共物品的供应"乡财县管"改革目前在全国许多省份已陆续推开，但是如果把"乡财县管"改革作为政府财政级次改革的一部分，还有许多重要的理论和实践问题需要进一步深入研究。

2）省直管县

我国目前实行的"市管县"体制是1983年以来逐渐形成的，这一模式在过去近30年中，一定程度上发挥了城乡合治、以市带县的功能，但随着县域经济的发展，其对县域经济发展的制约作用也日益显现。由于各财政层级间"事权重心下移、财权重心上移"，我国基层财政尤其是县乡财政困难问题进一步凸显。

"省直管县"体制，是指省、市、县行政管理关系由"省—市—县"三级管理转变为"省—市、省—县"二级管理，对县的管理由现在的"省管市—市领导县"模式变为由省替代市，实行"省直管县"。实行省直管县改革的主要目的就是激发县域经济发展活力，进一步加快县域经济的发展步伐。2005年6月，温家宝总理在全国农村税费改革试点工作会议上指出，要改革县乡财政的管理方式，具备条件的地方，可以推进"省管县"的改革试点。党的十六届五中全会提出要优化组织结构、减少行政层级，条件成熟的地区可以实行省直管县的财政体制。《中华人民共和国国民经济和社会发展第十一个五年规划纲要》提出要理顺省级以下财政管理体制，有条件的地方可实行省级直接对县的管理体制。《中共中央国务院关于推进社会主义新农村建设的若干意见》中也提到有条件的地方可加快推进"省直管县"财政管理体制改革。2009年3月，全国实行财政"省直管县"的有河北、山西、海南、辽宁、吉林、黑龙江、江苏、浙江、安徽、福建、江西、山东、河南等18个省份，加上北京、上海、天津、重庆四个直辖市，共有22个地区实行了财政体制上的"省直管县"。2009年7月9日，财政部公布了《关于推进省直接管理县财政改革的意见》。作为我国财政体制改革的一项重要内容，"省直管县"财政改革将在2012年年底前在我国大部分地区推行。

"省直管县"改革的主要思路：推进省直接管理县财政改革，要以邓小平理论和"三个代表"重要思想为指导，深入贯彻落实科学发展观，按照社会主义市场经济和公共财政的内在要求，理顺省以下政府间财政分配关系，推动市县政府加快职能转变，更好地提供公共服务，促进经济社会全面协调可持续发展。

推进省直接管理县财政改革，必须坚持因地制宜、分类指导，各地要根据经济发展水平、基础设施状况等有关条件，确定改革模式、步骤和进度，不搞"一刀切"；必须坚持科学规范、合理有序，要按照分税制财政体制的要求，进一步理顺省以下政府间事权划分及财政分配关系，增强基层政府提供公共服务的能力；必须坚持积极稳妥、循序渐进，保证市县既得利益，尊重实际情况，妥善处理收支划分、基数划转等问题，确保改革的平稳过渡和顺利进行；必须坚持协调推进、共同发展，充分调动各方发展积极性，增强县域发展活力，提高中心城市发展能力，强化省级调控功能，推动市县共同发展。

"省直管县"的主要内容如下。

（1）收支划分。在进一步理顺省与市、县支出责任的基础上，确定市、县财政各自的支出范围，市、县不得要求对方分担应属自身事权范围内的支出责任。按照规范的办法，合理划分省与市、县的收入范围。

（2）转移支付。转移支付、税收返还、所得税返等由省直接核定并补助到市、县；专项拨款补助，由各市、县直接向省级财政等有关部门申请，由省级财政部门直接下达市、县。市级财政可通过省级财政继续对县给予转移支付。

（3）财政预决算。市、县统一按照省级财政部门有关要求，各自编制本级财政收支预算和年终决算。市级财政部门要按规定汇总市本级、所属各区及有关县预算，并报市人大常委会备案。

（4）资金往来。建立省与市、县之间的财政资金直接往来关系，取消市与县之间日常的资金往来关系。省级财政直接确定各市、县的资金留解比例。各市、县金库按规定直接向省级金库报解财政库款。

（5）财政结算。年终各类结算事项一律由省级财政与各市、县财政直接办理，市、县之间如有结算事项，必须通过省级财政办理。各市、县举借国际金融组织贷款、外国政府贷款、国债转贷资金等，直接向省级财政部门申请转贷及承诺偿还，未能按规定偿还的由省财政直接对市、县进行扣款。

"省直管县"的优点在于："省直管县"财政体制的一般实施形式是预算管理体制、转移支付、专项资金补助及资金调度等方面由省级财政直接到市县级财政，取消中间层级；适当调整分配关系，增加县级税收分成比例，逐步增加对贫困县市财政的投放；赋予了县级政府一定的调控权和经济管理权，增加其发展县域经济的积极性，这种体制能够克服许多现有体制存在的问题，进行"省直管县"财政体制改革可以提高财政资金使用效率。相对于市级财政来讲，省级财政的调控能力更强，调控的空间范围更大，调控手段也更丰富。省级财政通过综合各个县市的具体情况，统筹安排县乡财政支出，使资金利用更合理有效。加强县域内的城乡联系和协调发展，有利于解决"三农"问题，统筹城乡发展，促进县域城市化协调发展。省级财政直接支持县级财政，能够保证县级财政正常的支出，保证转移支付直接到位，避免通过市级财政造成的截留。

"省直管县"财政体制的有效实施还需要注意以下几个问题。

（1）省级财政管理幅度过宽，管理难度加大。截至2018年年底，我国共有34个省级行政区、333个地级行政区划单位、2 856个县级行政区划单位（其中：853个市辖区、370个县级市、1 461个县、117自治县、49个旗、3个自治旗、2个特区、1个林区)。省级政府直接管辖80多个下级行政单位，必然要求省政府提高综合调控能力，而这就需要省政府集中更多的财政资金来保证其辖区内各级财政能正常运转。因此，省政府的财政资金需求将导致在财政资金总量没有太大增长的情况下地方财政资金更多地向省级财政集中，这无疑只是更增加了市(县)政府的财政困难。

(2) 信息不对称问题在省级财政直接对县级财政的管理中被放大。不论在地理条件、环境资源、人口资源还是行政规模上，即使是同一个市管辖的县一级之间也会存在巨大的差异，因此造成县域经济发展不平衡。随着以分散、自由为核心的市场经济体制的确立与运行，区域经济关系的日益密切，行政区域的经济结构、社会结构、文化结构受到严重冲击，使得县域经济情况更加复杂。无法获取各个县级财政的正确信息，依据各自特点做出合理决策，进行有效的管理和扶持，是省级财政在财政体制改革后必须解决的一个重大的问题。

(3) 行政管理和财政管理不一致带来市县之间矛盾增加。因为，在"省直管县"财政体制下，市级财政的财政供养范围并没有改变，但是收入来源受到限制，收入渠道减少，给市级财政支出带来巨大压力。体制的变化淡化了市级财政对县级财政的直接管理，使县级财政脱离市级财政，二者在财政上平起平坐，市级财政将不会把精力放在县级财政日常事务的处理上，帮扶县级政府的积极性被削弱。市级财政从对县级财政的管理职责中退出后，将会把主要的精力放在建设市区中心城市上，增强中心城市实力、拓展中心城市功能、增加中心城市的影响力将成为市级财政工作的中心。县域经济的发展、县级财政的困难和存在的问题主要由县级自己解决，省级财政只能制定相应的政策进行调节来帮助县级财政，这样减少了县级财政的依赖性，将对县级财政的管理能力带来很大压力。

综上所述，无论是"乡财县管"还是"省直管县"，减少政府财政级次的总体改革方向值得肯定，但不应是自上而下、统一的建构性改革方案，应当鼓励和允许多种模式的地方财政体制和模式并存发展，在提倡公共服务均等化的同时，赋予地方根据自身情况选择财政分权模式的权力。从长期来看，地方的分权和自治应该成为政府财政级次改革主要的推动力量。

小　结

1. 财政分权是指中央政府给予地方政府一定的税收权和支出责任范围，允许地方政府自主决定其预算支出规模和结构。

2. 政府间的财政分权可以促进公共资源的优化配置；有助于减少信息成本，实现社会福利最大化；有利于激励地方政府的发展，提升整体经济效率；有助于政府间引入竞争机制和创新机制，提高行政效率；有利于民众参与和财政监督。

3. 中央政府与地方政府之间的财权划分要与两者的事权划分相一致，为了保证各级政府有相应的财权，必须将全国的财政收入在中央与政府之间进行合理划分。由于税收是财政收入的最主要部分，因此政府间财权的合理划分也主要是解决税收在中央与地方政府之间怎样进行分配的问题。

4. 政府间转移支付是指一个国家的各级政府之间在既定的职责支出责任和税收划分框架下财政资金的相互转移，包括上级政府对下级政府的补助，下级政府上缴的收入、共享税的分配，发达地区对不发达地区的补助等。转移支付类型大致可以分为两类：一般性转移支付和特殊性转移支付。

5. 我国的分税制改革是采取整体设计、逐步推进的方式进行的，目前尚存在一些不足，需要进一步地完善。分税制的关键是确定中央政府和地方政府的事权究竟有哪些，然后再具体确定中央财政和地方财政的筹资来源。

6. 基层财政体制改革与政府级次设置、基层政府职能界定、政府权力的制约等基础制度框架有着密切的联系，其本身包括了地方税体系、转移支付制度、预算管理制度等多方面内容。减少政府财政级次改革，当前主要是在安徽等省推行的"乡财县管"和以浙江为代表的"省直管县"体制。

学习建议

1. 本章重点

财政分权的基本理论；财政分权的优点及原则；我国财政分权的指导思想；分税制；政府间转移性支付；"乡财县管"和"省直管县"

2. 本章难点

财政分权理论；政府间转移性支付；政府财政级次改革

核心概念

财政分权　政府间转移性支付　乡财县管　省直管县　分税制

思考与练习

1. 财政分权理论主要有哪些？各自的理论特点是什么？
2. 财政分权的优点主要有哪些？
3. 什么是分税制？为什么要实行分税制？
4. 请结合事实，论述我国目前政府间转移支付的现状及存在的问题。
5. 请从现实角度出发，论述"省直管县"和"乡财县管"的途径和意义。

第12章

财 政 政 策

学习目标

1. 了解财政政策的性质，财政政策的效应，财政平衡与财政政策。
2. 理解财政政策的目标与工具，财政政策与其他政策的配合。
3. 掌握财政政策的类型，财政政策与货币政策的配合。

在市场经济条件下，政府对国民经济的宏观调控通常要借助一系列经济政策来实现，其中最常用的是财政政策和货币政策。财政政策由税收政策、财政支出政策（包括政府购买、公共工程投资、补贴和转移支付等）、预算政策（赤字或盈余）等具体政策组成。

12.1 财政政策概述

12.1.1 财政政策概论

1. 财政政策的定义与性质

财政政策是国家（或政府）以特定的财政理论为依据，运用各种财政工具以达到一定财政目标的经济政策，是国家经济政策的重要组成部分，其制定和实施的过程也是国家实施时政宏观调控的过程。简言之，财政政策是体系化了的财政措施。

（1）财政政策是人类意识活动的产物，属上层建筑范围。人们在财政实践活动中，形成了各种各样的财政理论，这些理论凝聚着人们对财政实践的认识成果，但这些认识成果不能直接规范人们的行为，一般要通过财政政策这一中介来完成。财政政策是基于经济发展规律和财政状况的认识制定的，政策制定的基础是客观的，但制定出来的政策正确与否，要取决于政府的主观认识程度。

（2）国家可以利用财政政策达到自己的预定目标。不论是资本主义国家还是社会主义国家，财政政策总是为国家预定要实现的某些目标服务的。这些目标包括纠正"市场缺陷"、消除经济周期波动，使资源在促进充分就业、价格稳定，以及达到满意的经济增长率等方面得到最充分的使用，财政政策就是为经济运行最大限度地接近这些发展目标提供手段和措施。

（3）财政政策是市场经济条件下政府干预经济运行的主要调控手段。在市场经济条件下，政府对国民经济的管理方式发生了重大变革。政府由原来计划经济体制下的对经济的直接管理，包括对企业和个人微观经济行为的直接管理和控制，转变为只是对宏观经济进行间接的调节和控制。相应地，政府管理经济的工具也开始发生重大变化，即由过去的主要是利用计划对国民经济进行管理和控制，转变为主要是通过经济政策对国民经济进行管理和控制，其中财政政策和货币政策已经成为政府管理经济的主要工具之一。目前，财政政策主要通过税收、支出、公债和预算等工具，以利益机制和强制力来影响经济活动，这些工具都要通过财政收支活动来得到贯彻，财政收支活动也总是在特定的财政政策指导下通过上述工具来进行。

（4）财政政策具有相对性。财政政策的相对性特点是指在不同的经济发展阶段，不同的经济制度中，财政政策的理论依据和针对性也是有明显差异的。尽管政策的合理部分、共性特征可以超越阶段而连续存在，在一定程度上保持政策的连续性，但任何财政政策只在一定的阶段有效。过时的财政政策必须停止实施，被新的、更加适应社会主义经济发展的财政政策所取代。

2. 财政政策类型

1）自动稳定和相机抉择的财政政策

根据调节经济周期的作用来划分，财政政策可分为自动稳定的财政政策和相机抉择的财政政策。

（1）自动稳定的财政政策。自动稳定的财政政策，是指这种政策本身具有内在的调节功能，能够根据经济波动情况，无须借助外力而自动地发挥稳定作用。财政政策的自动稳定性主要表现在两个方面：一是税收的自动稳定效应。税收体系，特别是公司所得税和累进个人所得税，对经济活动水平的变化反应相当敏感。如果开始时政府预算是平衡的，税率没有变动，而经济活动出现不景气，国民产出就会减少，这时税收收入也会自动下降；如果政府预算支出保持不变，则由于税收收入的减少而使预算赤字产生，这种赤字具有一种内在的扩张力量，会"自动"地抑制国民产出的继续下滑。二是公共支出的自动稳定效应。一般来说，对个人的转移支付支出是普遍的"自动稳定器"。转移支付支出，是指政府为维持居民的最低必要生活水平而提供的失业救济金和最低生活保障金等福利性支出。当国民经济出现衰退时，就会有一大批居民享有失业救济金和低保收入，从而可以使总需求不至于猛然下降；当国民经济出现繁荣时，失业者可重新获得工作机会，政府就可以停止失业救济和低保支出，从而可以抑制总需求的过旺。

（2）相机抉择的财政政策。相机抉择的财政政策。意思是这种政策本身不具有内在的调节功能，需要借助外力才能对经济产生调节作用。一般来说，这种政策是政府利用本身财力有意识干预经济运行的行为。例如，政府根据当时的经济形势，采用不同的财政政策，消除通货膨胀缺口或通货紧缩缺口，就属于这种财政政策。

依据早期财政政策理论，相机抉择的财政政策包括汲水政策和补偿政策。在20世纪30年代的世界性经济危机中，美国实施的罗斯福—霍普金斯计划、日本实施的时局匡救政策等，都属于所谓的"汲水政策"。从字面上看，这种政策就如同水泵里缺水不能吸进地下水，需要注入少许引水，以恢复抽出地下水的功能。按照汉森的财政理论，汲水政策是对付经济波动的财政政策，是在经济萧条时依赖付出一定数额的公共投资使经济自动恢复其活力的政策。汲水政策有四个特点：① 汲水政策是一种诱导景气复苏的政策，是以经济本身所具有的自发恢复能力为前提的治理萧条政策；② 汲水政策的载体是公共投资，以扩大公共投资规模作为带动民间投资活跃的手段；③ 财政支出规模是有限的，不进行超额的支出，只要使民间投资活力恢复即可；④ 汲水政策是一种短期的财政政策，随着经济萧条的消失而消失。补偿政策是政府有意识地从当时经济状态的反方向调节景气变动幅度的财政政策，以达到稳定经济波动的目的。在经济繁荣时期，为了减少通货膨胀因素，政府通过增收减支等政策以抑制和减少社会有效需求；而在经济萧条时期，为了减少通货紧缩因素，政府则通过增支减收等政策来增加消费和投资需求，谋求整个社会经济有效需求的增加。

通过上述分析可以看出，汲水政策和补偿政策虽然都是政府有意识的干预政策，但其区别也是很明显的：① 汲水政策只借助于公共投资以补偿民间投资的减退，是医治经济萧条的处方，而补偿政策是一种全面的干预政策，它不仅在使经济从萧条走向繁荣中得到运用，而且还可以运用于控制经济过度繁荣；② 汲水政策的实现工具主要是公共投资，而补偿政策的载体不仅包括公共投资，还有所得税、消费税、转移支付和财政补偿等；③ 汲水政策的公共投资不能是超额的，而补偿政策的财政收支可以超额增长；④ 汲水政策的调节对象是民间投资，而补偿政策的调节对象是社会经济的有效需求。

2）扩张性、紧缩性和中性财政政策

根据调节国民经济总量的不同功能，财政政策可分为扩张性财政政策、紧缩性财政政策和中性财政政策。

（1）扩张性财政政策。扩张性财政政策，又称膨胀性财政政策或"松"的财政政策，它是通过降低财政收入或增加财政支出来刺激社会总需求的政策。由于财政支出大于财政收入，结果表现为财政赤字。

在经济衰退时期，国民收入小于充分就业的均衡水平，总需求不足。这时，政府通常要采取扩张性的财政政策，其主要内容是增加政府支出，减少政府税收。增加政府支出，包括增加公共工程的开支，增加政府对物品或劳务的购买，增加政府对个人的转移性支出。这样，一方面可使社会总需求中的政府开支部分提高，从而直接增加总需求。另一方面，也可刺激私人消费和投资，间接增加总需求。不仅如此，在政府支出乘数的作用下，增加政府支出还可引起居民收入和就业量的倍数增长。减少政府税收，包括降低税率、废除旧税以及实行免税和退税，其结果也可以扩大总需求。这是因为减少个人所得税，可以使个人拥有更多支配收入，从而增加消费；减少公司所得税，可以使厂商拥有更多税后利润，从而刺激投资；减少各种对商品和劳务课征的间接税，也可导致商品和劳务价格下降，增加可支配收入的实际价值，从而刺激消费和投资。不仅如此，在税收乘数的作用下，减少税收还可引起国民收入一轮又一轮的增长，国民收入的增加额可以达到政府税收减少额的数倍。

（2）紧缩性财政政策。紧缩性财政政策是指通过增加财政收入或减少财政支出以抑制社会总需求的政策，其结果通常表现为财政盈余。

在经济繁荣时期，国民收入高于充分就业的均衡水平，存在过度需求。这时，政府通常采取紧缩性的财政政策，其内涵是减少政府支出，增加政府税收。减少政府支出，包括减少公共工程的开支，减少政府对物品和劳务的购买，减少政府对个人的转移性支出。这样，一方面可使社会总需求中的政府开支部分降低，从而直接减少总需求。另一方面，也可抑制私人消费和投资，间接减少总需求。而且，在政府支出乘数的作用下，减少政府支出还可以引起国民收入一轮又一轮的减少，国民收入的减少可以达到政府支出额的数倍，因此，政府执行紧缩性的财政政策，达到了抑制通货膨胀的目的。

增加政府税收，包括提高税率，设置新税，其结果可以缩小总需求，这是因为增加个人所得税，可以减少个人的可支配收入，从而减少消费；增加公司所得税，可以减少厂商税后利润，从而减少投资；增加各种对商品和劳务课征的间接税，也通过商品和劳务价格提高减少可支配收入的实际价值，从而抑制消费和投资。而且，在税收乘数的作用下，增加税收还可引起国民收入一轮又一轮的减少。国民收入的减少额可以达到政府税收增加额的数倍。

（3）中性财政政策。中性财政政策，又称平衡性财政政策，它是指通过财政收支的大体平衡，以保持社会总需求与总供给基本平衡的政策。其政策功能在于保持社会总供求的同步增长，以维持社会总供求对比的既定格局；政策实施表现为财政收支在数量上基本一致。因此，中性财政政策对社会总供求关系不具有倾向性的调节作用。

3. 财政政策效应

财政政策效应是指政府为了实现一定的政策目标，一旦操作运用一定的政策工具，必将对社会经济活动产生作用，同时社会经济各方面对此也将做出相应反应。财政政策效应包括两方面的含义：一是财政政策对社会经济活动产生的有效作用；二是在财政政策的有效作用下，社会经济做出的反应。财政政策在其作用过程中产生的效应主要有"内在稳定器"效应、乘数效应、奖抑效应和货币效应。

1）"内在稳定器"效应

"内在稳定器"效应是指这样一种宏观经济的内在调节机制：它能在宏观经济的不稳定情况下自动发挥作用，使宏观经济趋向稳定。财政政策的这种"内在稳定器"效应无须借助外力就可直接产生调控效果，财政政策工具的这种内在的、自动产生的稳定效果，可以随着社会经济的发展自行发挥调节作用，不需要政府专门采取干预行动。财政政策的"内在稳定器"效应主要表现在两方面。

（1）累进的所得税制。公司所得税和累进的个人所得税，对经济活动水平的变化反应相当敏感。如果当初政府预算收支平衡，税率没有变动，而经济活动出现不景气，国民生产就要减少，致使税收收入自动降低；如果政府预算支出保持不变，则税收收入的减少导致预算赤字发生，从而"自动"产生刺激需求的力量，以抑制国民生产的继续下降。

（2）公共支出尤其是社会福利支出。在健全的社会福利、社会保障制度下，各种社会福利支出会随着经济的繁荣而自动减少，这有助于抑制需求的过度膨胀；也会随着经济的萧条而自动增加，这有助于阻止需求的萎缩，从而促使经济趋于稳定。如果国民经济出现衰退，就会有很多人具备申请失业救济的资格，政府必须对失业者支付津贴或救济金，以使他们能够维持基本的生存，从而使国民经济中的总需求不致下降过多；同样，如果经济繁荣来临，失业者可重新获得工作机会，在总需求接近充分就业水平时，政府就可以停止这种救济性的支出，使总需求不致过旺。"内在稳定器"效应的两方面是有机结合在一起的，它们相互配合，共同发挥作用。

2）乘数效应

（1）投资或公共支出乘数效应。它是指投资或政府公共支出变动引起的社会总需求变动对国民收入增加或减少的影响程度。一个部门或企业的投资支出会转化为其他部门的收入，这个部门把得到的收入在扣除储蓄后用于消费或投资，又会转化为另外一个部门的收入；如此循环下去，就会导致国民收入以投资或支出的代数递增，反之亦然。投资的减少将导致国民收入以投资的倍数递减，公共支出乘数的作用原理与投资乘数相同。

（2）税收乘数效应。它是指税收的增加或减少对国民收入倍增的减少或增加的程度。由于增加了税收，消费和投资需求就会下降。一个部门收入的下降又会引起另一个部门收入的下降，如此循环下去，国民收入就会以税收增加的倍数下降，这时税收乘数为负值。相反，由于减少了税收，使私人消费和投资增加，从而通过乘数影响国民收入增加更多，这时税收乘数为正值。一般来说，税收乘数小于投资乘数和政府公共支出乘数。

（3）预算平衡乘数效应。它是指这样一种情况：当政府支出的扩大与税收的增加相等时，国民收入的扩大正好等于政府支出的扩大量或税收的增加量。当政府支出减少与税收的减少相等时，国民收入的缩小正好等于政府支出的减少量或税收的减少量。

乘数效应包括正反两个方面：当政府投资或公共支出扩大、税收减少时，对国民收入有加倍扩大的作用，从而产生宏观经济的扩张效应；当政府投资或公共支出削减、税收增加时，对国民收入有加倍收缩的作用，从而产生宏观经济的紧缩效应。

3）奖抑效应

奖抑效应主要是指政府通过财政补贴、各种奖惩措施、优惠政策对国民经济的某些地区、部门、行业、产品及某种经济行为予以鼓励、扶持或者限制、惩罚而产生的有效影响。

4）货币效应

财政政策的货币效应，一方面表现为政府投资、公共支出、财政补贴等本身形成一部分社会货币购买力，从而对货币流通形成直接影响，产生货币效应；另一方面，财政政策的货币效应主要体现在公债上。公债政策的货币效应又取决于公债认购的对象和资金来源，如果中央银行用纸币购买公债，这无异于纸币发行，从而产生通货膨胀效应；如果商业银行购买公债，且可以用公债作为准备金而增加贷款的话，也会导致货币发行，从而使流通中的货币增加。

12.1.2 财政政策目标与工具

1. 财政政策目标

财政政策目标是指在一定时期内，政府为调控经济运行和促进经济发展所要实现的目的或产生的效果。财政政策作为一种重要的经济政策，其目标与宏观经济政策目标相一致。目前，财政政策所要实现的具体目标有以下几个方面。

1）经济增长

这是财政政策的最终目标。经济的增长是现代经济社会的必然要求，物质丰富、政治民主、社会进步都有赖于国家财富的积累，其根本的办法就是要保持经济的稳定增长。

经济增长的源泉是劳动供给增长率、资本存量增长率以及这些要素的生产率，这些主要依赖于技术进步的速度，从历史上看，在任何时期劳动量和资本量的增加越快，以及技术进步越快，那么该时期的经济增长率就越大。然而，经济周期的存在将影响到上述生产要素的均衡增长，进而影响经济稳定增长。经济周期的波动对经济稳定发展有着严重的阻碍作用。在经济衰退期间，企业投资急剧下降，对劳动力需求减少，失业率上升，企业利润迅速下降，生产停滞，破产倒闭企业数量增加。在经济繁荣期间，与上述情况相反，引起利率、利润及敏感商品价格上涨，造成通货膨胀。因此，熨平经济周期从而保持经济稳定增长成为财政政策的主要内容和最终目标。

2）物价稳定

物价稳定一般指价格总水平的稳定。财政政策的扩张和收缩，直接影响社会总需求的增加和减少，从而引起价格的上升和下降。价格总水平持续不断上升的现象，叫作通货膨胀；反之，价格总水平不断下降的现象，叫作通货紧缩。通货膨胀表示货币价值或实际购买力的降低，通货紧缩表示货币价值或实际购买力的增加。由于通货剧烈波动，价格水平大起大落，成为经济发展的主要障碍之一，所以财政政策的实施必须考虑到如何保持适当的通货稳定。

纵观西方国家的通货膨胀历史，通货膨胀使得各种商品和劳务、各种生产要素及各种债务的价格并非按同一比例变动。通货膨胀的不均衡性，给经济生活带来严重不良影响。通货膨胀引起收入和财富的再分配，损害某些集团的利益。由于价格上升的不均衡性，也使得资源配置失调。因此抑制通货膨胀、稳定价格水平成为财政政策的主要目标之一，当然抑制通货膨胀并非一定就是通货膨胀率控制在零。一定程度上的通货膨胀可以刺激投资，温和的通货膨胀是加速经济增长的润滑剂，但是持续的退货膨胀将带来严重的经济后果，以及社会生活动荡、政权更替等政治后果。

值得注意的是上述两个目标之间往往存在矛盾。西方经济学中的"菲利普斯曲线"说明失业率与通货膨胀率之间会此消波长、互相替代的关系。当财政实行扩张政策，追求低失业率，提高经济增长率的目标时，往往伴随着通货膨胀。反之，当通货膨胀过高，政府试图加以抑制而实行财政紧缩政策时，则又要付出经济增长速度减缓、失业率增大的代价。因此，采用何种财政政策往往面临两难选择。

时至 20 世纪 70 年代，在充分就业和通货膨胀之间矛盾尚无法解决的同时，西方社会在"石油危机"的冲击下，又出现了滞胀状态，这时在采用扩张性的财政政策而引起通货膨胀的同时，却无法启动经济和减少失业，所以要兼顾充分就业和适当通货稳定两大目标，仍是财政政策需要进一步研究的问题。

3）充分就业

财政政策的首要目标，就是调节失业率，解决就业问题。充分就业几乎在任何时期都是财政政策最重要的目标之一。那么怎样才算充分就业？充分就业并不是百分之百就业。因为即使有足够的职位空缺，失业率也不会等于零，也仍然会存在摩擦性失业和结构性失业。对于充分就业，凯恩斯在其名著《就业、利息和货币通论》中认为，如果"非自愿失业"已经消除，失业仅限于摩擦性失业和自愿失业，就是实现了充分就业。另外一些经济学家认为，如果空缺职位总额，恰好等于失业人员的总额，即需求不足型失业等于零，就是实现了充分就业。也有些经济学家认为，如果进一步提高就业率必须以通货膨胀为代价，就是实现了充分就业，等等。

西方经济学家通常以失业情况作为是否达到充分就业的尺度标准。衡量失业的指标是失业率。失业率是指未被雇用的人数与劳动力总数的比率，其中，劳动力总数是指就业人数与失业人数之和。失业率的大小表示与充分就业的差距。失业率越大，距离充分就业越远；失业率越小，距离充分就业越近。一般而言，经济衰退期间失业率高，经济繁荣期间失业率低。具体到数量指标上，保守的观点认为失业率在 3% 以下才算是充分就业，激进的观点认为只要失业率低于 5% 就算是充分就业。

4）国际收支平衡

国际收支是一国与世界其他各国之间在一定时期（通常是一年）内全部经济往来的系统记录。通俗地讲"每个国家都有自己的主权货币，一个国家与其他同家发生货币往来，可称为国际收支。"在国际收支平衡表中，从国外收入的款项称为"贷方项目"，对国外支付款项，称为"借方项目"，如果贷方大于借方，其差额称为顺差，如果借方大于贷方，其差额称为逆差。

国际收支平衡表一般分为四个部分：经常项目、资本项目、统计误差、官方结算，通常把前二部分的收支差额是否等于零作为国际收支是否平衡的标准。

一个国家顺差过多，意味着外汇资金的积压未能及时充分地利用。如果把大量的外汇存放在外国银行里，资金只能让外国利用，虽可坐收利息但要承担通货膨胀的风险，同时也会扩大国内货币的投入。一个国家逆差过多要比顺差过多更难以解决。逆差过多，也许是引进外资过多或使用不当，发生了债务危机；也许是进口过多，出口能力有限，久而久之，进口少不了，出口上不去，国民经济陷入恶性循环。无论何种情况都可能会引起国内的政治经济危机，因此过多的逆差是国际收入恶化的同义词。

随着国际经济交往日益密切，各国经济发展的相互依赖性提高，世界经济趋于一体化。各国都不可能闭关锁国搞建设，国际收支反映出国家的经济状况。

由于财政的扩张和收缩会引起价格、利率和汇率的升降变化，引起商品和劳务进出口量的变化，从而将引起外汇收支平衡状态的变化，进而影响国家经济平衡发展，所以财政政策不仅要把国际收支平衡作为一个战略目标，而且各国在实现国际收支平衡时要进行财政政策措施的相互协调，否则世界经济就不会顺利发展。

2. 财政政策工具

为实现财政政策目标，必须要有相应的政策工具或手段。财政政策的运作表现为通过财政收支的具体操作来实现自己的政策目的。西方经济学家一般把财政政策工具分为三类，即预算、财政收入和财政支出。财政收入包括税收、公债和规费收入。而公债和规费收入西方一般不作为财政政策的工具。财政支出包括政府购买和转移支付。因此，财政政策工具主要包括预算、税收、政府购买和转移支付四种。

1）预算

预算是一国政府编制的每一财政年度内财政收入与财政支出的安排和使用计划，它是国家的基本财政计划。从范围上讲预算分为中央预算和地方预算，作为国家财政政策工具的预算一般是指中央预算或联邦预算。它主要通过年度预算的预先制定和在执行过程中的收支平衡变动，实现其调节国民经济的功能。

预算调节经济的作用主要反映在财政收支的规模和收支差额上。赤字预算体现的是一种扩张性财政政策，在有效需求不足时，可以对总需求的增长起到刺激作用。盈余预算体现的是紧缩性财政政策，在总需求过旺时，可以对总需求膨胀起到有效的抑制作用。平衡预算体现的是一种均衡财政政策，在总需求和总供给相适应时，可以保持总需求的稳定增长。预算工具主要在于提高充分就业水平，稳定价格，促进经济增长以及约束政府的不必要开支。

2）税收

税收是政府强制地无偿地取得收入的一种方式。税收作为收入手段，把民间的一部分资源转移到政府部门，以实现资源的重新配置。由于"市场失灵"决定了资源在私人部门不可能完全保证得到有效配置，政府仍需要用税收手段强制改变资源配置，以弥补市场机制的缺陷。

税收作为调节手段的作用有两个方面：一是调节社会总需求和总供给的关系。这是通过把税收作为自动稳定的财政政策工具和相机抉择的财政政策工具来实现对总供求调节的。在经济繁荣时期国民收入增加，税收收入也会随之增加，相对减少了个人可支配收入，在一定程度上减轻了总需求过旺的压力。由于自动稳定器的作用有限，此时，如果总需求仍然大于总供给，政府则要采取相机抉择的税收政策，或扩大税基，或提高税率，或减少税收优惠等。在经济衰退时期，税收收入会自动减少，相对地增加了个人可支配收入，可以在一定程度上缓解有效需求不足的矛盾，有利于经济复苏；如果经济依然不景气，政府可进一步采取税收措施，或缩小税基，或降低税率，或增加税收优惠措施等。二是调节收入分配关系，这主要是通过累进所得税制和财产税制来实现的。收入再分配的最直接办法是推行高额累进税和高比例财产税，这样一方面减少了高收入者和富有者的收入和财富，另一方面还可以为低收入家庭提供补助。

由此可见，税收政策作为财政政策的一个有力工具主要用来实现经济稳定、资源合理配置和收入公平分配等经济目标。

3）政府购买

政府购买是政府利用国家资金购买商品和劳务。从最终用途来分，政府购买可分为公共投资和公共消费。公共投资是中央政府和地方政府用于固定资产方面的支出，公共投资的特点包括：投资规模大；投资方向集中在基础设施、公共事业等项目上，投资目标非营利性，资金来源于税收和公债。政府通过投资政策可以扩大或缩小社会总需求，调整国民经济的结构，改善社会投资环境，以刺激私人投资。公共消费是中央政府和地方政府按市场价格用于产品和劳务的经常支出，由国防、文教卫生及其他政府活动等支出内容构成。政府通过消费政策可以直接增加或减少社会的总需求，引导私人生产发展方向，调节经济周期波动。

根据现代公共支出理论，政府购买支出的增减将直接影响个人收入的增减和社会总消费的增减，进而影响国民收入的增减，其影响程度取决于政府购买乘数的大小。因此，政府购买作为财政政策的工具是实现反经济周期、合理配置资源、稳定物价的措施手段之一。

4）转移支付

转移支付是政府把以税收形式筹集上来的一部分财政资金用于社会福利保障和财政补贴等费用方面的支付。根据用途不同，转移支付可分为社会保障社会福利支付和政府补贴支付两类，前者所占财政支出比例远大于后者。

社会福利支付是将高收入阶层的一部分收入转移到低收入阶层，以促进公平分配。社会福利支付是为了保障人们的基本生活需要，是实现收入公平分配的主要工具。

政府补贴分为两大类：一类是消费性补贴，另一类是生产性补贴，两者调节的效果有所不同。消费性补贴是对人们日常生活用品的价格补贴，其作用在于直接增加消费者的可支配收入，鼓励消费者增加消费需求。生产性补贴主要是对生产者的特定生产投资活动的补贴，如生产资料价格补贴、利息补贴等，其作用等于对生产者实施减税政策，可直接增加生产者的收入，从而提高生产者的投资和供给能力。因此，在有效需求不足时主要增加消费性补贴，在总供给不足时主要增加生产性补贴，可以在一定程度上缓和供求矛盾。

12.1.3　财政平衡与财政赤字

1. 财政平衡

财政平衡是指财政收支在量上的对比关系。财政收支对比有三种结果：一是收大于支，表现为盈余；二是收小于支，表现为赤字；三是收支相等。相对应的预算也表现为三种形式：盈余预算、赤字预算和平衡预算。从理论上讲，财政收支相等是可以成立的，但在实际经济生活中，财政收支正好相等的情况几乎是不存在的。预算执行的结果不是收大于支，便是支大于收，财政收支变动总是在不同幅度的盈余或赤字中循环往复地交替进行。所以，财政收支平衡是相对的，只要盈余或赤字不超过一定的数量界限，就可看作是财政收支平衡形态。

对于财政收支平衡的具体体现——财政预算，其制定原则根据国民经济的状况也在不断演变，它反映了财政政策变化的要求。西方国家的财政预算大致有三种。

（1）年度平衡预算，是指每个财政年度的收支都要保持基本平衡，这是在 1929－1933 年经济危机以前被普遍采取的政策原则。持年度平衡预算观点的经济学家认为：政府发行公债会减缓私人部门的发展，因为这会造成挤出效应，政府的增支必定会排挤私人投资。政府的支出是非生产性的，政府的赤字支出是一种巨大的浪费，它会带来物价上涨、通货膨胀，而年度平衡预算是控制政府支出增长的有效手段。

年度平衡预算原则曾遭到凯恩斯主义者的攻击，他们认为，衰退时税收必然随收入的减少而减少，为了减少赤字、平衡收支，只有减少政府支出或提高税率，结果加剧衰退。通货膨胀时，税收必然随收入的增加而增加，为了减少盈余，只有增加政府支出或降低税率，结果加剧通货膨胀，因此人为地使年度预算保持平衡既不必要也不可能，它会使经济波动更为严重。

（2）周期平衡预算，是指在一个经济周期内收支保持基本平衡。根据经济周期的波动，在经济衰退时有意安排预算赤字，在经济繁荣时有意安排黑字（盈余），以丰补歉，以求整个经济周期内收支平衡。这种理论似乎非常完整，但很难实现。在一个预算周期内，很难准确估计繁荣和衰退的时间程度，两者持续的时间长度更不会完全相等，赤字和黑字也不会完全相等，"以丰补歉"只能是一句空话。

（3）功能性财政预算，是指政府根据经济发展情况，机动灵活地增减财政收支，以消除经济波动，促进经济增长。首先提出"功能性财政"概念的并不是凯恩斯，而是勒纳。勒纳认为，功能财政核心思想在于政府的财政政策、政府的开支与税收、政府的债务收入与债务清偿、政府的新货币发行与货币收缩等政策运用都应该着眼于这些举动对经济所产生的结果，而不应该着眼于这些举动是否遵循了既定的传统学说，以及顾虑这些传统学说是否好听。这就是说，预算的平衡与否不应是财政制度所关注的主要问题，应该强调的是财政制度促进经济长期、稳定增长的功能和职责。

从上述关于财政平衡的思想发展来看，财政平衡的观点已从年度平衡转向周期平衡，最终转向财政平衡对国民经济平衡发展的功能，并且产生了功能性财政政策和凯恩斯的补偿性财政政策。功能性财政政策着眼于财政收支对国民收支总水平所产生的影响，补偿性财政政策侧重于通过财政手段以调整社会有效需求。1929－1933 年世界性经济危机以后，凯恩斯主义经济政策一直占据西方社会的主流地位，而他的补偿性财政政策又是以赤字为代表，因此有必要对财政赤字进行分析。

2. 财政赤字

财政平衡具有相对性，在年度财政结算中，经常存在盈余或赤字，其中财政赤字对国民经济均衡的影响尤其突出。

财政赤字也称预算赤字，它是政府的经济行为违背了政府预算约束的产物。政府预算约束从广义上讲是指政府的总支出必须等于政府的经常性收入、债务收入、向银行透支的收入与动用国家储备收入的总和，因此赤字是不存在的。从狭义上讲按预算约束的政府总支出必须等于政府的经常性收入，所以从这个意义上讲，赤字是政府行为违背预算约束的结果。

财政赤字是一种客观存在的经济现象。凯恩斯主义对财政赤字的看法大致分为两类：一种是周期论者，主张应以财政赤字的增减来调整经济，以缓和经济周期的波动；另一种是停滞论者，主张政府应持续扩大预算财政赤字，否则经济不但不增长，反而将会长久陷于停滞。

20世纪70年代后，西方社会出现"滞胀"现象，引起人们对凯恩斯主义赤字财政的怀疑和争论，争论的焦点在于如何看待财政赤字，有的人认为赤字加重了后代的负担，而有的人则不以为然，认为发行公债只是政府自己欠自己的债，进而又引发了不同经济学派的财政政策观点。货币学派弗里德曼把财政赤字的增加归因于政府规模的扩大。弗里德曼认为，在经济萧条时期，政府扩大财政支出，但在经济繁荣时期很少会自动削减财政支出。事实上，功能财政只是为政府扩大财政支出找到很好的借口。

理性预期学派同古典学派的看法一样，反对政府干预，认为财政赤字产生的原因是政府部门的持续扩张。该学派认为，政府财政赤字的扩大就相当于民众未来税负的提高，它们有对等关系，同起同落共消长。理性的经济人看到政府的财政赤字扩大，就想到自己的未来税后所得将会减少，因此他们会因预期收入的减少而缩减当前的消费支出，这种紧缩效果正好抵消财政赤字的扩张效果，赤字政策不能对国民收入产生丝毫影响，所以功能财政在理论上是难以立足的。

公共选择学派认为，要限制财政赤字，一是要限制政府支出，二是要减税。限制政府支出就要防止政府规模的扩大，所以核心问题不是赤字的扩大而是政府规模的扩大。以减税手段限制政府支出会产生巨额预算赤字，但布坎南认为要在所不惜，因为巨额财政赤字会产生提醒公众重视政府公共支出的效果，使政府在财政支出上更为自制。

供给学派认为，就赤字对需求的影响而言，政府财政赤字扩大相当于民众未来的税负会提高，公众因此而消减目前的消费，冲销了财政赤字所形成的短期扩张效果。就财政赤字对供给的影响而言，如果财政赤字是因减税而引起，减税将有助于生产能力的提高、供给的扩大，对经济将产生长远的扩张效果；如果财政赤字是因政府支出扩张而引起，而政府部门的效率一般低于私人部门，政府部门的扩张必然会降低总体经济的生产效率，对经济产生长远的停滞或紧缩效果。因此，供给学派认为不能光凭表面预算赤字的大小评判财政赤字的好坏，必须探究造成财政赤字的背后原因。

实际上，国家预算赤字与国民经济均衡是两回事，国家财政有赤字不一定就是国民经济不处于均衡状态；反之，国民经济处于不均衡状态，财政预算未必就有赤字。从严格的意义上说，国民经济均衡与财政收支平衡只有在罕见的场合才重合。

现代经济理论的发展开拓了人们的眼界，预算的一收一支会对国民经济产生一张一弛的影响，人们把国家预算比喻为"自动稳定器"。需要说明的是当国民经济处于萧条时，由于财政收入小于财政支出，出现财政赤字，并不见得一定是坏事。正确的财政政策不应当为消灭赤字而消灭赤字。如果一味地增加税收以弥补赤字，结果反而使国民收入下降得更为厉害，国民经济将趋于恶化。而国民经济处于高涨时，国民收入增长较快，财政预算容易平衡，政府税收也随之增加，这时如果只考虑预算平衡，那么扩大开支或者减少税收都会使国民经济过分扩张，引起通货膨胀。

从自动稳定器作用的角度，也就会自然而然得出结论：不能就平衡论平衡，把财政预算不平衡解释为赤字是不全面的，预算盈余也是不平衡的表现。财政预算究竟应当平衡、盈余还是赤字，应视国民经济的总体形势来确定。进一步地讲，财政赤字作为积极财政政策的有效手段，可以主动调节社会总需求，弥补通货紧缩缺口，使国民经济达到均衡。

12.2　财政政策与其他宏观经济政策的配合

财政政策的实施效果可以从财政乘数上得到反映，对于某一种国民经济不均衡的状况，可以采用不同的财政政策来使之恢复到均衡状况，但各自使用的政策工具和作用不尽相同，各有其局限性，最终政策的效果也是不一样的，这就涉及财政政策的选择问题。同时，如果再考虑到财政预算的收支状况及需求构成的变化，这就涉及财政政策的搭配使用，另外还要考虑到其他一些相关的经济变量的变化。因此，财政政策的使用还要与货币政策和公债政策等其他宏观经济政策相配合。

12.2.1　财政政策的选择和配合

实践证明，财政支出与税收的变动对产出的影响极其类似，但也存在不同之处。首先，两种财政政策措施对于新的产出组合结构有不同的效果。增加政府购买是使资源更多地被用于公共产品的提供上，而减税的效果是希望增加个人可支配收入，从而提高个人消费支出。其次，根据现代公共支出理论，政府支出的改变对经济的影响是肯定而直接的，而税收的变动却需要通过其对个人消费支出的影响才能影响到产出和就业。减税后，人们的可支配收入增加了，但据李嘉图-巴罗等价理论，人们不增加消费的可能是存在的，因而对产出和就业可能不产生影响，所以政府在选择财政政策工具时，必须考虑政府支出和税收的不同经济作用机制及其可能产生的经济效果。

另外，相机抉择的财政政策理论，并没有考虑财政政策的自动作用。税收体系在任何时期都在自动地发挥作用，实际的财政政策总是这二者某种形式的结合。相机抉择的财政政策可以与自动的财政政策相互削弱，也可以相互加强。政府要确定适当的相机抉择的财政政策，还必须知道自动财政政策所产生的赤字或盈余的大小，这就需要进一步研究它们之间的关系。实际赤字等于自动赤字与相机抉择赤字之和，实际盈余等于自动盈余与相机抉择盈余之和。只有把自动赤字或自动盈余从实际赤字或实际盈余中剥离出来，才能做出正确的扩张性或紧缩性财政政策的抉择。然而在实践中，由于政策从执行到完全起作用之间会有一个时滞，往往造成不同时期政策作用的重叠，再加上税收体系和获得信息等方面的各种复杂因素，使得对赤字或盈余的判断成为难事，所以实践中对相机抉择财政政策的选择与配合非常复杂。当然在理论上，经济处于高涨时期，政府的正确抉择是与自动财政政策一致的紧缩性财政政策。当经济处于衰退期时，自动的财政政策是扩张性的，政府的正确抉择是与自动财政政策一致的扩张性政策。在经济健康增长时期，自动的财政政策也是紧缩性的，这会抑制正常的经济增长，政府正确的抉择是采取与自动财政政策方向相反的扩张性政策。

12.2.2 财政政策和货币政策的配合

1. 财政政策和货币政策的区别

财政政策与货币政策是国家宏观调控经济的两条不同的渠道，两者虽然都能对社会的总需求和总供给进行调节，但在消费需求和投资需求形成中的作用是不同的。

（1）作用机制不同。财政是国家集中一部分国内生产总值用于满足社会公共需要，因而在国民收入的分配中，财政居于主导地位。财政直接参与国民收入的分配，并对集中起来的国民收入在全社会范围内进行再分配。因此，财政可以从收入和支出两个方向上影响社会需求的形成。在财政收入占国内生产总值的比重大体确定，即在财政收支的规模大体确定的情况下，企业和个人的消费需求和投资需求也就大体确定了。银行是国家再分配货币资金的主要渠道，这种对货币资金的再分配，除了收取利息外，并不直接参与国内生产总值的分配，而只是在国民收入分配和财政再分配基础上的一种再分配。信贷资金是以有偿方式集中和使用的，主要是在资金盈余部门和资金短缺部门之间进行余缺的调剂。这就决定了信贷主要是通过信贷规模的伸缩影响消费需求和投资需求的形成。至于信贷收入（资金来源），虽然对消费需求和投资需求的形成不能说没有影响，但这种影响一定要通过信贷支出才能产生。

（2）作用方向不同。从消费需求的形成看，包括个人消费和社会消费两个方面。社会消费需求基本上是通过财政支出形成的，因而财政在社会消费需求形成中起决定性作用。只要在财政支出中对社会消费性支出做适当的压缩，减少公共部门的购买力，社会消费需求的紧缩就可以立见成效，而银行信贷在这方面则显得无能为力。个人消费需求的形成受到财政、信贷两方面的影响。在个人所得税制度日趋完善的情况下，财政对个人消费需求的形成是有直接影响的。而银行主要是通过工资基金的管理和监督以及现金投放的控制，间接地影响个人的消费需求。至于说银行对个人消费需求的形成有直接影响，也主要是体现在城乡居民储蓄存款上。但居民储蓄存款毕竟可以随时提取，因而这种影响的力度就不像财政那样大。再从投资需求的形成看，虽然财政和银行都向再生产过程供应资金，但两者的侧重点不同。在我国现行体制下，根据财政、银行在运用资金上无偿与有偿的不同特点，固定资产投资理应由财政供应资金，而流动资金投资一般由银行供应资金。虽然随着银行信贷资金来源的不断扩大，银行也发放一部分固定资产投资贷款，但银行的资金运用的重点仍是保证流动资金的供应和短期的固定资产投资贷款。从这里也可看出，财政在形成投资需求方面的作用，主要是调整产业结构，促进国民经济结构的合理化，而银行的作用则主要在于调整总量和产品结构。

（3）对扩张和紧缩需求方面的影响不同。在经济生活中，有时会出现需求不足、供给过剩，有时又会出现需求过旺、供给短缺。这种需求与供给失衡的原因很复杂，但从宏观经济来看，主要是由财政与信贷分配引起的，而财政与信贷在扩张和紧缩需求方面的作用又是有区别的。财政赤字可以扩张需求，财政盈余可以紧缩需求，但财政本身并不具有直接创造需求即"创造"货币的能力，唯一能创造货币需求、创造货币的是中央银行。因此，财政的扩张和紧缩效应一定要通过货币政策机制的传导才能发生。例如，财政发生赤字或盈余时，如果银行相应压缩或扩大信贷规模，完全可以抵消财政的扩张或紧缩效应；只有财政发生赤字或盈余，银行相应地扩大或收缩货币供给量，财政的扩张或紧缩效应才能真正发生。问题不仅在此，银行自身还可以直接通过信贷规模的扩张和收缩起到扩张和收缩需求的作用。从这个意义上说，中央银行的货币政策是扩张或紧缩需求的"总闸门"。

正是由于这些不同的特点，在许多情况下，财政政策与货币政策是不能相互完全替代的，只有经过慎重选择，将它们配合起来运用，才能产生较好的政策效果。

2. 财政政策和货币政策的配合模式

财政政策与货币政策的配合运用也就是扩张性、紧缩性和中性三种类型政策的不同组合使用。下面从松紧搭配出发来分析财政政策与货币政策的不同组合效应。

（1）松的财政政策和松的货币政策，即"双松"政策。当社会总需求严重不足，生产资源大量闲置，解决失业和刺激经济增长成为宏观调控的首要目标时，适宜采取以财政政策为主的"双松"财政货币配合模式。财政政策通过扩大支出或降低税率，扩大有效需求，以刺激经济增长。但这可能会产生"挤出效应"，这时若中央银行采取扩张性的货币政策，增加货币供应量，降低市场利率，则会更有效地实现调节目标。

（2）紧的财政政策和紧的货币政策，即"双紧"政策。当社会总需求极度膨胀，社会总供给严重不足和物价大幅度攀升，抑制通货膨胀成为首要调控目标时，适宜采取"双紧"（或适度从紧）的财政政策与货币政策配合模式。财政政策通过削减政府支出，提高税率等方式压缩社会有效需求。同时，中央银行采取紧缩货币政策，减少货币供应量，调高利率，抑制投资和消费支出，两者相互配合使用，可对经济产生有力的紧缩作用。

（3）紧的财政政策和松的货币政策。当政府开支过大，物价基本稳定，经济结构合理，但企业投资并不十分旺盛，经济也非过度繁荣，促使经济较快增长成为经济运行的主要目标时，适宜采取"紧财政、松货币"的配合模式。紧的财政政策可以减少财政开支，便于促进经济增长。

（4）松的财政政策和紧的货币政策。当社会运行表现为通货膨胀与经济停滞并存，产业结构和产品结构失衡，治理"滞胀"、刺激经济增长成为政府调节经济的首要目标时，适宜采取松的财政政策和紧的货币政策配合模式。紧的货币政策有助于抑制通货膨胀，但为了不造成经济的进一步衰退，有必要实施减税和增加财政支出等扩张性财政政策配合，同时还应注意发挥财政政策的结构调节功能，优化产业结构和产品结构，促进经济增长，缓解滞胀。

以上是财政政策与货币政策配合使用的一般模式。若将中性货币政策与中性财政政策分别与上述松紧状况搭配，又可产生多种不同配合。财政政策与货币政策的主要类型与适用的经济环境如表 12-1 所示。

表 12-1　财政政策与货币政策的主要类型与适用的经济环境

		财政政策		
		扩张性	中性	紧缩性
货币政策	扩张性	社会需求严重不足，商品价格实现普遍困难，生产能力和资源得不到充分利用	社会总需求略显不足，供给过剩，企业投资不足，主要的经济比例结构无大问题	社会总供求大体平衡，但消费偏旺而投资不足，生产能力及资源方面均有潜力
	中性	社会总需求略显不足，供给过剩，经济结构中有大问题，如社会公用事业及基础设施不足等问题	社会总需求与社会总供给基本平衡，社会经济比例结构基本合理	社会总需求大于总供给，经济结构方面无大的问题，但非生产性消费偏高
	紧缩性	社会总需求与社会总供给大体平衡，而公用事业、基础设施落后，生产力布局不合理	社会总需求过大，经济效率较差，有效供给不足，却面临较大的结构调整任务	社会总需求大大超过社会总供给，发生了严重的通货膨胀

3. 财政政策与货币政策配合方式的选择

从财政政策和货币政策配合取得的政策效果来看，财政政策与货币政策配合方式的选择要根据具体经济所处的状况来决定。从西方国家来看，其政策搭配主要从两个方面考虑：① 考虑需求总量管理，即考虑调节社会总需求水平以扩大或缩小国内生产总值规模而使经济处于相对稳定的运行状态。在经济衰退、停滞时，通过财政的结构性赤字或增加货币供应量，或者两者兼用，去刺激经济和促进经济增长。反之，在经济过热时，通过紧缩性的政策来管理和压缩社会总需求，以限制经济增长速度。这是一种财政货币的双松双紧政策配合，是直至滞胀现象出现为止时，西方的宏观经济政策的主要做法。② 考虑需求结构管理。需求总量管理办法只能对付过度繁荣或衰退，但对付滞胀则无能为力，对付滞胀只能依靠需求结构管理办法。所谓需求结构管理，是通过改变国内生产总值的结构来达到既克服经济停滞状态又压缩通货膨胀程度的目的。为此，将通过运用不同的税收、政府支出和货币等政策手段的混合来改变企业投资、消费、净出口，以及政府购买性支出等各自在国内生产总值中所占的比重。如里根当政期间，美国增加了防务支出，减低了税收，同时紧缩了货币供应，提高了利率，使私人投资和净出口被压缩，为政府增加支出腾出了空间，增大了政府的结构性赤字。这种政策搭配，通过松财政政策促进经济景气状态，而通过紧货币政策克服通货膨胀。在里根当政的头几年，这种松财政紧货币的政策配合，取得了较好的政策效果。反过来，如果宏观经济政策首要任务是增加私人投资以增强经济长期发展能力时，就需要采用扩张性货币政策以降低利率、增大私人投资，同时财政政策通过增税减支以压缩赤字。其做法是相对压缩公共部门的规模来为私人投资扩张腾出资源，以达到既促进经济发展又压缩通货膨胀的目的。克林顿政府上台后初期实行的就是这类紧财政松货币的政策配合。鉴于联邦赤字日趋膨胀可能带来的危险，克林顿政府通过努力，实现了连续 4 年联邦赤字压缩，实现了紧财政政策。而 1993 年与 1992 年相比，两个有代表性的利率，即 10 年期政府债券利率和联邦储备银行贴现率都下降了，表现为该年实行的是松货币政策。这种紧财政松货币的政策配合，取得了很大成效。尽管以后利率有所回升，但毕竟已在实践中证明这种政策搭配的运作是有其可行性的。

此外，如何选用财政政策和货币政策的配合，还要考虑到政治因素。因为财政政策和货币政策作用的结果，会使国内生产总值构成比例发生变化，从而对不同阶层和不同集团的利益产生不同的影响。例如，政府在经济过热时，实行紧缩性的财政政策，提高税率，这对中产阶级以上的那部分人来说，他们收入中的较多部分上缴国家财政，国家利用税收进行公共投资，如用来改善公共交通，这时不论穷人还是富人都可共同享受这些公共产品。因此，政府在选择财政政策和货币政策配合使用的模式时，必须统筹兼顾，充分考虑各方面的利益。

12.2.3 财政政策和公债政策的配合

在西方社会，公债政策是独立于财政政策的又一宏观经济政策。作为国家宏观经济政策的一个组成部分，它有着不同于财政政策和货币政策的地方，作为中介，它连接财政政策和货币政策，辅助和配合财政政策和货币政策的运作，共同完成国家宏观经济政策目标。

财政政策与公债政策作为国家宏观经济政策的组成部分，它们的关系是既相互补充，又相互制约的。在市场经济条件下，公债政策独立于财政政策，就为在它们之间形成这种正常关系提供了保证。它使得公债政策不仅能对财政政策起补充作用，而且还能对财政政策，尤其是对赤字政策起一定的约束和限制作用。即使是在赤字政策发挥着很大作用的时期，反对赤字的呼声从不断绝，其原因就在于赤字的副作用是明显的。主要因为人们过度滥用赤字，过度依赖公债，对经济和社会产生了极为严重的危害。所以公债政策具有独立性，并因此对财政政策起着应有的制约作用。

财政政策与公债政策的关系，除了公债政策的独立性之外，更主要的还在于两者的配合问题。从财政政策来看，其运作主要有三种结果，即财政平衡、财政盈余和财政赤字，它们影响着公债政策的形成，决定着公债政策的制定和运作。反过来，公债政策的确定，也限制和影响着财政政策的确定与运作。

从西方国家的实践来看，一旦出现赤字，其弥补的基本手段就是公债。因此，财政政策的运作，就直接对公债政策提出要求，直接决定各年度公债的发行规模和发行政策，同时也影响着公债的其他政策。此时往往要求年度公债的发行数额必须大于偿还政策的收入数额，实现公债的年度净收入。而如果财政实行的是盈余政策，则该年度财政政策对公债政策提出的直接要求就不是公债的年度净发行，而是公债的年度净偿还，即公债发行政策规模小于偿还政策规模。而当财政年度平衡时，影响公债政策的，可能是当年公债发行政策和偿还政策规模持平的结果。

相反，公债政策也制约财政政策，这主要反映在以下三个方面：① 公债取得净收入的能力大小，直接决定财政赤字的可能规模，在一定程度上制约财政扩大支出的能力，也就直接制约财政政策的制定。而年度公债净收入的大小，又是由年度公债发行政策和公债偿还政策共同决定的。这样当政府依据财政政策弥补赤字的要求来确定公债发行政策时，就还要结合公债偿还政策来考虑，而不能仅考虑取得收入问题。② 公债的利息支付，本身就是财政支出的一个组成部分。这就使得公债政策的某一部分与财政政策的某一部分（财政支出政策）相交叉，从而影响财政。③ 公债的有偿形式，决定了各个年度存在公债的累积余额问题。因而公债政策还要考虑公债累积余额的规模，及其对社会方方面面的影响问题。过大的累积余额，将严重地限制公债的年度发行规模。例如，西方国家就存在议会规定国债累积余额的最高限额，以限制政府扩张支出能力的现象。这样在综合考虑偿还政策和累积余额之后的公债发行政策，就很难说一定能够满足弥补预算赤字的要求了。一旦公债确实难以满足弥补当年预算赤字的要求时，修改预算以压缩预算赤字就在所难免了，所以公债政策反过来影响乃至决定财政政策。

值得注意的是，公债成本一旦形成，就是财政所必须承受的一种负担，不管在预算账户上是否成为财政支出项目，结果都一样。因为这些都不属于对债务人本金的偿还范围，而是由于政府举债形成的新增支出，并不存在公债收入与之相抵消的问题。从现代公债来看，如果仅是借新债还旧债本金，则公债累积余额只是算术级数的增加。但是如果借新债偿付旧债本息，则由于利息以复利方式滚动，公债累积余额将呈几何级数增加，公债累积规模将很快处于过大的状态。所以公债成本，尤其是利息支出，应列入预算总支出中，而不应从公债收入中扣抵。否则，一方面将会低估财政赤字的规模，不利于财政政策的正确运作；另一方面会陷公债政策于被动，将使公债因累积规模过大而无法配合财政政策开展宏观经济运作。

公债成本的形成有其被动性，公债利率是由市场利率或当时的某一特定标准所决定的。这些都不像公债发行规模那样具有较大的弹性，从而有较大的波动性。这就使财政政策和公债政策的制定，必须被动地满足这些支出的需要。在市场经济条件下，由于政府债券的风险小而信誉高于其他债券，具有"金边债券"的美称，因而其利率通常应低于市场利率，以控制公债的成本。

从上面的分析可知，在市场经济条件下，财政政策与公债政策的配合，不仅体现在公债的弥补财政赤字上，而且还体现在公债成本对财政支出的负担上。公债成本主要是由公债的发行费用、公债利息支出和公债管理费用等组成的，严格地讲，都应该属于财政支出。因此，在公债政策与财政政策相配合时，除了考虑公债发行收入，还要注意公债成本对于财政政策的影响。

小　结

1. 财政政策是指以特定的财政理论为依据，运用各种财政工具，为达到一定的财政目标而采取的财政措施的总和。

2. 根据调节经济周期的作用来划分，财政政策可分为自动稳定的财政政策和相机抉择的财政政策。根据调节国民经济总量的不同功能，财政政策可分为扩张性财政政策、紧缩性财政政策和中性财政政策。

3. 财政政策的目标是指在一定时期内，政府为调控经济运行和促进经济发展所要实现的目的或产生的效果。目前，财政政策所要实现的具体目标主要有经济增长、物价稳定、充分就业和国际收支平衡等几个方面。

4. 财政政策工具主要包括预算、税收、政府购买和转移支付四种。

5. 财政政策与货币政策的配合运用也就是扩张性、紧缩性和中性三种类型政策的不同组合使用。具体包括松的财政政策和松的货币政策，即"双松"政策；紧的财政政策和紧的货币政策，即"双紧"政策；紧的财政政策和松的货币政策；松的财政政策和紧的货币政策。

学习建议

1. 本章重点

财政政策的目标与工具；财政政策的类型；财政政策与货币政策的配合；财政政策与其

他政策的配合

2. 本章难点

财政政策效应；财政赤字及其理解；财政政策与货币政策的配合

核心概念

财政政策　货币政策　自动稳定　相机抉择　乘数效应　财政赤字　扩张性政策　紧缩性政策　财政平衡　公债

思考与练习

1. 简述财政政策的性质。
2. 什么是自动稳定的财政政策？
3. 什么是相机抉择的财政政策？
4. 解释财政政策的乘数效应。
5. 试述财政政策的目标。
6. 论述财政政策和货币政策的协调与配合。

参 考 文 献

[1] 洪银兴. 现代经济学通论[M]. 北京：高等教育出版社，2007.

[2] 阿图·埃克斯坦. 公共财政学[M]. 张愚山，译. 北京：中国财经经济出版社，1983.

[3] 罗森. 财政学[M]. 北京：中国人民大学出版社，2000.

[4] 邓子基. 财政学[M]. 3 版. 北京：高等教育出版社，2008.

[5] 王柏玲，李慧. 财政学[M]. 北京：北京交通大学出版社，2009.

[6] 林志远，邓子基. 财政学[M]. 3 版. 北京：清华大学出版社，2012.

[7] 阿尔布里奇. 财政学：理论与实践[M]. 马海涛，顾明，李贞，译. 北京：经济科学出版社，2005.

[8] 希尔曼. 公共财政与公共政策：政府的责任与局限[M]. 王国华，译. 北京：中国社会科学出版社，2006.

[9] 匡小平. 财政学[M]. 北京：北京交通大学出版社，2008.

[10] 储敏伟，杨君昌. 财政学[M]. 2 版. 北京：高等教育出版社，2006.

[11] 陈共. 财政学[M]. 9 版. 北京：中国人民大学出版社，2010.

[12] 王国清，马骁，程谦. 财政学[M]. 2 版. 北京：高等教育出版社，2010.

[13] 寇铁军，张晓红. 财政学[M]. 4 版. 大连：东北财经大学出版社，2015.

[14] 李友元，姜竹，马乃云. 财政学[M]. 2 版. 北京：机械工业出版社，2009.

[15] 阮宜胜. 财政学[M]. 合肥：安徽大学出版社，2001.

[16] 赵雪恒. 财政学[M]. 北京：中国财政经济出版社，2005.

[17] 杨冬梅. 财政学[M]. 北京：中国金融出版社，2004.

[18] 布朗，杰克逊. 公共部门经济学[M]. 4 版. 北京：中国人民大学出版社，2000.

[19] 鲍德威，威迪逊. 公共部门经济学[M]. 2 版. 北京：中国人民大学出版社，2000.

[20] 费雪. 州和地方财政学[M]. 2 版. 北京：中国人民大学出版社，2000.

[21] 胡庆康，杜莉. 现代公共财政学[M]. 2 版. 上海：复旦大学出版社，2007.

[22] 丛树海. 公共支出评价[M]. 北京：经济科学出版社，2006.

[23] 方福前. 公共选择理论：政治的经济学[M]. 北京：中国人民大学出版社，2000.

[24] 布坎南. 民主财政论：财政制度和个人选择[M]. 北京：商务印书馆，1999.

[25] 马斯格雷夫. 比较财政分析[M]. 上海：上海三联书店，1996.

[26] 曲振涛，王曙光，孙玉栋，等. 现代公共财政学[M]. 北京：中国财政经济出版社，2004.

[27] 牛淑珍. 新编财政学[M]. 2 版. 上海：复旦大学出版社，2005.

[28] 宋凤轩，孙健夫，谷彦芳. 财政与税收[M]. 4 版. 北京：人民邮电出版社，2017.

[29] 郭庆旺，苑新丽，夏文丽. 当代西方税收学[M]. 大连：东北财经大学出版社，1994.

[30] 杨斌. 税收学原理[M]. 北京：高等教育出版社，2008.

[31] 朱为群. 中国税制教程[M]. 上海：上海财经大学出版社. 2003.

[32] 杨斌. 中国税收法律制度[M]. 北京：高等教育出版社，2008.

[33] 李友志. 新政府收支分类应用指南[M]. 长沙：湖南人民出版社，2006.

[34] 鲁宾. 公共预算中的政治：收入与支出，借贷与平衡[M]. 4 版. 北京：中国人民大学出版社，2001.

[35] 陈小悦，陈立齐. 政府预算与会计改革：中国与西方国家模式[M]. 北京：中信出版社，2002.

[36] 沙安文，沈春丽. 地方政府与地方财政建设[M]. 北京：中信出版社，2005.

[37] 朱福兴. 地方公共财政：理论与实践[M]. 徐州：中国矿业大学出版社，2018.

[38] 娄依兴. 地方财政新论[M]. 北京：中国财政经济出版社，2003.

[39] 姜维壮. 比较财政管理学（修订本）[M]. 北京：中国财政经济出版社，2000.

[40] 张珥立. 财政支出改革研究[M]. 北京：经济科学出版社，2001.

[41] 潘莉. 社会保障的经济分析[M]. 北京：经济管理出版社，2006.

[42] 肖捷. 中华人民共和国政府采购法辅导读本[M]. 北京：经济科学出版社，2002.

[43] 中国社会科学院财政与贸易经济研究所. 中国财政政策报告 2005/2006：走向"共赢"的中国多级财政[M]. 北京：中国财政经济出版社，2005.

[44] 简新华，李雪. 新编产业经济学[M]. 北京：高等教育出版社，2009.

[45] 黄佩华，迪帕克. 中国：国家发展与地方财政[M]. 吴素萍，王桂娟，译. 北京：中信出版社，2003.

[46] 国际货币基金组织. 财政透明度（2007）[M]. 北京：人民出版社，2007.

[47] 张永森. 中国县级财政体制及其改革研究[D]. 北京：中共中央党校，2018.

[48] 任致伟. 我国政府间转移支付优化研究[D]. 北京：中央财经大学，2018.

[49] 杨默如. 中国税制改革 70 年：回顾与展望[J]. 税务研究，2019（10）.

[50] 马光荣，张凯强，吕冰洋. 分税与地方财政支出结构[J]. 金融研究，2019，470（8）：20-37.

[51] 储德银，邵娇，迟淑娴. 财政体制失衡抑制了地方政府税收努力吗?[J]. 经济研究，2019（10）：42-56.

[52] 龚浩，任致伟. 新中国 70 年财政体制改革的基本历程、逻辑主线与核心问题[J]. 改革，2019（5）：19-28.

[53] 陈工. 完善分税制财政体制改革的基本思路[J]. 财政研究，2007（8）.